समकालीन संवेदना की परख

समकालीन संवेदना की परख

डॉ. व्यास मणि त्रिपाठी

वाणी प्रकाशन

वाणी प्रकाशन
4695, 21-ए, दरियागंज, नयी दिल्ली 110 002

शाखा
अशोक राजपथ, पटना 800 004

फ़ोन: +91 11 23273167 फ़ैक्स: +91 11 23275710

www.vaniprakashan.in
vaniprakashan@gmail.com
sales@vaniprakashan.in

SAMKALEEN SAMVEDANA KI PARAKH
by Dr. Vyas Mani Tripathi

ISBN : 978-93-5229-494-7
Criticism

प्रथम संस्करण 2016
आवृत्ति 2018

मूल्य : ₹ 495

सिटी प्रेस, दिल्ली-110 095 में मुद्रित

वाणी प्रकाशन का लोगो मक़बूल फ़िदा हुसेन की कूची से

दो शब्द

संवेदना साहित्य की पूँजी है। उसी का विकास वस्तुतः साहित्य का विकास है। 'मा निषाद प्रतिष्ठामः' से शुरू हुई यह यात्रा अनवरत गतिमान है तो इसलिए कि संवेदनाएँ कभी मरती नहीं हैं; यद्यपि जीवन-जगत में हो रहे बदलावों, आवेगों, दबावों और जटिलताओं से उनका स्वरूप बदल जाता है। कभी उनमें क्षीणता आती है तो कभी प्रबलता। कभी ह्रासोन्मुखता तो कभी विकसनशीलता। संयोग से जब भी ऐसा होता है तब साहित्य की दिशा और दशा बदल जाती है। साहित्य उसी को अपना वर्ण्य और प्रतिपाद्य बनाता है जो जीवन-जगत और समय के केन्द्र में होता है। समय के केन्द्र में अवस्थित संवेदन-धारा में परिवर्तन होता है तो साहित्य की मुख्य धारा भी बदल जाती है। कुछ अक्षुण्ण भाव-बोध और रूप विधान शेष रह जाते हैं लेकिन अनेक आयामों का बदल जाना साहित्य की आवश्यकता और विवशता बन जाती है। संवेदन-जगत में आयी परिवर्तनशीलता का प्रभाव समकालीन साहित्य में भी देखा-परखा जा सकता है। यह पुस्तक इसी निरीक्षण-परीक्षण का परिणाम है।

भूमंडलीकरण और बाजारवाद के युग में जिस उपभोक्तावादी संस्कृति का जन्म हुआ है उसमें मानवीय संवेदनायें निरन्तर क्षीण हुई हैं। आतंकवाद-सुरसा ने मानवता को निगलने का असफल प्रयास किया है। धर्मोन्माद ने स्नेह, सौख्य और सौहार्द की गहरी जड़ों को उन्मूलित करने की कोशिश की है तथा भय, आशंका और अंधविश्वास की जड़ों को मजबूत किया है। विसंगतियों और विडम्बनाओं की अधिकता से उपजे आज के द्वैध जीवन के वात्याचक्र में फँसे मानव के लिए आशा की कोई किरण नहीं है। टूटन, घुटन, विखंडन और अलगाव के ऐसे आधुनिक समय में समूल नाश की आशंका उत्पन्न हो जाने के कारण ही कवि को यह कहना पड़ा है कि 'फिर भी कुछ रह जायेगा'। कोई 'शेष बहुत कुछ को बचाने की कोशिश' में जुटा है तो कोई इस कठिन समय में 'अपने होने का एहसास' करा रहा है, कोई संघर्ष और जिजीविषा के बीच 'राग और आग' की कामना लिये हुए है तो किसी को 'स्नेह-नदी के सूखने का दर्द है'। किसी को 'सृष्टि-मंच पर कठपुतलियों का नर्तन और सूत्रधार का मौन' दिखाई देता है तो कोई 'जीवन-बोध एवं राग-विराग'

का समाकलन करता है। किसी को 'जन-जीवन में सौरभ की आकांक्षा' है तो किसी को वैचारिक ऊष्मा की दीप्ति में 'खिली धूप' पर भरोसा है। 'मूल्यों की तलाश में भटकती जिन्दगी का यथार्थ प्रस्तुत करने वाला लेखन है तो मनुष्यता को जीवंत करता 'बेघर बादशाह' भी है। वस्तुतः ये ही वे विषय हैं जो समकालीन रचनावृत्त में अपने को काफी हद तक समाहित किये हुए हैं। या यों कहें कि इन्हीं संवेदनाओं/भाव बोधों/विचारधाराओं को केन्द्र में रखकर वर्तमान साहित्य सृजित हो रहा है तो इसमें कोई अत्युक्ति नहीं होगी। पौराणिक सन्दर्भ 'अहल्या' के माध्यम से समकालीन विमर्श प्रस्तुत करने का प्रयत्न हो अथवा 'कितनी बार' में अनुभव की विविधता एवं प्रामाणिकता उपस्थित करने की कोशिश सभी का उद्देश्य समकालीन संवेदना की जटिलताओं को उजागर करना ही रहा है। इन्हीं संवेदनाओं की परख इस पुस्तक में है– इस आशा के साथ कि जीवन-मूल्यों के अधःपतन, सांस्कृतिक प्रदूषण तथा रागात्मक सम्बन्धों में कृत्रिमता के मिश्रण से उपजी अनास्था एवं अविश्वास के क्षणों में जब मानव असहाय एवं अकेला महसूस करता है तब साहित्य उसमें नवगति, नवलय देकर नवप्राण भरता है।

इसी जटिल समय में हिन्दी की जातीय चेतना के विस्तार की आकांक्षा से प्रेरित 'हिन्दी जाति' का लेखन हुआ है तो पूर्वांचलीय राज्यों के साहित्यकारों का हिन्दी को योगदान स्मरण करने की कोशिश भी हुई है। भोजपुरी का पहला अलंकार-दर्पण भी प्रकाश में आया है। इनकी परख भी इस पुस्तक में है। वाणी प्रकाशन के श्री अरुण माहेश्वरी जी के प्रति हार्दिक आभार।

व्यास मणि त्रिपाठी

अनुक्रम

नया चौराहा : आधुनिकता के चौराहे पर स्मृतियों की सुगन्ध

'नया चौराहा' डॉ॰ रामदरश मिश्र के प्रतिनिधि ललित निबन्धों का संग्रह है। ललित निबन्ध में साहित्य की कई विधायें आपस में गलबहियाँ करती प्रतीत होती हैं और इसी आधार पर उसे 'रम्य रचना' कहने की वकालत की जाती है। मिश्र जी के ललित निबन्धों में भी यह विशेषता मौजूद है। उनमें निबन्ध जैसी वैचारिकता, काव्य जैसी संवेदनशीलता, कहानी जैसी कथन-भंगिमा, नाटक जैसी संवादात्मकता, संस्मरण जैसी स्मृत्यात्मकता, आत्मकथा जैसी वैयक्तिकता, और यात्रावृत्तान्त जैसी रोचकता का आ जाना इसलिए भी सम्भव हुआ है कि मिश्र जी की सक्रियता साहित्य की लगभग सभी विधाओं में रही है और उन सभी में उनका सर्जक मन लोक-जीवन से पोषण प्राप्त करता रहा है। आधुनिक और महानगरीय जीवन की विसंगतियों तथा विडम्बनाओं से दुखी-चिन्तित मिश्र जी के निबन्धों में 'लोक' का स्मरण बार-बार हुआ है। वह आधुनिकता और उससे उपजी कृत्रिमता, आपाधापी, भागमभाग, स्वार्थपरता, वैमनस्यता, घृणा, द्वेष से तप्त हृदय के लिए कहीं बरगद की छाँव बनकर आया है तो कहीं सावन की फुहार बनकर और कहीं फागुन की मस्ती तथा होली का उल्लास बनकर। वह अभाव, विपन्नता, दुख-दर्द तथा बदलते परिवेश में ह्रासोन्मुख नैतिकता और विलुप्त होते जीवन मूल्यों को भी लेकर आया है। कहना न होगा कि इन निबन्धों में 'लोक' की मौजूदगी इतनी और इस रूप में है कि यह संग्रह अपनी समग्रता में लोक जीवन का आख्यान लगता है। जाहिर है–'लोक' मिश्र जी के लेखक की संजीवनी है, रसधारा है तथा जीवन की खुली किताब के रूप में सहयात्री है। वही उनकी रचनात्मकता को सार्थकता भी प्रदान करता है– "निज के माध्यम से लोक की बात करना ही तो रचना की सार्थकता है।" (पृ.सं॰ 144) एक लंबी पारी खेलने के बावजूद अगर मिश्र जी का रचनाकार सक्रिय है तो इसलिए कि उसके पास लोक की थाती और गाँव-घर की माटी की ताकत है। वह बबूल की भाँति "अपनी जमीन छोड़कर नहीं जी सकता। मौसम की आवाजों से अलग नहीं हो

सकता। वह समूचा जीता है अंश-अंश नहीं।" (पृ.सं. 12) जबकि "शहर और गाँव की द्विधा में बँटे हुए अनेक नये साहित्यकार एक नकली मुद्रा बनाकर रह जाते हैं और कुछ दिनों के बाद हाँफकर बैठ जाते हैं टूटे-से, थके-से, उखड़े-से।" (पृ.सं. 20)

जीवन एक यात्रा है और इस यात्रा में कदम-कदम पर चौराहों का मिलना स्वाभाविक है। इस संग्रह के दो निबन्धों–'मेरा आत्म संघर्ष' और 'नया चौराहा' में चौराहों का विशेष उल्लेख है। पहले में जीवन-संघर्ष के समय पंथ की असूझता व्यंजित करने के लिए तो दूसरे में एक सुनसान और उपेक्षित बागखण्ड के आधुनिक चौराहे में परिवर्तन दर्शाने के लिए। यात्रा दोनों में है लेकिन पहले वाले में जाने की बात है तो दूसरे में आने की। पहले में लेखक की जीवन-यात्रा की कठिनाइयाँ हैं तो दूसरे में बाग-खण्ड में आने वाले लोगों से उपजी समस्याएँ हैं और इन दोनों में गजब की स्मृत्यात्मकता है। आधुनिक चौराहा बनता जा रहा उपेक्षित बाग-खण्ड कहता है–"जब मैं आधी रात के सूनेपन में अकेला होता हूँ तो न जाने क्यों पिछली कुछ चीजें मुझे आवाज देने लगती हैं।" (पृ.सं. 95) उसे अपनी जमीन पर होने वाली रामलीला की याद आती है। शरद के स्वच्छ तथा स्वप्नमय दिनों की विजय का उल्लास तथा अभावों से भरे लोगों के चेहरों पर एक सात्विक-सामूहिक ऊर्जा का जगमगाता प्रकाश याद आता है लेकिन उसकी प्रसन्नता तब अवसाद का रूप ले लेती है जब रामलीला का आयोजन धीरे-धीरे दुर्गापूजा में बदल जाता है और माइक पर फिल्मी धुन में धर्मगीत का बजना और शराब की दुकान से आये हुए लड़कों का उछल-उछल कर नाचना-गाना शुरू होता है। बागखण्ड सोचता है–शायद आधुनिकता का यह भी एक रंग है। उसे सबसे ज्यादा आश्चर्य तो तब होता है जब शराब को लेकर नयी पीढ़ी बहस करती है– "यह तो आधुनिकता की निशानी है। आधुनिक बनना है तो शराब का साथ निभाना ही होगा। सुरती तंबाकू और गाँजा-भाँग तो पहले से चलते रहे हैं किसी ने इनका विरोध नहीं किया। शराब का ही विरोध क्यों? यह नशा ही नहीं है आधुनिक सभ्य होने की पहचान भी है...अब जब आधुनिकता की रोशनी इस क्षेत्र में आ ही रही है तो शराब को भी आना चाहिए, उसके बिना आधुनिकता की तस्वीर पूरी नहीं होगी।" (पृ.सं. 94) जाहिर है बाग-खण्ड की पीड़ा मिश्र जी की पीड़ा है। यह एक ऐसे रचनाकार की पीड़ा है जो मानवीय मूल्यों और प्रबल नैतिकताओं का पक्षधर है और इसीलिए आधुनिक जीवनशैली में घुस आयी वीभत्सताओं तथा कुरूपताओं से वह दुखी चिन्तित होता रहता है। तीज-त्योहार, पूजा-उपासना में घुस आयी प्रवंचना पर तिलमिला उठता है। उसके व्यंग्य का प्रहार तीव्र हो जाता है–बाग-खण्ड याद करता है–"लो भइया कमाई का एक धंधा और शुरू हो गया। दुधई पांडे के दोनों बेकार और आवारा बेटे पुजारी बनकर लोगों को प्रसाद और आशीर्वाद बाँट रहे हैं। पैसा कमाने का क्या नया ढंग निकाला है।" (पृ.सं. 96) जो पैसे वाले हैं–सुखी और समृद्ध हैं वे किस प्रवंचना में लगे रहते

हैं—इसका उल्लेख मिश्र जी ने 'शोर मत करो आदमी सो रहे हैं' शीर्षक निबन्ध में व्यंग्यात्मक ढंग से किया है—"अनासक्ति और समर्पण-भाव के बजाय अपने-अपने माँग-पत्र लेकर ईश्वर के सामने वे ही आते हैं जो सुखी हैं—और, और सुखी होना चाहते हैं, जो ईश्वर की खुशामद करके, गरीबों के शोषण से लिखी अपनी सुख की इबारत पर उससे सही कराना चाहते हैं। जो जितना अधिक खुशामद करना चाहता है वह उतने ही जोर से गाना गाता है, उतने ही जोर से ढोलक-झाँझ बजाता है। और जो बहुत बड़ा होता है, वह तो अपना मंदिर और अपना ईश्वर खुद बनवा लेता है।" (पृ.सं. 41)

गाँव की स्मृति इस संग्रह के कई निबन्धों में है। किसी में गाँव अभाव, गरीबी, लाचारी और बेचारगी का ताप लेकर उभरा है तो किसी में तीज-त्योहार, होली-फाग का उल्लास लेकर और किसी में गाँव में घुसते शहर से उपजी यांत्रिकता, अनास्था, वैमनस्य और अनैतिकता लेकर लेकिन गाँव मिश्र जी के मानस-पटल से कभी ओझल नहीं हुआ है और होगा भी कैसे? वही तो उनके और उनके लेखन की ठोस जमीन है— "यही मेरी ठोस जमीन है, जो मुझमें, मेरे लेखन में रही है या मैं और मेरा लेखन जिस पर रहा है।" (पृ.सं. 66) ऐसा इसलिए कि गाँव में बिताये गये बचपन की दुनिया का बिम्ब लेखक के मानस-पटल पर जितना और जिस रूप में अंकित है उतना और उस रूप में महानगरीय जीवन का नहीं। मिश्र जी लिखते हैं— "जितना सघन जीवन-अनुभव तब बना था उतना सघन बाद में नहीं बन सका। यही वजह है कि मैं सघन अनुभव बिम्बों के लिए गाँव लौट जाता हूँ। वह अपनी ठोस जमीन है।" (पृ.सं. 70) इससे रचना प्रकिया के सूत्रों को तलाशने में मदद तो मिलती ही है निबन्धों में 'लोक' के समावेश की अनिवार्यता के कारणों का पता भी चलता है। मिश्र जी केवल अनुभव बिम्बों के लिए गाँव नहीं लौटते बल्कि कनाट प्लेस की जगर मगर करती दुकानों, आलीशान इमारतों, आलीशान पार्टियों और आलीशान लोगों को निहारते देखते हुए भी गाँव लौटते हैं। ग्रामीण और नगरीय जीवन की तुलना से उपजी पीड़ा का बोध उनके मन के तार को गाँव से जोड़ देता है और चित्र पर चित्र उभरते चले जाते हैं— "पूस-माघ की रात में सूती चादर ओढ़े थरथराते चित्र, नंगे पाँव भेड़ का कम्बल ओढ़े रात को शीत से लथपथ खेतों का चक्कर लगाते चित्र, आँखों में दो दिन के उपवास की उदासी भरे, जगह-जगह पैबन्द लगे फटे कपड़े पहने, थरथराती रात के अन्तिम पहर में बर्तन माँजते, गोबर पाथते, खेतों में पानी चलाते चित्र, टाटियों की खुली दरारों से दहाड़कर आती हुई पछुआ हवा में अहककर सो गये भूखे बच्चों की सारी व्यथा लेकर रात को जागते चित्र।" (पृ.सं. 34) इन्हीं चित्रों ने 'अहा ग्राम्य जीवन भी क्या है' जैसी पंक्तियों को लिखवाया होगा। ये चित्र यह सोचने पर विवश करते हैं कि आजादी के इतने वर्षों बाद भी ग्रामीण जीवन कितना अभिशप्त है? मिश्र जी ने उस अभिशप्त जीवन

में भी ऋतुओं की खुशबू का, सामाजिक व्यवहार का, भाईचारे का, जिजीविषा का, पर्वों-त्योहारों के जीने के उत्साह का, अशिक्षा में भी मानव विवेक की दीप्ति का, शादी-ब्याह में सामूहिकता की लय का, अभावग्रस्तता में भी दूसरों के लिए कुछ कर पाने की तड़प का स्थान-स्थान पर उल्लेख कर एक अटूट और सघन जीवन-राग का चित्र भी खींचा है लेकिन जब वे आज ऊपर से सम्पन्न और भीतर से दरिद्र हो गये गाँव को अपने पिछले अनुभवों से जोड़कर देखते हैं तो उनका हृदय चीत्कार कर उठता है क्योंकि अब "उनके (गाँव के) सम्बन्ध, उनके मूल्य टूट गये हैं, फक्कड़पन बनियागिरी में बदल गया है। त्योहारों-पर्वों का उल्लास पैसे और राजनीति की हलचल में खो गया है। अब उसमें जीवन देने की ताकत नहीं रह गयी है।" (पृ.सं. 66) कदाचित भूमंडलीकरण और बाजारवाद से उपजी विसंगतियों तथा विडम्बनाओं का यह परिणाम है जिसे मिश्र जी ने बदलते गाँवों के चरित्र में देखा है। वैश्वीकरण के युग में बाजार 'घर' में घुस आया है। ऐसे में घर की तलाश एक जटिल प्रक्रिया हो गयी है क्योंकि मकान, फ्लैट, भवन आदि तो मिलते हैं लेकिन सम्बन्धों की गरमाहट और सुख-दुख बाँटने वाला 'घर' गायब होता जा रहा है। यही चिन्ता मिश्र जी से एक निबन्ध ही लिखवा लेती है—'मेरा घर कहाँ है'। पढ़ाई-लिखाई और नौकरी-चाकरी के सिलसिले में गाँव का 'घर' क्या छूटा कि कहीं भी होने पर वह उन्हें अपने पास बुलाता रहता है क्योंकि उसमें सम्बन्धों की ऊष्मा भरी थी, हँसियों की ध्वनियाँ गुंजित थीं, आँसुओं की लिपियाँ अंकित थीं, सपनों के चित्र बने थे और यही कारण है कि प्रवास में होने पर मिश्र जी को उनके गाँव का घर बुलाता है—"वहीं (दक्षिण कोरिया) थे तो अपना देश हमें बुलाता था, अपने देश में दिल्ली का अपना घर बुलाता है और दिल्ली में होते हैं तो अपने गाँव का घर बुलाता और लगता है वह इस घर में हरदम व्याप्त है।" (पृ.सं. 122)

यों तो इधर की रचनाओं में माता-पिता, भाई-बहन को लेकर काफी कुछ लिखा मिलता है लेकिन इस संग्रह के निबन्धों में मिश्र जी ने इन सम्बन्धों को जिस यथार्थ के साथ उजागर किया है वह प्रशंसनीय है। पिता का फक्कड़पन और भाइयों की कर्मठता के अलावा उन्होंने 'मेरा घर कहाँ है' शीर्षक निबन्ध में अपनी माँ का जो चित्र खींचा है वह न केवल कारुणिक, मार्मिक और हृदयद्रावक है बल्कि एक भारतीय माँ की समस्त विशेषताओं को प्रकट करने वाला भी है— "अभावों की मार से हम सबको बचाती हुई माँ, ऊर्जा और कर्म से तनी हुई माँ, प्यार और करुणा से द्रवित होती हुई माँ, बर्तन माँजती हुई माँ, झाड़ू-बुहारू करती हुई माँ, दर्द भरे गीत गाती हुई माँ, शादी-ब्याह, पर्वों-त्योहारों पर स्त्रियों की अगुवा बनकर लोकगीत बन जाती हुई माँ, लोक-कथा वार्ता कहती हुई माँ और सबसे बड़ी बात यह कि अभावों में भी हमें हीनता बोध से उबारती हुई और दुष्ट धनी लोगों के आघातों को तनकर लात मारती हुई माँ।" (पृ.सं. 120) 'जहाँ मैं खड़ा हूँ' निबन्ध में मिश्र जी ने गाँव-घर की

जीवन चर्या के बहाने अपने पिता और भाइयों को काफी शिद्दत से याद किया है लेकिन माँ की स्मृति वहाँ भी सर्वाधिक है। पिताजी और माँ की आदतों तथा स्वभावों की तुलना जिस रूप में हुई है उसमें माँ आज के स्त्री-विमर्श की एक किरदार नजर आती है– "पिताजी अकेले और अभावग्रस्त होने के कारण दब्बू बन गये थे, माँ में ऊर्जा थी, वह अभाव में तनी हुई थी, किसी की धौंस बर्दाश्त नहीं कर सकती थी। पिताजी के अकर्मठ, सैलानी और दब्बू स्वभाव से माँ चिढ़ती थी, उन्हें बार-बार कोंचती थी और फिर कहा-सुनी होती थी।" (पृ.सं. 67) बड़े भैया को याद करते हुए मिश्र जी ने लिखा है–"बड़े भैया जब दर्जा सात में थे तो मैं पढ़ाई शुरू कर रहा था। उन्हें न कभी खेलते देखा, न गाते-बजाते, न नाचते-घूमते। घर से स्कूल, स्कूल से घर, घर से खेत और खेत से घर। एकदम जैसे संन्यासी– ठीक पिताजी के प्रतिकूल। वे ऐसे कैसे हो गये कह नहीं सकता। उनकी कर्मठता माँ की देन कही जा सकती है।" (पृ.सं. 68) इस तरह निबन्धकार ने माँ को एक बड़ी भूमिका में याद किया है। अगर अज्ञेय की कविता 'नदी के द्वीप' का सहारा लिया जाय तो वह माँ ही है जिसने मिश्रबन्धुओं को आकार दिया है, अन्तरीप, कोण और गोलाइयाँ सब उसी की गढ़ी हुई हैं। मिश्र जी ने निबन्धों में स्थान-स्थान पर अपनी पत्नी को भी याद किया है। उन्हें जिस 'घर' की तलाश रही है उसे माँ के बाद उनकी पत्नी ने ही आकार दिया है।

मिश्र जी के समस्त लेखन में नारी को उच्चासन और समादर प्राप्त है। वे उसे स्वावलम्बी और आर्थिक दृष्टि से आत्मनिर्भर देखना चाहते हैं साथ ही यह भी कि उसके देह पर उसका अधिकार हो और उसकी इच्छा के विरुद्ध कोई उसका उपयोग न कर सके लेकिन स्त्री-विमर्श के नाम पर अति उत्साही लेखिकाओं ने देह की स्वतंत्रता का जो अर्थ– "नारी की देह पर उसका अपना अधिकार है। अपने मन से वह उसका जैसा चाहे उपयोग कर सकती है, उसे जिसे चाहे दे सकती है, जितनी बार चाहे दे सकती है। उसके इस कार्य पर किसी को कुछ कहने का अधिकार नहीं है।" (पृ.सं. 178) लगाया है उसका समर्थन वे नहीं करते बल्कि उसे पुरुष लंपटता से प्रतिस्पर्द्धा मानते हैं। इतना ही नहीं इसी 'नारी मुक्ति' शीर्षक लेख में जीवन में घटित अपने यौन सन्दर्भों को खूब खुलकर परोसने वाली आत्मकथा लेखिकाओं से आम पाठक की ओर से वे पूछते हैं–"लेखिका जी, आपने व्यक्तिगत रूप से जो कुछ किया है उसका हम क्या करें? नंगेपन को खोलने वाली आपकी बहादुरी हमारे किस काम की? आपने अपने जीवन में यह सब कुछ किया तो किया, यह आपका निजी मामला है, हमें क्यों सुना रही हैं? ...अरी लेखिका जी बहुत से काम परदे में ही करने के होते हैं, उन्हें सड़क पर नहीं किया जाता। आपने भी जो यौन क्रियायें की होंगी परदे में ही की होंगी, सड़क पर नहीं की होंगी। तो जमाने की हवा देखकर चर्चा में आने के लिए अपने किये हुए को पुस्तक के माध्यम से सड़क पर ला रही

हैं। इससे आपकी चर्चा तो हो जा रही है और आप यही चाहती हैं किन्तु नारी मुक्ति का कौन सा हित सध रहा है?" (पृ.सं. 179) तार्किकता के धरातल पर उभरा यह व्यंग्य तीखा और पैना होने के साथ ही काफी आक्रामक है।

मिश्र जी साहित्य को मानव-मूल्यों के बोध और सौन्दर्य-चेतना को जिलाये रखने तथा मनुष्य को मनुष्य होने की प्रतीति देनेवाली संवेदनशीलता की रक्षा करने का एक साधन मानते हैं। जब साहित्य इन मुद्दों से भटकने लगता है तब उनका स्वभाव आक्रामक हो जाता है। 'सर्जना' निबन्ध में भी उनकी आक्रामकता देखी जा सकती है– "आज के कवि-सम्मेलनों, मंचों पर पढ़ी जाने वाली कविताएँ चुटकुलों के रूप में, मिमिकरी के रूप में उपस्थित होकर उपभोक्तावादी लोगों का सस्ता मनोरंजन करती हैं। तमाम घटिया कवि मीडिया पर छाये हुए हैं और कविता के नाम पर वे न जाने क्या-क्या बेच रहे हैं? (पृ.सं. 188) पठनीयता के संकट से जूझ रही कहानियों के बारे में भी उनकी यह टिप्पणी अपने व्यंग्य-विधान में काफी तिलमिलाहट लिये हुए है– "कुछ नयी शैली में बात कहने के चक्कर में कहानियाँ अनावश्यक भूमिकाओं, अनावश्यक विस्तार, अनावश्यक घुमावदार विवरण का शिकार हो रही हैं। उनमें से कथा-रस गायब हो रहा है। वे ऊबाऊ बनती जा रही हैं। कहानीकारों को न तो मीडिया की चुनौती की चिन्ता है न अपनी कथा-परम्परा में व्याप्त कथा के मूल चरित्र की।" (पृ.सं. 191) यह स्थिति इसलिए है कि आज साहित्यकार बनने की बड़ी जल्दी है। कुछ लोगों को लगता है कि दुकानदारी करते-करते या कुछ सस्ता साहित्य पढ़ते-पढ़ते एकाएक साहित्यकार बना जा सकता है। मिश्र जी उनको समझाते हैं– "साहित्य का रास्ता कठिन रास्ता है, वह बड़ी साधना माँगता है। चारों खाने और चौसठ खूँटे दुरूस्त रखते हुए साहित्य नहीं साधा जा सकता।" (पृ.सं. 87)। कहना न होगा कि मिश्र जी ने काफी कड़ी और लंबी साधना की है। उन्हें अपने लेखन पर भरोसा है, स्वाभिमान पर गर्व है, साहित्य की दुनिया से मिलने वाले छोटे-छोटे सुखों से संतोष है और इसीलिए साहित्य के मठाधीशों तथा सत्ता प्रतिष्ठानों की कृपा की आकांक्षा उन्हें नहीं है। अपनी इस स्थिति का वर्णन उन्होंने 'छोटे-छोटे सुख' निबन्ध में इस प्रकार किया है– "उसके पास किसी राजनीतिक या साहित्यिक प्रतिष्ठान से प्राप्त वह शक्ति नहीं है जो साहित्य में लोगों को स्थापित या विस्थापित करती है, जो बड़े-बड़े पुरस्कारों का वारा-न्यारा करती है, जो मनचाहे लोगों की रचनाओं के संकलन तैयार करती है, जो बड़ी-बड़ी पत्रिकाएँ निकालती है, जो रचनाकारों को अन्तर्राष्ट्रीय जगत में प्रक्षिप्त करती है और जो अपने अनचाहे लोगों के प्रति या तो चुप्पी साध लेती है या तरह-तरह से उन्हें लांछित करती है।" (पृ.सं. 133) साहित्य-जगत में व्याप्त यह अराजकता तथा पुरस्कार-सम्मान के नाम पर 'अन्धों के हाथ रेवड़ी' की चरितार्थता साहित्य की प्रगति के लिए शुभसंकेत नहीं है।

हिन्दी और भारतीय भाषाओं, जातीय अस्मिता, सांस्कृतिक परम्परा तथा देशीयता

को बचाने की छटपटाहट मिश्र जी के दो निबन्धों 'कितने बजे हैं' तथा 'तुम्हारी माँ कहाँ है' में विशेष रूप से द्रष्टव्य है। भाषा केवल अभिव्यक्ति का माध्यम नहीं है बल्कि अनुभूति, चिन्तन तथा देश की धरती की गन्ध, सांस्कृतिक परम्परा और जन-जीवन की खुरदरी-स्निग्ध चेतना की वाहिका बनकर एक राष्ट्रीय चरित्र निर्मित करने का साधन भी है लेकिन दुर्भाग्य यह है कि हिन्दी और भारतीय भाषाओं की न केवल उपेक्षा की जा रही है बल्कि उनके बोलने वालों को हेय दृष्टि से देखा जा रहा है। लोगों को अपने मूल से काटने के इस षड्यन्त्र में 'अमर बेलों का एकवर्ग' शामिल है जो पेड़ो का खून चूसकर पेड़ों पर ही ठहरा हुआ होकर अपने को पेड़ों से अलग और ऊपर मानता है।' मिश्र जी ने इस वर्ग के कुचक्र को सार्वजनिक करने के लिए अदभुत व्यंग्य क्षमता का प्रदर्शन किया है।

मिश्र जी को गेंदे के फूल से कुछ ज्यादा ही लगाव है तभी तो सिर्फ कविताओं में ही नहीं बल्कि उनके निबन्धों में भी वह अपनी खुशबू बिखेरता हुआ मौजूद रहता है। गेंदा सर्वहाराकी सौन्दर्य-चेतना का प्रतीक है इसीलिए जब फागुन में गहगहाकर वह फूलता है तो धूप के साथ मिश्र जी का मन भी रंग जाता है और उनका सौन्दर्य-बोध प्रतिबद्ध होकर कह उठता है—"जाड़े और बसन्त में और फूल हों तो हों गेंदे का तो होना ही चाहिए। वह मुझे देहाती लगता है।" पृ॰ (पृ.सं॰ 83)। मिश्र जी को देहाती दुनिया कितनी प्रिय है? इसे जानने के लिए 'नया चौराहा' के निबन्धों को पढ़ना बेहद जरूरी है।

'फिर भी कुछ रह जायेगा' : विलुप्ति के इस मारक समय में भी

नयी सदी की चुनौतियों ने रचनाकारों को यह सोचने पर विवश किया है कि क्या यह धरती बची रहेगी? वनस्पतियों तथा प्राणियों का मनोहर लोक क्या अपनी अस्मिता बचाये रख सकेगा? और तो और शब्द की सत्ता क्या बची रह सकेगी? इन्हीं चिन्ताओं ने प्रो॰ विश्वनाथ प्रसाद तिवारी को भी चिन्तित और आन्दोलित किया है जिसका परिणाम है उनका काव्य-संग्रह 'फिर भी कुछ रह जायेगा'। इसका ध्वन्यार्थ यह है कि सब कुछ नष्ट हो जाने की स्थिति में भी न तो जिजीविषाएँ मरेंगी और न ही आस्थायें तिरोहित होंगी। न तो सपने सूखेंगे और न ही शब्द व्यर्थ होंगे। यानी कुछ न कुछ रहेगा। क्या और कितना रहेगा इसका अंदाज लगा सकने की असमर्थता के बावजूद उन्हें दृढ़ विश्वास है कि जरूर कुछ रहेगा। तभी तो वे पूछते हैं – "क्या तुम्हें यकीन है/आग सब कुछ जला सकती है/सब कुछ सुखा सकती है हवा/पानी सब कुछ गला सकता है/सब कुछ मिटा सकता है ब्रह्मास्त्र।" फिर स्वयं उनका उत्तर है– "नहीं जरूर कुछ रह जायेगा।" (पृ.सं. 87) विलुप्ति के इस मारक समय में भी उनका आशावाद इतना प्रबल है कि धरती पर अभी जो सम्भव नहीं हुआ है उसके बचे रहने की वे कल्पना कर लेते हैं– "असम्भव नहीं कि रह जाय वही/जो नहीं है अभी।" (पृ.सं. 77) इस तरह के भविष्य-कथन के मूल में कोई न कोई आशंका अथवा भय का भाव तो होगा ही। इसका खुलासा संग्रह की दो कविताओं 'कैसा समय' और 'पूरे करो वायदे' में हुआ है। तिवारी जी पूछते हैं– 'कैसा नगर है यह/और कैसा समय/'जहाँ–"अकड़े हैं पुरुष/और जकड़े हैं पुरुष/भरी हैं स्त्रियाँ/और डरी हैं स्त्रियाँ/किलक रहे बच्चे/औ कलप रहे बच्चे।" (पृ.सं. 67) जाहिर है भूमंडलीकरण और बाजारवाद के इस युग में मानवीय संवेदनायें निरन्तर क्षीण हो रही हैं। स्नेह, सौहार्द्र, आत्मीयता और बत्धुत्व पर वणिक वृत्ति की काली छाया मँडरा रही है। अर्थ-कीट सम्बन्धों के मूलोच्छेदन में लगा हुआ है। धरती ऊसर, सागर व्यथित और आकाश लहूलुहान हो रहा है। जिस रत्न प्रसवा की अनन्त उर्बरा कोख

में न जाने कौन-कौन से रत्न छिपे हैं और जिसके लिए ऋषियों ने गान रचे हैं वही कोख आज बाँझ हो रही है। वही धरती माँ आहत है। उसके आँचल जल रहे हैं। वह कटी-फटी, जली-भुनी, सड़ी-पड़ी, है। सब कुछ कवि की आँखों के सामने हो रहा है– "चल रहीं आरियाँ/कराह रहीं पत्तियाँ/चीख रही घाटियाँ/भाग रहा हिरनो का झुण्ड। उतरा रहीं मछलियाँ/कट रहे देवदारू/रेत हो रही भवतारिणी।" (पृ.सं. 85) ऐसे परिवेश में यह आशंका निर्मूल नहीं है कि हमारी धरती, हमारा आकाश, हमारा पर्यावरण, हमारा समाज यानी कुछ भी नहीं बचेगा। इसीलिए भविष्य द्रष्टा कवि का अपने समानधर्माओं से आग्रह है कि 'कवियों, पूरे करो अपने वायदे/शायद कुछ बच जाय/तुम्हारे शब्दों से। (पृ.सं. 85) जाहिर है शब्द ब्रह्म है, प्रार्थना है, मंत्र है इसीलिए कवि को उसकी ताकत पर पूरा भरोसा है तथा उसके साधकों पर भी। इस संवेदन शून्य होते जगत में शब्द और उसकी साधना करने वालों के दायित्व के प्रति आश्वस्त होकर ही प्रो. तिवारी यह कह सके हैं कि 'फिर भी कुछ रह जायेगा'।

कविता में 'अन्धेरा' अपनी प्रतीकात्मकता में समय की भयावहता, जटिलता, संवेदनहीनता, अमानवीयता, अभाव, गरीबी, दुःख, अज्ञान आदि का अर्थ लेकर आता है। समाज और राजनीति का श्यामवर्णी रंग उभारने वाला यह प्रतीक जब जंगल का साथी बनकर कविता में आता है तब इसकी नृशंसता और भयावहता की तीव्रता का अन्दाजा लगाना कठिन नहीं है। संग्रह की कविताओं में आया 'अंधेरा' शब्द भी उसी त्वरा के साथ है। 'आजादी' शीर्षक कविता में 'अंधेरिया है रात सजन/समय ना गवायें' की व्यंजना बहुत दूर तक जाती है। अन्धेरगर्दी के इस स्वतंत्र महौल में जो जितना लूट सके लूटे। 'आत्मा' कविता में कवि को अँधेरे जंगलों से आ रही हिंसक पशुओं की आवाज सुनायी देती है तो 'चढ़कर मेरे जीवन रथ पर' में अँधेरा बाहर और भीतर दोनों ओर है लेकिन यह विश्वास भी है कि घने अँधेरे में खुद राह ढूँढने वाले के लिए इशारा करने वाला कोई न कोई मिल ही जाता है– "राह तो ढूढ़नी होती है खुद/मगर कर देता इशारा/कोई न कोई। (पृ.सं. 63) यह निराला के 'केवल जलती मशाल' की तरह का आशावाद है। अँधेरे में पुस्तकें राह दिखाने का कार्य कर सकती हैं लेकिन भौतिकता की आँधी और तकनीकी क्षेत्र में हो रहे नित नवीन आविष्कारों ने उनकी जो दुर्दशा की है उसका आलम यह है कि वे सीढ़ी के नीचे अथवा गैरेज के कोने में बोरी में बाँधकर या चट्टी से ढँककर, तख्ते के नीचे अथवा फूटे गमले के ऊपर रखी जाकर आँसू बहाने के लिए अभिशप्त हैं फिर भी कवि को विश्वास है कि "आयेगा कोई न कोई/दिग्भ्रमित बालक जरूर किसी शताब्दी में/अँधेरे में टटोलता अपनी राह।" (पृ.सं. 2)

जीवन एक जटिल एवं अबूझ पहेली है फिर भी इसे सुलझाने के सतत प्रयत्न होते रहे हैं। इस संग्रह की 'मेरी जिन्दगी', 'पानी सा', 'जीवन का अर्थ', 'जीवन-संग्राम' आदि कविताओं में जीवन के रहस्यों से पर्दा उठाने की कोशिश दिखाई देती है।

जीवन का अर्थ ढूँढ़ने की उत्सुकता और व्यग्रता दिखाई देती है। प्रो॰ तिवारी को कभी लगता है कि जीवन होने और न होने के बीच की स्थिति है– "होने और न होने के बीच थी/मेरी जिन्दगी/यदि कोई कहना ही चाहे/इसे जिन्दगी।" (पृ.सं॰ 16) तो कभी संत कवि रैदास की तर्ज पर जीवन पानी की तरह लगता है– "पानी का जीवन/प्रभु पानी सा।" (पृ.सं॰ 45) कभी व्यर्थताबोध के क्षणों में उन्हें महसूस होता कि जीवन का अर्थ वही नहीं है जो अब तक बताया गया है– "अर्थ नहीं था वह/यदि होता/तो आज न लगता व्यर्थ।" (पृ.सं॰ 76) कभी लगता कि संघर्ष और नित नवीन चुनौतियाँ जीवन का अर्थ देती हैं– "यह चोटी गुजरी वह आयी/वह गुजरी फिर नयी आ गयी।" (पृ.सं॰ 79) जीवन में भागमभाग आपाधापी मची हुई है। आज के बाजारवाद ने अर्थ लोलुपता इतनी बढ़ा दी है कि मन को न तो शान्ति है और न ही शरीर को विश्राम। तिवारी जी भाग दौड़ की व्यर्थता का बोध अपनी कविता 'कहाँ जाना था' में कराते हैं– "पहुँचा कहाँ कहाँ जाना था/ ....रूका चला दौड़ा/अनजान दिशाओं में/ठोकर खाया उड़ा/मुड़ा विपरीत हवाओं में" चाहिए क्या था? "कभी कामरस, कभी दाम रस/सभी रसों का घोल नाम रस। "इसका परिणाम क्या निकला– "गला सूखता जाता बियाबान में/नुचे चुथे पाखी सा महाश्मशान में।...पहुँचा कहाँ कहाँ जाना था।" (पृ.सं॰ 80-81) क्या यही जीवन है? कामना, कठिनाई, संघर्ष, अवरोध और अन्त में श्मशान। जीवन की नश्वरता और क्षणभंगुरता पर ढेरों साहित्य लिखा गया है। भक्त कवियों ने तो जीवन-जगत और माया-मोह के मिथ्यात्व को समझाने में ही अपना जीवन खपा दिया। इस संग्रह की 'अम्बपाली' कविता में भी नश्वरताबोध बहुत खूबसूरती के साथ प्रस्तुत हुआ है–जैसे संसार की नश्वरता का यह वर्णन 'मंजरियों से भूषित/यह सघन सुरोपित आम्रकानन/सत्य नहीं है अम्बपाली।/यही कहा तथागत ने/झर जायेंगी तोते के पंख जैसी पत्तियाँ/ठूँठ हो जायेंगी भुजाएँ/कोई सम्मोहन नहीं रह जायेगा/पक्षियों के लिए/इस आम्रकुंज में/यही कहा तथागत ने।" (पृ.सं॰ 78) जाहिर है कोई भी इस संसार से विदा होना नहीं चाहता। कुछ तो ऐसे भी हैं जो अपने को अजर अमर मानते हैं। कुछ दूसरों की मृत्यु देखकर भी स्वयं मृत्यु बोध से अनजान बने रहते हैं। रूप गर्विता अम्बपाली भी तो मृत्युबोध के नकार के क्षणों में यही चाहती है कि तथागत के वचन सत्य न हों। उसकी मनोदशा और अन्तर्द्वन्द्व के माध्यम से कवि ने नश्वरता सम्बन्धी एक शाश्वत प्रश्न सामने लाकर खड़ा कर दिया है–

दर्पण से पूछती है अम्बपाली
अपने भास्वर, सुरुचिर मणि जैसे नेत्रों से पूछती है
पूछती है भ्रमरवर्णी स्निग्ध, कुंचित केशों से
तूलिका अंकित भौहों से पूछती है
पुष्पवासित रत्नभूषित त्वचा से

होठों की काँपती कामनाओं से
देह के स्फुलिंगों से पूछती है
अम्बपाली
क्या अन्यथा नहीं हो सकते
सत्यवादी बुद्ध के वचन?

(पृ.सं. 78)

कबीर ने कहा था कि 'जगत' चबेना काल का, कुछ मुख में कुछ गोद' तब उनका आशय यही था कि मृत्यु की पहुँच से बाहर कुछ भी नहीं है। प्रो. विश्वनाथ प्रसाद तिवारी ने लगभग उसी जमीन पर थोड़ी नवीनता के साथ यह कहा है कि जन्म के साथ ही मृत्यु का जन्म हो जाता है। आत्मरक्षा के सभी अस्त्र वस्तुतः मृत्यु के ही अस्त्र हैं। मृत्यु से न छिपा जा सकता है और न ही भागकर बचा जा सकता है– "जब उससे बचने के लिए/मैं भाग रहा था/तेज और तेज/और अपनी समझ से/सुरक्षित पहुँच गया जहाँ/वहाँ वह मेरी प्रतीक्षा में/पहले से खड़ी थी/मेरी मृत्यु (पृ.सं. 60) इस संग्रह की 'पूँजी' कविता अपने आकार में छोटी होकर भी बहुत बड़ा अर्थ सन्दर्भ समाहित किये हुए है। मिट्टी, पानी, आग और हवा जीवन की पूँजी है। इसी परिप्रेक्ष्य में यदि 'क्षिति' जल, पावक, गगन, समीर' को याद करें तो शरीर संरचना की प्रक्रिया का बोध हो जायेगा। यह पूँजी इस लोक में साथ रहती है और इसे ही लेकर परलोक जाया जाता है– पूरी कविता यहाँ अविकल रूप में प्रस्तुत है– "चुटकी भर मिट्टी/चोंच भर पानी/चिलम भर आग/दम भर हवा/पूँजी है यह/खाने और लेकर/परदेश जाने के लिए।" (पृ.सं. 68) देह में ब्रह्माण्ड की कल्पना (यथा पिण्डे तथा ब्रह्माण्डे) कोई नवीन नहीं है लेकिन इस संग्रह की 'देह' कविता में देह को जिस प्रकार महिमा मण्डित किया गया है वह औरों से न केवल अलग है बल्कि नवोन्मेषशालिता का परिचायक भी है। इसकी ये पंक्तियाँ जीवन और मृत्यु के बीच के द्वन्द्व को मुक्त करने में चाहे सफल भले न हों लेकिन नश्वरता के बोध से मुक्ति दिलाने के अपने उद्देश्य में सफल हैं– "नश्वर है यह/मगर यही तो मुक्त करती है/नश्वरता के बोध से।" (पृ.सं. 27)

बौद्ध-दर्शन के सर्वाधिक चर्चित शब्द हैं—दुःख, दुःख समुदय, दुःख निरोध आदि जिनका सार्थक उपयोग 'मनुष्यता का दुःख', 'उसके दुःख और दुःख निरोध का मार्ग' शीर्षक कविताओं में हुआ है। तिवारी जी का मानना है कि दुःख की कथा अनन्त है और इसे बुद्ध से पहले भी जानने-समझने की कोशिश की गयी है लेकिन इसे न तो सम्पूर्णता के साथ कहा जा सका है और न ही लिखा जा सका है। इसे देखने के लिए न तो भविष्य वक्ता के पास जाने की जरूरत है और न ही अस्पताल शहर गाँव जाने की। जो जहाँ खड़ा है वहीं से देख सकता है– "पानी की तरह राह बनाता नीचे/और नीचे/आग की तरह लपलपाता/समुद्र सा फुफकारता दुःख।"

(पृ.सं. 4) इस दुःख की व्याप्ति इतनी है कि यह किसी भी धर्म और पोथी में पूरी तरह अँट नहीं सका है। अनेक रूप धारी यह भीतर बाहर सर्वत्र परिव्याप्त है। यह पूर्णतः समाप्त तो नहीं हो सकता लेकिन कम हो सकता है जिसका मार्ग तिवारी जी के अनुसार यह है–"तुम/हाँ हाँ तुम/सिर्फ हथेली से उदह दो/तो चुल्लू भर कम हो सकता है/मनुष्यता का दुःख।" (पृ.सं. 4) यद्यपि उन्होंने गौतम बुद्ध से भी पूछा है कि– "क्या है मेरे दुःख निरोध का मार्ग?' लेकिन बुद्ध ही नहीं कोई भी दार्शनिक अथवा तत्व चिन्तक क्या उत्तर देगा इसका? क्या इसका समाधान है– गौतम बुद्ध के पास– "वृद्ध पिता हैं/जर्जर माँ/रूग्णा पत्नी/कुँवारी कन्या/तथागत!/क्या है मेरे दुःख निरोध का मार्ग।" (पृ.सं. 75) जाहिर है इच्छायें दुःख की जननी हैं किन्तु क्या उनसे रहित संसार की कल्पना सम्भव है? संसार है तो दुःख है। दुःख नहीं तो संसार नहीं। कारण यह कि सृजन कामना की उपज है और कामना दुःख जन्य है। इसलिए कामना का न तो तिरोधान सम्भव है और न ही कामना के बिना संसार का कोई अर्थ है। यही कारण है कि कवि ने प्रभु से यह निवेदन करना अपना कर्तव्य समझा है कि–"पूरी हों, हों/न हों/प्रभु। लहलहाती रहें कामनाएँ।" (पृ.सं. 41) यहाँ यह ध्यातव्य है कि भक्त कवि कामनाओं के नाश पर जोर देते रहे हैं। उनके अनुसार दुःख निवृत्ति का मार्ग कामना-त्याग की ओर से होकर जाता है और सच्चा सुख तो इस संसार में सम्भव ही नहीं है। यहाँ यह उल्लेखनीय है कि दुःख की भाँति सुख भी जीवन के आरम्भ से ही विचारणीय मुद्दा रहा है। सुख क्या है? कहाँ मिलता है? कब मिलता है? किसको मिलता है? आदि पर काफी चिन्तन-मनन हुआ है। जयशंकर प्रसाद दुःख की पिछली रजनी बीच सुख का नवल प्रभात विकसता देखते हैं। प्रो. तिवारी इससे बिल्कुल अलग मंतव्य प्रकट करते हैं। अपनी 'सुख' शीर्षक कविता में वे लिखते हैं – "क्या जो नहीं आते। उन्हीं को कहते हैं सुख।" (पृ.सं. 74) जीवन की आपाधापी और भागमभाग के बीच बटोरे गये सुख को वे एक चिथड़ा सुख की संज्ञा देते हैं– "पागलों सा बटोरता रहा/एक चिथड़ा सुख।" (पृ.सं. 22) विज्ञापन-बाला के दुःख में झाँककर कवि ने देखने की चेष्टा की तब उन्हें लगा कि एक का दुख कभी-कभी दूसरे के सुख का कारण भी बनता है– "एकाएक मुझे लगा/क्या अपने दुःख को/मेरे सुख में तब्दील कर देना ही/नहीं है उसका दुःख।" (पृ.सं. 32) इस तरह दुःखमय जगत के बीच उस विज्ञापन-बाला की अदम्य जिजीविषा और मुखमंडल पर प्रसन्नता की कृत्रिम आभा से क्या सुख-दुख के झिलमिल स्वरूप का बोध नहीं होता? साथ ही यह भी कि सुख-दुख अपरिभाषेय हैं। उनकी कोई निश्चित व्याख्या सम्भव नहीं है।

स्त्री-विमर्श के अतिवादी नारों और विज्ञापनों से अलग तिवारी जी ने स्त्री की दशा और दिशा पर बहुत सार्थक लेखन किया है। उन्होंने स्थितियों और घटनाओं को ज्यों का त्यों रख दिया है अपनी ओर से कोई टिप्पणी अथवा व्याख्यान की जरूरत

नहीं समझी है। कविता में पक्ष या विपक्ष नहीं बनने की उनकी यही विशेषता उन्हें तथाकथित नारी विमर्शकारों से अलग भूमि पर खड़ा करती है। आज का नारी-विमर्श जिस प्रकार पुरुष को प्रतिपक्ष अथवा प्रतिरोध में खड़ा करने की साजिश रच रहा है वैसे में स्त्री-पुरुष के बीच सन्तुलित और सामंजस्यपूर्ण व्यवहार का दिग्दर्शन बहुत आवश्यक है। कहना न होगा कि तिवारी जी ने अपनी कविताओं के माध्यम से नारी समस्या की जड़ तक पहुँचने की कोशिश की है और इस प्रक्रिया में उन्होंने अनुभव किया है कि नारी की समस्या का समाधान केवल आँसू बहाने अथवा आग उगलने से नहीं हो सकता बल्कि उसके लिए स्वातंत्र्य, स्वावलम्बन ओर सामंजस्य पूर्ण व्यवहार की जरूरत है। नारी परिवार की धुरी है और एक आदर्श परिवार तिवारी जी की कल्पना का उदात्त विधान। इसीलिए उन्होंने नारी के त्याग और समर्पण की महिमा प्रस्तुत करने में अधिक रुचि दिखाई है। इस संग्रह में पति को प्रताड़ित, आदमी को अपमानित और व्यक्ति को व्यथित करने वाली कविताओं का अभाव है लेकिन स्त्री की दयनीयता, हीनता, उपेक्षा, अपमान, तिरस्कार और अत्याचार सम्बन्धी कई कविताएँ हैं। अन्य नारीवादियों की भाँति तिवारी जी ने भी स्त्री की परतंत्रता का एक कारण आर्थिक परनिर्भरता मानी है। इसी से वह डरी सहमी रहती है तथा पति का विरोध करने का साहस नहीं जुटा पाती– "कड़का वह बिजली की तरह पुरुष/ ....कमाई की गड़गड़ाहट थी उसकी आवाज में/सहम गयी स्त्री/फिर रह गयी मजते बर्तनों की टन फन/नल से पानी गिरने की घड़ घड़/फिचते कपड़ों की छप छप/सिल बटटे की कच –कच।" (पृ.सं. 24) यही है भारतीय नारी। आँचल में दूध और आँखों में पानी लिए करुणा की मूर्ति बनी वह जूठे बर्तन धोती, झाड़ू पोछे के बाद बेटियों को सँवारकर स्कूल भेजती, शिशु रुदन पर बीच ही में पूजा छोड़ सू-सू साफ करती, बेटियों के स्कूल से वापस लौटने पर उनके टंट-घंट में जुटती, संझा की रसोई में जुतती, सबके खाने के बाद बैठती और फिर पति की बाहों में बेटियों के ब्याह के बारे में सोचते-सोचते सपनों की दुनिया में खो जाती और इस तरह नींद में ही सभी तीर्थों की यात्रा पूरी करती है। वह त्याग और सहिष्णुता की ऐसी देवी है जो स्वयं उपवास करती है लेकिन पति, परिवार तथा मेहमान को भोजन कराने में सुख और संतोष का अनुभव करती है– "दोपहर भोजन के आखिरी दौर में/आ गये एक मेहमान/दाल में पानी मिलाकर/किया उसने अतिथि सत्कार/और बैठ गयी चटनी के साथ/बची हुई रोटी लेकर।" (पृ.सं. 57) नारी की दिनचर्या का एक कारुणिक आख्यान है जहाँ कवि की भूमिका किसी पैरवीकार की नहीं बल्कि यथास्थितिवादी की है और चिन्तन-मनन तथा निर्णय की जिम्मेदारी पाठकों के ऊपर है। 'स्त्री की तीर्थयात्रा' कविता के साथ ही इस संग्रह में स्त्री की 'अनन्त जन्मों की कथा' भी है जिसमें वह सती, शकुन्तला, सीता, आम्रपाली, द्रौपदी आदि अनेक नाम रूपों में अपने भोगे यथार्थ की व्यथा सुनाती है–पृथ्वी, पवन/जल, अग्नि, गगन/मरू, पर्वत,

वन/सब में व्याप्त है मेरी व्यथा/मुझे याद है/अपने अनन्त जन्मों की कथा।" (पृ.सं. 21) इसी स्त्री को कवि ने इतनी बार देखा है कि याद नहीं आता कहाँ देखा है इसे। वह याद करने की कोशिश करता है तो पाता है कि– "देखा है इसे अफवाहों के बीच/जब इसका पेट उठ रहा था ऊपर/और शरीर पीला हो रहा था/जिसे छिपाने की कोशिश में/वह स्वयं हो गयी थी/अदृश्य।" (वही पृ.सं. 7) मस्तिष्क पर थोड़ा और जोर देने पर कवि को लगता है कि "यही है/जो महारथियों के बीच नंगी होती/करती अगिन अस्नान/धरती में समाती रही युगों-युगों से। लोक मर्यादा के लिए।" (पृ.सं. 8) 'आखिरी अनुकंपा' शीर्षक कविता की काजी द्वारा सजा प्राप्त स्त्री जिसकी जीवनलीला समाप्त करने के लिए गाँव भर के लोग मुखिया और सरपंच हाथों में नुकीले पत्थर लिये चारों ओर से घेर कर खड़े थे। उसने सबसे दया की भीख माँगी लेकिन जब नहीं मिली तब उसने धरती माँ को पुकारा। धरती दरक गयी। उसमें समाने से पहले उसने जो चेतावनी दी– "हे मेरे समय की देवियों/सुहागिनों अभागिनों/कुँवारियों-वेश्याओं/फिर कभी मत पुकारना माँ को/आखिरी अनुकंपा है यह धरती माँ की/नारी जाति पर।" (पृ.सं. 36) उसकी व्यंजना यह है कि नारी पर किये जा रहे अत्याचारों से धरती भी दुखी है। अब वह और अनुकंपा करने वाली नहीं है। इस संग्रह की एक महत्वपूर्ण कविता है 'स्त्री विहीन रेल का डब्बा' जिसमें कवि का यह प्रश्न 'कैसे पहुँचेगी यह गाड़ी सही सलामत/स्त्री के बिना।" (पृ.सं. 53) अपनी मार्मिकता और तार्किकता में लाजवाब है।

मीडिया लोकतंत्र का चौथा स्तंभ माना गया है लेकिन क्या वह अपने दायित्वों का सम्यक् निर्वहन कर पा रहा है? क्या वह गरीबों, असहायों, विपन्नों के पक्ष में खड़ा होकर उनके प्रति न्याय की लड़ाई लड़ रहा है? शायद नहीं। तभी तो जलंधर से कमाकर अपने देश नेपाल लौट रहे पहाड़ी युवक की सुन्दर बीस वर्षीया बहन को गुण्डों द्वारा चलती गाड़ी से बाहर फेंक कर उठा ले जाने की घटना सिर्फ एक दिन अखबार का खबर बनती है। संवेदनशील हृदय कवि को उसके बारे में जानने की व्यग्रता है–लेकिन विडम्बना देखिये– "दूसरे दिन तलाशता रहा बेचैनी से/कि क्या हुआ उस पार्वती का/किस टीशन के पास रौंदी गयी वह लक्ष्मी/गोदी गयी चाकुओं से किस खेत में दुर्गा/किस कोठे पर बेची गयी सरस्वती/मगर दूसरे दिन का अखबार/गूँज रहा रेलमंत्री की दहाड़ से/धनबल बाहुबल सुरक्षाबल के अट्टहास में/कहीं एक पंक्ति नहीं थी/उस अनाम अबला के बारे में।" (पृ.सं. 30) यहीं निराला की कविता वनबेला का स्मरण हो आता है– "मैं भी होता यदि राजपुत्र/...लिख अग्रलेख छापते अथवा विशाल चित्र।" धनपतियों/बाहुबलियों/नेताओं/के आगे सामान्य जनता की कौन सुनता है?

स्वतंत्रता के स्वर्ण जयन्ती वर्ष में आकलन-मूल्यांकन की दृष्टि से ढेरों साहित्य लिखा गया है लेकिन शब्दों की मितव्ययिता में लिखी गयी प्रो. विश्वनाथ प्रसाद

तिवारी की कविता 'पचास वर्ष पूरे होने पर' अपनी व्यंग्यात्मकता और चमत्कारिता में बेजोड़ है। उपमा अलंकार के माध्यम से मानस पटल पर उभरता पचास वर्ष का यह चित्र अद्भुत है– "लुत्ती सा चमका/बादल सा फटा/तंबू सा उखड़ा/पत्ते सा झरा/पचास वर्ष।" (पृ.सं. 66) उपमानों का यह नवीन प्रयोग अपनी अर्थवत्ता में बहुत कुछ कहता है।

राजधानी की चकाचौंध और जगर-मगर से आकर्षित कोई भोला-भाला ग्रामीण जब वहाँ पहुँचता है तब उसे किस तरह की मुसीबतों का सामना करना पड़ता है तथा उसके भीतर की संवेदनशीलता और आँखों का पानी मरता है इसका मार्मिक वर्णन करने वाली कविता है– 'राजधानी'। संघर्ष का आलम तो यह है कि "इतनी रगड़ी गयी चमड़ी/भीड़ में और बेरहम मौसम में/कि कोई अन्तर नहीं रह गया/मेरे लिये आग और पानी में।" (पृ.सं. 14) अंत में जब वह गाँव लौटता है तब उसे मृतकाया में उतारना पड़ता है।

स्मृतिहीनता के इस दौर में 'चिट्ठियाँ' कविता का महत्व इस अर्थ में है कि उसने अतीत के पन्नों को खोलने का कार्य किया है। आज के संचार माध्यमों तथा मोबाइल आदि की सुविधाओं का भोग करने वाले पत्र लेखन के महत्व को क्या समझेंगे किन्तु एक समय था जब चिट्ठियाँ दिल की धड़कन हुआ करती थीं। पत्र कबूतर, हंस आदि के माध्यम से पहुँचते थे। बाद में डाकिया पहुँचाने लगा। दोपहर में डाकिये की आवाज सितार सी बजती थी और उसके हाथ के कागज अनमोल रतन लगते थे। अकेला होने पर अनन्त से जोड़ने का कार्य चिट्ठियाँ ही करती थीं– "अकेला था मैं/तुमने जोड़ा मुझे अनन्त से/शिखरों और सागरों के पार/धड़कती हवाओं और रंगों से/" (पृ.सं. 83)

संवेदनाओं और मूल्यों के इस ह्रासोन्मुख समय में भी कुछ न कुछ बचे रहने की आशा जगाता यह संग्रह कथ्य और कथन में अपनी नवीनता के लिए अलग से पहचाना जायेगा।

'पचास कविताएँ–नयी सदी के लिए चयन' : शेष बहुत कुछ को बचाने की कोशिश

कविता में सृष्टि का विश्वबोध उभारना न तो सहज है और न ही सभी के लिए सम्भव। लीलाधर मंडलोई सृष्टि का विश्वबोध उभारने में इसलिए सफल हो सके हैं कि उनके अनुभव की परिधि व्यापक और संवेदन-तंतु की ग्राह्यता अधिक है। उन्होंने सतपुड़ा से लेकर अण्डमान-निकोबार द्वीप समूह सहित तमाम भूलोकों में जाने तथा रहने-बसने के क्षणों को कविता का हिस्सा बनाकर न केवल सृष्टि के साथ अपने साहचर्य का आरेखन किया है बल्कि उनकी पीड़ा, यातनाओं तथा आगत त्रासदियों से जुड़ी अपनी चिन्तायें भी प्रकट की हैं। इसीलीए 'पचास कविताएँ–नयी सदी के लिए चयन' की कविताएँ सृष्टि के सर्वथा अछूते प्रसंगों, घटनाओं और प्राणियों के अन्तर्जगत की साक्षी भर नहीं हैं बल्कि वे बेहतर विकल्प की सम्भावनायें भी हैं। इसका कारण यह कि समय की भयावहता का बोध जितना इस संग्रह की कविताओं में है उतना अन्यत्र नहीं है। यों तो कविता में मनुष्य और प्रकृति की आवाजाही रहती ही है लेकिन उनके बीच के सम्बन्धों और रहस्यों को जानकर उनको बचाने की कोशिश कितने कवियों के यहाँ है? मंडलोई की कविताएँ प्रकृति के रहस्यों को जानने के साथ-साथ उन्हें बचाने की कोशिश भी करती हैं। हालाँकि विस्मृति और विलोप के इस भयावह समय में उन्हें बचा पाने में कवि को सन्देह है– "वे बची रहेंगी आगे भी सन्देह बहोत/विलुप्ति के इस मारक समय में।" (पृ.सं. 22) क्योंकि जब लगातार विलोपीकरण की प्रवृत्ति बढ़ रही हो–गायब हो रही हो गौरेया, बाजरे की खेती गायब हो रही हो, चिकक के बोल नहीं सुन पड़ रहे हों, अरण्डी का वृक्ष गायब हो रहा हो और तो और वे वन नहीं दिख रहे हों "जिनमें फल ही फल होते थे/शहद के छते भरपूर/चींटियों की कतारें/कन्द मूल और/अमलतास की पकी फलियाँ होती थीं/आम और उनकी गुठलियाँ/महुए के फूल/और ताड़ के पेड़ से उतरती नीरा।" (पृ.सं. 30) तब उन्हें बचा पाना कितना कठिन है इसका अनुमान किया जा सकता है। ऐसे में एक संवेदनशील और भावुक हृदय सिर्फ अपना दुःख प्रकट कर सकता है– "मेरी आँखें ढूँढ़ती हैं अब उन्हें/और भर जाती हैं अव्यक्त

दुःख से।" (पृ.सं. 31) यह कोई सामान्य दुःख नहीं है बल्कि मानव अस्मिता से जुड़ा दुःख है। पर्यावरण के खतरे से भरा दुःख है। घोड़ानक्कास का मरना, पीतल की नक्काशी वाली दुकानों का उठना, पहियों को रंग रोशन करने वाले लोगों का जाना, गुलियादाई की गली तथा मटरगश्तियों और फब्तियों का गायब होना भी कवि को अखरता है। वह इसे एक सांस्कृतिक संकट के रूप में देखता है। उसे लगता है कि "आखिरी साँसें हैं ये कल्चर की।" (पृ.सं. 52) इसके बावजूद कवि को उम्मीद है कि अभी भी शेष है बहुत और बहुत कुछ जो बच सकता है ठीक उसी तरह जैसे कि–

"समुद्र की अतल गहराइयों
या कि सुदूर इलाकों में
जहाँ उगता है कुछ न कुछ
और बचा रहता है पौधा
पौधे पर उगता फूल
कोई न कोई अन्न
और कोई जीव
मस्ती में डोलता-नाचता।" (पृ.सं. 76)

अगर धरती पर प्रेम बचा रहे तो सम्भव है बची रहे मनुष्यता और उसके आलोक में सृष्टि का विधान भी। यही कारण है कि इस संग्रह की कविताओं में रागात्मकता की अभिव्यक्ति कुछ अधिक ही है और इसकी परिधि का विस्तार मानव-लोक तक ही नहीं बल्कि मानवेतर प्राणि लोक तक है। यहाँ तक कि कवि को प्रकृति भी मदहोश कर देने वाली राग में डूबी नजर आती है जिस की गिरफ्त में वह स्वयं को भी पाता है– "डूबा हूँ मैं मदकाल के निनादों में/कि मुझ तक आ रही है गन्ध/मुझमें जाग रहा है राग।" (पृ.सं. 35) मंडलोई जी राग के साथ 'अनोखा' और 'अनूठा' विशेषण लगाकर सम्भवतः बिहारी के 'औरे कछु' वाला प्रभाव व्यंजित करना चाहते हैं। उनके यहाँ राग में डूबे पशु-पक्षियों की एक लम्बी सूची है जिन्हें देखना और कभी-कभी छिपकर देखना उन्हें अच्छा लगता है। वे मोरों की नृत्यलीन मुद्राओं को पेड़ की ओट से देखने का लोभ सम्वरण नहीं कर पाते– "मैं एक चोर की तरह पेड़ की ओट में हूँ/उनकी समूची देह अनूठे राग में विन्यस्त।" (पृ.सं. 16) जीवन-जगत में रागात्मकता की प्रतिष्ठा के प्रति गहरी आकांक्षा ही है जो कवि के सौन्दर्य-बोध को भी बदल देती है। मंडलोई जी के मन में बचपन से जिन रंगों के प्रति जुगुप्सा का भाव था अब वे ही उन्हें सृष्टि के जरूरी रंग लगने लगे हैं। इससे सौन्दर्य की अवधारणा बदली है और उसे एक नया आकार मिला है। यही कारण है कि मटमैले पत्थरों में केकड़े से खेल में व्यस्त गोह की देह कवि को पहली बार आकर्षक लगी है– "वह बस डूबी थी अनोखे राग में/उसकी देह मुझे आकर्षक लगी पहली बार।... (पृ.सं. 44) यही कवि दिन और रात के सन्धिकाल में पर्वत के पीछे नहीं

बल्कि पर्वत पर आरूढ़ होता सूर्य देखता है और ठीक उसी क्षण मिथुन युगल एक नर चीता एक मादा पर तब उसका ऐन्द्रजालिक बिम्ब विधान अद्भुत प्रभाव उत्पन्न करता है। काम के उत्तप्त आवेग में मनुहार का यह दृश्य मानवीय मनुहार के प्रसंगों से कहीं अधिक मुखर और अनुपम है तभी तो कवि को अनुराग के इस पावन आलोक में मानव समाज का अन्धकार दिखता है– "मादा अपना मनुहार भरा पंजा उठा रही थी/देखा मैंने उसने चूमा उसकी पीठ/और जैसे ही सूरज की तरह पहाड़ी की पीठ पे हुआ आरूढ़/हवाएँ बहने लगीं नये रंग रूप और सज- धज में/रोशनी के उतरते झरने में/मैने उस रोज अपना अन्धकार देखा।" (पृ.सं. 48)

मंडलोई की काव्य-चेतना में प्रेम के परम्परित प्रतीकों और मिथकों के लोक से सर्वथा भिन्न लोक की उपस्थिति देखी जा सकती है। बर्र जिसकी आक्रामकता के कारण बर्र के छत्ते में हाथ डालने की कहावत मशहूर हुई वही बर्र उनके यहाँ प्रेम का उदाहरण है– "मैंने देखा उनका वह प्रेम/जो अपने बच्चों के लिए था/जिसमें वे डूबे थे।" (पृ.सं. 15) साहित्य में दीमकों का वर्णन हुआ है लेकिन उनके उद्दाम प्रेम का जो वर्णन इस संग्रह में है वह अन्यत्र दुर्लभ है। प्रेम में चिरलीन दीमकों के पंख उद्दाम आवेग में कब टूट गये इसका उन्हें पता नहीं लेकिन उनके जुड़े होने का विश्वास इतना अधिक है कि उड़ने के स्वप्न में भी जीवन की सिहरन महसूस होती है। कवि इस बोध को मृत्यु के ऐन सम्मुख जीवन का गान कहता है। 'पहली बारिश के बाद' शीर्षक कविता में भी पंख त्यागने का उल्लेख है लेकिन सिहरन और आलिगंन के मनोहारी दृश्य तथा समागम की सुखद समाधि की कल्पना अदभुत है और उसी के साथ जुड़ा यह आशा भाव भी– "अब खड़ा होगा/संतति के स्वागत में/मनोरम दीमक घर।" जाहिर है संतति सम्बन्धी यह प्रेम भले ही साहित्य के लिए कोई बड़ी घटना न हो लेकिन एक बाघिन जिसके डुकरने से जंगल का मौन टूटता हो अगर वह बकरी के बच्चे को चुमकारे तथा उसे जीवन दान दे – "अकस्मात लपकती जीभ बाहर उभरी/बाघिन ने कुछ और सम्भावित क्रिया की जगह/बच्चे को चुमकारा और झमकाती अपनी आँखे/एक छलाँग में हुई दृश्य से बाहर।" (पृ.सं. 43) तब उस प्रेम का आकलन किस रूप में होगा? कहीं ऐसा तो नहीं कि मंडलोई तुलसी की 'रहहिं एक संग गज पंचानन' वाली रामराज्यवादी दृष्टि से प्रेरित प्रभावित हैं और अगर इसमें यत्किंचित सत्यता हो तो आज के बर्बर, नृशंस और असहिष्णु समाज के लिए यह एक बड़ा सन्देश होगा। जाहिर है प्रेम की तरंगे हिंसक को अहिसंक, कठोर को कोमल और निर्दय को सदय बनाती हैं। जब संसार क्रूरता और नृशंसता के दौर से गुजर रहा हो तब मानवेतर प्राणियों का यह प्रेम सृष्टि में सामंजस्य के साथ बहुत कुछ के बचे रहने के प्रति आश्वस्ति का भाव जगा सकता है। 'सिर्फ गिलहरी' कविता में मानव की निदर्यता का प्रमाण घोड़े की पीठ पर उमचतीं बेतों के खिलाफ चुप्पी के क्षणों में गिलहरी की सहानुभूति तथा प्रेम का बिम्ब अपने आप

में एक बड़ा वक्तव्य है– सिर्फ गिलहरी थी जो घोड़े के घावों के आस-पास घूम रही थी।" (पृ.सं. 50) जिसे पढ़ना-समझना आज के मनुष्य के लिए बहुत जरूरी है।

पंडित माखनलाल चतुर्वेदी, भवानी प्रसाद मिश्र से लेकर लीलाधर मंडलोई तक और उसके पहले भी अनेक रचनाकारों की प्रेरणाभूमि सतपुड़ा है। मंडलोई के लिए वह अनुभव की पहली पाठशाला है– "मेरा जीवन सतपुड़ा का ऋणी है कविताओं में और उससे बाहर भी। सतपुड़ा मेरे अनुभव की पहली पाठशाला है। इसमें जब भी लौटता हूँ कविता में नया हो उठता हूँ। मेरी ऐन्द्रिकता, रोमान और अध्यात्म सतपुड़ा के ही कारण हैं। सतपुड़ा के बाहर भी वह बहुत हद तक सतपुड़ा है। जब प्रकृति बोलती है तो सतपुड़ा ही दुख-सुख में बोलता है" (फ्लैप से) इससे यह समझाना कठिन नहीं है कि मंडलोई के काव्य-संसार में प्रकृति और प्राकृतिकता की इतनी उपस्थिति क्यों है? तथा सहज रागात्मक सम्बन्धों के उन्मेष की जमीन कहाँ है? और चिड़िया की देह की झुरझरी तक को महसूस कर लेने की संवेदनीयता का स्रोत कहाँ है? वैसे तो मंडलोई के यहाँ भवानी भाई की 'सतपुड़ा के जंगल' सदृश कोई कविता नहीं है और न ही उसमें धँसने के लिए उस तरह का कोई आग्रह-आह्वान फिर भी सतपुड़ा की बहुवर्णी आभा वाली कविताओं की कमी नहीं है। कई कविताओं में सतपुड़ा का वैभव विपुलता के साथ प्रकट हुआ है। आकाश में जब बादल उमड़ते-घुमड़ते हैं, हवाएँ जंगल में नाच करती हैं, पेड़-पौधे मस्ती में डोलते हैं और पक्षियों की आवाज का महारास चलता है तब कवि मन सतपुड़ा की घाटी की दिशा में उतरने के लिए उत्प्रेरित हो उठता है। उस समय बारिश की आमद उसे अप्सरा का बोध कराती है। झन-झन करती पेड़ों से उतरती वर्षा मल्हार गाती सी लगती है और इस तरह वह दिन कवि के लिए उत्सवता का प्रतीक बन जाता है– 'डूबा है उत्सव में यह दिन मेरा। इतना ही नहीं उसका हृदय पुकार उठता है– 'पिउ.... पिउ... पिउ... (पृ.सं. 19) 'स्वाद के अनन्तिम शिखर पर' कविता में भी कवि सतपुड़ा के जंगल में है और आनन्द के वे ही, साजो सामान-नृत्यांगना सी नृत्यलीन बारिश, पक्षियों का मृदल गान और हवा की लतीफ संगत लेकिन इनके अतिरिक्त भी बहुत कुछ है इसमें। जैसे आकाश से संवादरत बॉस के अनेक प्रकार जिनका लचीलापन प्रेमिका की तरह बाहों में झूलने की आतुरता से होड़ लगाता हुआ, सफेद स्फटिक सा वंशलोचन और बॉस के कोमल कल्ले का माधुर्य। रेस्ट हाउस में कवि महुए का फूलरस और बॉस के कल्ले का आदिम स्वीट डिश खाता हुआ स्वाद के अनन्तिम शिखर पर पहुँचता है और उस समय उसे रस में भीगा माँ का आँचल याद हो आता है–"रस के फूटते धारों से/भीग उठी थी आत्मा की अतल गहराई/मुझे याद आ रहा था माँ का रस में भीगता आँचल/" (पृ.सं. 64)

इधर माँ पर कुछ बहुत अच्छी कविताएँ प्रकाश में आयी हैं लेकिन उनके सरोकारों की दुनिया सीमित है। उनमें पारम्परिक ममत्व अधिक है जबकि मंडलोई

की कविता में माँ के विभिन्न रूप हैं। कहीं अभाव-गरीबी से जूझती टकराती माँ का चित्र है तो कहीं बच्चों के पालन-पोषण की चिन्ता में हँसिया, कुदाल लिए संघर्ष करती माँ है। कहीं विपन्नता की चोटी पर सम्मान के साथ खड़ी अपने बच्चों के लिए सम्भावनाओं के सपने देखने वाली माँ है तो कहीं जीवन के अन्तिम क्षणों में गंगाजली पर आँखे टिकाये धर्म परायण माँ है। निराला के यहाँ पत्थर तोड़ने वाली युवती है तो मंडलोई के यहाँ अन्धेरी खानों में कोयला तोड़ने वाली माँ है– "वे बचे खुचे दिनों में/रखे रहीं उस कुदाल को/जिससे तोड़ा उन्होंने कोयला/पच्चीस बरस तक काली अँधेरी खानों में।" (पृ.सं. 105) गरीबी का आलम यह है कि कच्चे मकान में जब बारिश उतरती है तब– "परिवार इस प्रार्थना में जुटा/कि मूसलाधार न हो रात में/अगर इतनी ही बनी रहे/कि टप टप...टन...टन...झन... झन्नऽऽऽ/तो शुक्र ईश्वर का/अगर न हो देर रात वह/टप... टप.... टपऽऽऽ ठन्न..ठन... ठनाक झन... झनाकऽऽऽ/तो सो लेंगी बीमार माँ सुकून भरी नींद आज।" (पृ.सं. 106) इस कविता की खूबसूरती उसकी ध्वन्यात्मकता में है। छत से टपकती बूँदों की विभिन्न ध्वनियों की अनुकरण-कला अनुपम है। इस कौशल के माध्यम से कवि यह अनुभव कराने में सफल है कि बूँदे किस बर्तन में टपक रही हैं – पीतल की परात, अधकटा कनस्तर, बाल्टी, दालचीनी का मग, जर्मन की डेगची अथवा प्लास्टिक के डिब्बे में। इस तरह की ध्वन्यात्मकता छायावादी कवियों के यहाँ मिलती है। मंडलोई की कविता में माँ का एक रूप शिक्षिका का है जो "अक्सर बताती/कि पेड़ पौधों से प्रेम करो/उनमें मनुष्य सरीखा जीवन है' (पृ.सं. 99) लेकिन मौज में रहने वाली बाल-बुद्धि को सहज विश्वास नहीं होता तब उनका प्रैक्टिकल कराने का तरीका भी अजीबों गरीब– "अचानक काट ली एक चुटकी गाल पे/मैं जैसे चिहुँक उठा/प्यार से गाल को थपथपाकर फिर कहा/'देखा जरा सी चुटकी से तुम्हें दर्द हुआ/ऐसा ही होता है पौधों के साथ/लेकिन वे तुम्हारी तरह बोल बता नहीं सकते/आओ और छुओ इस पौधे की पंत्तियों को/ मैंने डरते हुए छुआ पत्तियों को/और वे जैसे घबराकर बन्द हो गयी तुरन्त/माँ की तरफ देखा मैंने अचम्भे से/कहा उसने 'यह छुई मुई है'/" (पृ.सं. 100) इसीलिए कवि की यह स्वीकारोक्ति निराधार नहीं है–"जंगल हमारी पाठशाला थी/जहाँ हम माँ के साथ होते/और प्रकृति को जानते।" (वही)। परम्परा और पीढ़ियों से आजमाये नुस्खों को सहेजने तथा प्रयोग करने वाली माँ का चित्र भी मंडलोई की कविता में है। अरण्डी के छोटे से वृक्ष की उपयोगिता आज की पीढ़ी को कहाँ मालूम है? वो तो माँ थी जो चिकित्सा से लेकर अन्धेरे के विरुद्ध प्रकाश रचाने तक उसका सैकड़ों उपयोग जानती थी– "माँ कहती कि वह मनुष्य सेवा में निमग्न/एक दुर्लभ उदाहरण है दुनिया में/वह अब याद करती थी उसे/बिछड़े भाई की तरह/और ढूँढ़ती फिरती थी हर उस शहर में/जहाँ-जहाँ मेरा तबादला हुआ।" (पृ.सं. 102) गूलर भी एक औषधीय पेड़ है। इसके बहाने कवि ने पिता को याद किया है।

मंडलोई की काव्य-प्रतिभा नवोन्मेषशालिनी है। लीक से अलग हटकर चलने में कवि को विश्वास है। इसीलिए पहली बार गौरैया, घरेलू मक्खी, बर्र, मोर, तीतर, तितली, गिरगिटान, चींटी, गिलहरी, कीट, परिन्दा तथा छुईमुई, अरण्डी, गूलर आदि किसी काव्य-चेतना के विषय बने हैं। राष्ट्रीय उद्यान कान्हा भी 'एक बूढ़े की पीठ' और 'झपकी मेरी भी आँखें' आदि कविताओं में अपने पूरे वैभव के साथ उपस्थित है। इससे यह अनुमान लगाना कठिन नहीं है कि मंडलोई का प्रकृति और प्राकृतिक जीवन से कितना घनिष्ठ सम्बन्ध है? तथा उनके भीतर सृष्टि का विश्वबोध कितना गहरा है? उन्होंने स्वयं कहा है–"प्रकृति के रहस्यों को जानना उसे बचाने की कोशिश भी है जो कदाचित मेरी कविताएँ करती होंगी... गहरे प्रेम और वेदना से उपजी इन कविताओं में कवि के मन को अगर आप पढ़ सकें तो प्रकृति की सिम्त लौटने का विचार जरूर बनेगा। अगर ऐसा कुछ हो पाया तो इनकी कोई भूमिका होगी, अन्यथा ये भी खो जाएँगी जैसे सृष्टि से बहुत कुछ धीरे-धीरे खत्म होता जा रहा है।" (फ्लैप से)। इसीलिए धरती से खत्म हो रहे पेड़ कवि की चिन्ता के विषय हैं–किशनगढ़ या पन्ना के अभयारण्य हों या अण्डमान-निकोबार द्वीप समूह का कोई भूभाग–'लपलपाती कुल्हाड़ियाँ हैं हर तरफ'। यह एक गम्भीर समस्या है। इसका सम्बन्ध पशु-पक्षी और मानव सभी से है। पेड़ चाहते हैं कि वे बचे रहें ताकि बची रहे यह धरती किन्तु "दिल्ली की बन्द आँखों में/नहीं होती कोई भी हरकत जब/पेड़ों से टपकते हैं हर आँसू/पहुँचते सीधे समुद्र की आत्मा तक।" (पृ.सं. 69) समुद्र से उठकर वे आसमान में जाते हैं। बादल बनकर बरसते हैं ठूँठों पर ताकि कोई फुनगी फूटे और वह एक बार फिर कुल्हाड़ियों के खिलाफ खड़ी हो सके। बर्बर मानव सभ्यता के विरुद्ध यह एक नवीन कल्पना और उत्कट आशावाद है। अपनी इसी उम्मीद की रक्षा के लिए कवि पाठकों को आदिवासियों की आस्था और विश्वास की दुनिया में ले जाता है जहाँ डोंगी बनाने के लिए पेड़ काटने से पहले दुःख प्रकट किया जाता है–"दुःख में हैं हम सब और कचोट मन में/कि पेड़ तुम्हें काटना पड़ा/करते हुए कोमल पत्तों को जुदा।" बात यहीं नहीं खत्म हुई। डोंगी बनकर तैयार हो जाने पर भी प्रसन्नता का कोई भाव नहीं– "व्यथित थे सबके सब तब भी" फिर उसके बाद समुद्र का विराट सीना चीरते हुए जब वे मछली और कछुओं का शिकार कर वापस लौटते हैं तो उसका पहला हिस्सा उस कटे-बचे पेड़ को अर्पित करते हुए माफी माँगते हैं कि हमने तुम्हारा जीवन नष्ट किया। उनमें अपराध बोध इतना कि "वे रखेंगे सदैव ध्यान कि रखे डोंगी बचे पेड़ के उसी कटे हिस्से के पास/कि वह महसूस कर सके/जुदा अंग का अपने पास होना।" (पृ.सं. 72) अदभुत है– आदिवासी संसार। एक हम हैं कि अपने ही हाथों अपनी दुनिया उजाड़ने में लगे हैं। 'समुद्र की प्रार्थना' कविता में उन्हीं आदिवासियों की प्रार्थना है जिसमें वे समुद्र से नाव, झोंपड़ी, आग तथा तीर-धनुष बनाने की लकड़ी की सलामती की कामना करते हैं।

अण्डमान की दुर्लभ जनजाति ओंगी का सबसे महत्वपूर्ण संस्कार समारोह है—तानागिरू। यह ओंगी के जवान सिद्ध होने पर आयोजित किया जाता है। मंडलोई ने इसी शीर्षक से एक कविता लिखी है— "और संस्कारों से एकदम अलग है 'तानागिरू'/डुगांगक्रीक की सबसे बड़ी खबर है आज/कि अभी-अभी एक लड़का हुआ है जवान।" (पृ.सं. 57) अपनी जवानी सिद्ध करने के लिए युवक को बीस दिनों तक रोज अकेले जंगल जाना होता है और वहीं से नुकीले दाँतों वाला खतरनाक सुअर मार कर लाना होता है— "उसके जीवन का अदभुत समय है/कि होगा आरूढ़ शिकार के सीने पर/निकालता रक्त, जमाएगा खून के थक्के/और खाएगा आनन्द विभोर हो पहले-पहल।" (पृ.सं. 56) इससे ओंगी समुदाय प्रसन्न हो विश्वास कर लेगा कि उसका एक और रक्षक मिल गया।

अपने समय और समाज की उपेक्षा कर कोई भी रचनाकार महान नहीं हो सकता। उसे अपने काल खंड को कविता में जीना ही होता है। मंडलोई की कविताओं में उनका वर्तमान अनेक रूपों में उभरा है। वह यथार्थ का अंकन भर नहीं है बल्कि मानवता के लिए सन्देश भी है। यह कार्य समकाल की इबारत पढ़े बिना सम्भव नहीं है। कवि दावे के साथ कहता है कि काले हरफों में लिखी इबारत या तो वह पढ़ सकता था या भारत सरकार। दूसरे लोग पढ़ने में अक्षम क्यों हैं? इसलिए कि उनके पास प्रतिक्रिया का साहस नहीं है। यथास्थितिवादियों को सब कुछ यथावत दीखता है। परिवर्तन की कोई आकांक्षा नहीं, कोई संघर्ष नहीं। कविता क्रान्ति नहीं करती लेकिन उसकी भूमिका तैयार कर सकती है लेकिन यह तब होगा जब वह अपने वर्तमान को ओढ़े बिछाये। मंडलोई की कविता में प्रकृति और प्राकृतिकता है तो मनुष्य और उसकी समस्यायें भी हैं। उनकी कविता में आदिम समाज का यह चित्र अपने आप बहुत कुछ कहता है— "वहाँ सूरज का ताप था लेकिन बुझा/चिड़ियाँ थीं पस्त और बेदम/पेड़ थे अपनी जगह और पहचान खोते/पूर्वजों के अक्स जंगलों में जगह-जगह लेकिन निर्जीव/तीर कमान थे अन्दर की अलगनी पर दम तोड़ते/दूर-दूर तक कारिंदों की गश्त थी/हाँफते-भागते आदिमजन/महुआ, ताड़, यहाँ तक औरतें कब्जे से बाहर।" (पृ.सं. 85) इस दशा के कारणों की पड़ताल कवि ने की है और पाया है कि "मची है लूट चौतरफ/जंगल ही नहीं/समूची धरती इस दायरे में।" इसे लूट कौन रहा है— बहुराष्ट्रीय कंपनियाँ, ठेकेदार और माफिया। इस भयावह, काले धुस्स समय में एक आम आदमी कैसा महसूस करता है इसे कवि के अनुभव से जोड़कर देखना बेमानी नहीं होगा— "बकरी के जिबह होने से पहले की करुण चीख सा मैं। (पृ.सं. 80) एक अनजान-अज्ञात छाया का भय बहुत कुछ मुक्तिबोध की कविता 'अंधेरे में' की तरह। लगभग वही संशय और सन्नाटा। भाषा का स्थान संकेतों ने ले लिया है— "भाषा में नहीं संकेतों में पुकारते हैं लोग कि पुकारना मुश्किल।" (पृ.सं. 80) अचीन्हे दृश्य के इस अबूझ संसार में अलग-थलग

पड़े कवि को लगता है– "अब इस अँधेरी सुरंग में हूँ अन्धकार बूझता।" (पृ.सं. 81) इसी अन्धेरे समय में अनन्त इच्छाये हैं जो अपनी जगह खोजती-फिरती हैं।

बाजारवाद की काली छाया से असम्पृक्त नहीं हैं मंडलोई की कविताएँ। बाजार का भीषण आक्रमण 'घर' पर हुआ है। इसका परिणाम यह हुआ कि "पहुँच से दूर हुआ घर की पकड़ से बाहर सब।" (पृ.सं. 80) जाहिर है–बाजार मात्र विनिमय की भाषा जानता है। उसके लिए संवेदनाओं का कोई महत्व नहीं होता। स्नेह, दया, सहानुभूति, नैतिकता आदि उसकी उपयोगिता की सूची में शामिल नहीं हैं। अर्थ बस अर्थ ही उसका ध्येय है और इसके लिए कोई भी मार्ग अनुचित नहीं है। धरती को धूसर, जंगल को वीरान तथा आकाश को लहूलुहान करने में भी उसे कोई संकोच नहीं है। यहाँ तक कि गाय-भैंस भी उसकी संवेदनहीनता के शिकार हैं। 'आपको क्यूँ नहीं दीखता' कविता इसका एक उदाहरण है "कम दूध उतरने की स्थिति में ये क्रूर मालिक/घुसेड़ देते हैं छड़ी गर्भाशय में और/घुमाते हैं इस हद तक कि घनघोर पीड़ा हो/विश्वास है इनका कि इस मर्मान्तिक क्रिया से/उतर आता है दूध थनों में मनवांछित।" (पृ.सं. 96) इतना ही नहीं हारमोन के हमले और आक्जीटोसिन के निर्मम प्रयोग देख कवि श्वेत क्रान्ति के जनक डॉ. पी.जी. कूरियन से पूछता है कि क्या यह सब आपको दीखता है, और नहीं, तो क्यों नहीं?

आज का युद्ध केवल हथियारों से नहीं लड़ा जा रहा है। शत्रु को परास्त करने के लिए उसकी भाषा, उसकी संस्कृति को नष्ट करने की साजिशें भी रची जा रही हैं। मंडलोई की कविताएँ इसका न केवल प्रतिकार करती हैं बल्कि इससे निपटने का उपाय भी सुझाती हैं। 'चीटियाँ' शीर्षक कविता में कवि अमेरिका के घुसे चले आने के प्रतिरोध के लिए चींटियों जैसी एकजुटता, परिश्रम और तत्परता का आह्वान करता है– "अनधिकार घुसने नहीं देतीं/किसी को अपने इलाकों में/कर सकती हैं चीटियाँ जैसा/कर सकते हैं हम भी/देखो अमरीका घुसा आ रहा है जबरन।" (पृ.सं. 28) 'मंत्र' कविता में कवि को इस बात का अफसोस है कि "घिरे हुए हैं हम अनेक दुश्मनों से/और रक्षा नहीं कर पाते।" इसका कारण यह कि 'हमने मधुमक्खियों से सीखा नहीं मंत्र।" मंत्र क्या है– अभेद्य रक्षा कवच और डंक का सही तालमेल।

मानव-स्वभाव पर व्यंग्य की दृष्टि से दो कविताएँ विशेष उल्लेखनीय हैं–'कीट' और 'गिरगिटान'। भीख माँगने वाला मनुष्य कवि की नजर में कीड़े मकोड़ों से भी गया गुजरा है। रंग बदलने वाले गिरगिट को भी शर्म आती है और वह इस बात का शुक्र मनाता है कि उसे मानव योनि नहीं मिली।

यद्यपि इस धरती पर बहुत कुछ अप्रत्याशित हो रहा है, बहुत कुछ मिट और सिमट रहा है फिर भी बहुत कुछ शेष है जिसे बचाया जाना चाहिए। मंडलोई की कविताएँ सहज और सधी हुई भाषा में इसी बचाव की प्रयत्नशीलता की उपज हैं। चुनौती भरी नयी सदी के लिए चयन की दृष्टि से ये कविताएँ एक सार्थक वक्तव्य हैं।

संघर्ष और जिजीविषा के बीच 'राग और आग'

सुनीता जैन की कविता का परिसर बड़ा है और थोड़ा भिन्न भी। अपने समय की धारा के साथ होकर भी उनकी कविता अगर कुछ अलग है तो इसलिए कि उसमें अनुभव की व्यापकता, संवेदनात्मक सघनता और कथन की ऋजुता का योगदान अपेक्षाकृत अधिक है। देश से लेकर विदेश तक के अनुभव-संसार में देशीयता का आँचल पकड़े रहना भी उन्हें अन्यों से अलग करता है। उनकी चयनित कविताओं का संग्रह 'राग और आग' में अपनी धरती और अपना आकाश जिस तरह उपस्थित हैं उससे लगता ही नहीं कि कवयित्री ने कभी अमेरिका जैसे देश में प्रवास भी किया था। ऐसा इसलिए हो सका है कि उन्होंने अपने प्रवास-काल में भी अपनी मिट्टी, नदी, झरना, पर्वत-पठार को सदैव साथ रखा है। उस कालिदास को अपने साथ रखा है जो सौंदर्य एवं प्रेम के मूर्तिमान छन्द हैं। उस बादल को साथ रखा है जो विरही का सन्देश वाहक बनने में अपनी धन्यता का अनुभव करता है। उस चिड़िया को साथ रखा है जो जागरण एवं मंगल की विधायिका है। दूब, अक्षत, चन्दन, वट-पीपल, गाय और गंगा की मौजूदगी से यह ध्वनित है कि कवयित्री ने देश अथवा परदेश में रहने के क्षणों में अपनी संस्कृति और भारतीयता को कभी विस्मृत नहीं होने दिया है। यह अकारण नहीं है कि उन्हें अपने देश की पावनता तथा नागरिक होने पर अभिमान है—"कहीं अधिक पवित्रता है अपने देश में/ अपने देश का साधारण सा/व्यक्ति होने में।" (पृ.सं. 51) बल्कि उस देशानुराग का परिणाम है जो उनकी कविता का क्षितिज विस्तृत करता चलता है। उस विस्तार में आम आदमी भी अपनी पीड़ा, ताप, संघर्ष और जिजीविषा के साथ खड़ा मिलता है। उसमें उस स्त्री की मौजूदगी भी है जो पर देश कमाने गये पति की प्रतीक्षा में तिल-तिल कर मरती है। वह लड़की भी है जो हँसते-हँसते चार घरों में खाना बनाती है। वह सूरदास भी है जो अपनी ही आँखों के अन्धकूप में रोता जन-समाज की व्यथा-कथा कहता है। वह वृद्ध भी है जो बचाना चाहता है एक ऐसा नाता जो सचमुच में अब है ही नहीं। कवयित्री को लगता है कि उम्रदराज लोगों में प्रेम की गहराई और आत्मीयता कहीं ज्यादा होती है किन्तु प्रेम के कवि कालिदास का इस

ओर ध्यान नहीं देना उन्हें अखरता है और इसीलिए वे उन से मनुहार करती हैं– "इस मंथर प्रेम का महाकाव्य/कभी तुम भी तो रचो न कालिदास।" (पृ.सं. 201) सुनीता जैन का यह आग्रह इसलिए है कि उन्हें मालूम है कि प्रेम में विश्वास के लिए कविता कितनी जरूरी है।

सुनीता जैन आग की कम राग की कवयित्री अधिक हैं। प्रेम उनकी कविता की पहचान है। यह अकारण नहीं है कि उन्होंने अपनी कविताओं में कालिदास को बड़ी शिद्दत से याद किया है बल्कि उनमें निहित रागात्मकता का अपनी कविता में विस्तार करना उनका उद्देश्य रहा है इसीलिए प्रेम में स्त्री और स्त्री में प्रेम सम्बन्धी उनकी कविताओं की संख्या अधिक है। उनका मानना है कि "प्रेम में स्त्री ने/लिखनी चाही ऐसी कविता/जिसमें कविताएँ हों/अन्य बहुत से कवियों की/प्रेम में।" कवयित्री को विश्वास है कि ये कवितायें प्रेम से भी अधिक टिकाऊ और भरोसेमंद होती हैं–'प्रेम से अधिक टिकाऊ/और भरोसेमंद/वे कविताएँ थी प्रेम की"। (पृ.सं. 132) इसका आधार यह है कि "स्त्री का प्रेम में होना/एक घटना थी जो केवल कविता में घटी। इसलिए जाना नहीं किसी ने/जाना केवल कवि ने इसका/शब्द-दर-शब्द घटना।" (पृ.सं. 108) प्रेम में डूबे बगैर कवि भी उस घटना को नहीं जान सकता था। सुनीता जैन ने 'प्रेम में स्त्री की तर्ज पर 'प्रेम में कवि' शीर्षक कविता शायद इसीलिए लिखी है। प्रेम में कवि सी भाषा बोलते आये हैं और एक दूसरे के घर अपना प्रेम रखते भी। उनका हृदय चिरता भी रहा है और तलछट में पड़ी मछली की तरह कुलबुलाता भी। इसी परिवेश में उपजती रही है प्रेम की वह अमर कविता जिसमें होती है प्रेम में डूबी स्त्री। आज स्थिति बदल गयी है। सघन रागात्मक अनुभूति और प्रेम की गहरायी वाली कविताओं का अभाव होता जा रहा है। सुनीता जैन ने इसके कारणों पर विचार 'प्रेयसी थी किसी कवि की' शीर्षक अपनी कविता में किया है। उनका मानना है कि जबसे कवियों ने औरतों और दलितों की चीखों-चित्कारों तथा मण्डी और मँहगाई पर कविता लिखनी शुरू की है तब से उनकी छतों पर चाँद नहीं उतरा करता। उनकी कविता से वह लड़की गायब है जो कभी कविता में रहती थी गाती थी, गले लगा करती थी और कभी-कभी कुछ ऐसी बातें कहती थी जिनको कहने से पहले और कहने के बाद हँसा करती थी। वही लड़की मुँह घुटनों में गाड़े बैठी है और वापस कविता में जाने के लिए तैयार नहीं क्योंकि आज का कवि उसे काँव-काँव करता प्रतीत हो रहा है– "नहीं चलूँगी वापस/काँव-काँव करने दो उसको/मैं प्रेयसी थी किसी कवि की/कौवे से मुझको प्यार नहीं।' जाहिर है आज की कविता में विमर्शों की भरमार है और इसीलिए उस तरह की प्रेम कविताएँ नहीं लिखी जा रही हैं जिसकी प्रतीक्षा कवयित्री को है।

प्रेम में अतृप्ति विषयक कविताएँ बहुत लिखी गयी हैं लेकिन सुनीता जैन की एक कविता 'तृप्ति' शीर्षक से है जिसमें यह दर्शाने की चेष्टा है कि अगर प्रेम हो

तो स्त्री को किसी भी प्रकार का अभाव महसूस नहीं होता– "जब उसने रानी कहा, हाथों में मजदूरी रखी/वह भूल गयी अपनी छत टपक रही बरसात में/तन की धोती फटी हुई कि घी नहीं था भात में।" (पृ.सं. 124) 'राग और आग' संग्रह में एक कविता है 'बेवजह' जिसके नाम की सार्थकता इस बात में है कि पत्नी का प्यार सोये हुए पति पर बेवजह उमड़ता है– "कुर्सी पर बैठे-बैठे स्त्री/देखती है अपने पति को/बेखबरी से सोते/उस समय स्त्री में/उमड़कर आता है/बहुत सारा प्यार।" (पृ.सं. 123) इसी भाव-धारा की एक कविता और है 'मुहिम'। इसमें भी स्त्री पास की कुर्सी में बैठी कई दिन बाद आज उसे सोया देखती है तो उसका इस तरह से देखना कवयित्री की दृष्टि में शोर के खिलाफ सबसे बड़ी मुहिम है– "पास की कुर्सी में बैठी/स्त्री देखती है उसे/गाल पर रख हाथ/स्त्री का यों देखते रहना/सबसे बड़ी मुहिम है/शोर के खिलाफ।" (पृ.सं. 119)

प्रेम में रूठना, मनाना, इजहार और इनकार की विभिन्न छवियाँ कविता में दीप्तिमान होती रहीं हैं। तकरार और व्यंग्यबाण भी अपनी स्वाभाविकता के साथ पति-पत्नी के संवादों में स्थान पाते रहे हैं किन्तु मान-मनौवल की मधुरता में सारी कटुता का तिरोधान प्रेम की सघनता, गहराई और उष्मा का परिचायक है। सुनीता जैन की कविता में आग्रह और अस्वीकार का यह वर्णन बहुत स्वाभाविक है– "तभी उसने कहा 'आ'/वह सिकुड़ गयी अपने में कहकर 'ना'/उसने दोहराया धीरे-धीरे 'आ'/वह जल्दी से उठ के दौड़ी/" (पृ.सं. 142) पति-पत्नी में विवाद अथवा झगड़े के कारणों पर विचार करते हुए कवियों ने परकीया प्रेम को एक महत्वपूर्ण कारण माना है। सुनीता जैन उससे अलग एक नयी बात कहती हैं। यमकालंकार का सुन्दर प्रयोग भावोत्कर्ष में सहायक हुआ है– "पुरुष और स्त्री में/झगड़ा बस इतना भर सा/पुरुष चाहता मान जाये स्त्री/स्त्री चाहती मान जाये नहीं/स्त्री का।" (पृ.सं. 130) इसके माध्यम से सुनीता जैन यह स्थापित करना चाहती हैं कि आज स्त्री मात्र भोग्या और सेविका नहीं बल्कि अपने अधिकारों के प्रति सजग तथा सावधान होकर पद-प्रतिष्ठा और सम्मान पाने की इच्छुक है। इस दिशा में वह गतिशील भी है।

स्त्री-विमर्श सम्बन्धी लेखन एक फैशन का रूप लेता जा रहा है। उस में स्त्री की समस्या और समाधान का कोई व्यवस्थित फार्मूला भले ही न हो, स्वयं को स्थापित करने का हथकंडा अधिक है पर सुनीता जैन के यहाँ ऐसा नहीं है। उनकी कई कविताएँ स्त्री पर हैं और उन सबमें स्त्री की अपनी एक अलग भूमिका है–एक अलग अंदाज है। कहीं लीपती, रोपती, उड़ती और गाती हुई स्त्री है तो कहीं प्रेम से जुड़ी काँच पे खड़ी स्त्री है। कहीं छाती चुसक रहे बच्चों का बोझ उठाती स्त्री है तो कहीं निकम्मे शराबी पति से पिटती हुई स्त्री है। कहीं सृष्टि की सबसे सुन्दर रचना सुन्दर आँखों में सुन्दर सपना सजाने वाली स्त्री है तो कहीं अगले जन्म में फिर से अबला होने के शाप से मुक्ति की कामना वाली स्त्री है। इस तरह स्त्री-संसार के

अनेक रंग और चित्र सुनीता जैन की कविताओं में उभरे हैं किन्तु नारी आन्दोलन जैसा वहाँ कुछ नहीं है क्योंकि उन्हें इस तरह के आन्दोलनों की वास्तविकता का ज्ञान है–'नारीमुक्ति-1' शीर्षक कविता में वे लिखती हैं– "औरतें घर से बाहर निकलीं/उन्हें औरतों के लिए लड़ाई लड़नी थी/औरतों ने रट्टा मारा/वे सीख गयीं नारे कई/....शाम को औरतें लौट रही थीं।/लेकिन घर नहीं/चम्पा के लिए नेताजी की गाड़ी खड़ी थी/(चम्पा कविता लिखती थी) अनारो को डी आई जी का न्योता था/(अनारों मास्टरनी थी)/धन्नो को घेरे थे मीडिया वाले/(धन्नो युवा मोर्चा की मेम्बर थी) बाकी सब/झगड़ रही थीं आपस में/मुझे–मुझे–मुझे। मिला यह हार/यह मैडल, यह पुरस्कार/चल हट गँवार।" (पृ.सं. 46) सुनीता जैन स्त्री द्वारा लड़ी जा रही लड़ाई को एक अलग ही दृष्टि से देखती हैं और बहुत सम्भव है कि इस तरह की लड़ाई चम्पा अनारों और धन्नो को कभी पसन्द नहीं आयेगी– "औरतें जब बीनती हैं लकड़ी/थापती हैं गोबर कूटती हैं धान/पालती हैं बकरी/वे लड़ रही होती हैं भूख से भूख की लड़ाई/औरतें लड़ती हैं अपनी लड़ाई/प्रतिदिन अपने-अपने स्तर पर/वे नहीं बाँचती स्त्री शक्ति का एक भी आखर/(पृ.सं. 58) स्त्री सशक्तीकरण के अर्थहीन नारों से इसमें कहीं अधिक स्वाभाविकता और सार्थकता है। अपने सीमित साधनों से भूख के संघर्ष में विजयी होने की यह भावना और कर्म के प्रति ईमानदारी भोली भाली ग्रामीण महिलाओं को तथाकथित उन नारीवादी महिलाओं से, जो नारे लगाने के लिए ट्रकों में भरकर लायी जाती हैं, अधिक गौरवपूर्ण बनाने के लिए काफी है।

आज नारी मुक्ति के आन्दोलनों में देह की स्वतंत्रता का मुद्दा जितना फोकस पा रहा है और स्वच्छंद आचरण के पक्ष में जितनी वकालत की जा रही है उससे नारी समुदाय का कितना भला होगा यह तो समय बतायेगा किन्तु कुछ महिला लेखन ऐसा भी है जिसमें इस प्रवृत्ति को शालीनता और नैतिकता के विरुद्ध मानकर आत्मघात से सावधान रहने की सीख भी दी गयी है। सुनीता जैन स्त्री के वस्तु होने से नाराज हैं। उनकी चिन्ता और विवशता यह है कि "वह क्या करे कि स्त्री में/बची रहे स्त्री।" (पृ.सं. 32) क्योंकि लम्पट, वंचक और आसुरी प्रवृत्तियाँ स्त्री को स्त्री नहीं रहने देना चाहतीं। स्त्री की अस्मिता पर अनेक तरह के संकट हैं। वह घर, दफ्तर, गली चौराहा कहीं भी सुरक्षित नहीं है। चार वर्षीय बच्ची का अपने ही रिश्ते के दादा द्वारा बलात्कार की घटना सुनीता जैन को जितना उद्विग्न और विचलित करती है उससे कम भयावह और दुखदायी स्थिति यह भी नहीं है– "उसको बतलाती हैं उसकी सहेलियाँ/दफ्तर में अफसर की हरकतें/कैसे-कैसे फुसलाता है वह/और अन्य सहकर्मी भी/इधर-उधर मिलने को होटल में/धमकी देते हैं दबी-दबी/न तो निकाल दिये जाने की।" (पृ.सं. 32) नारी-मुक्ति के मार्ग में आर्थिक परतंत्रता और परावलम्बन को एक बड़ी बाधा के रूप में चित्रित किया गया है। इसीलिए अब महिलायें रोजी रोजगार के क्षेत्र में अपने पाँव पसारने भी लगी हैं लेकिन जब

कर्मस्थल में उनकी सुरक्षा संदिग्ध हो तब मुक्ति आन्दोलन के इस महाअनुष्ठान को पूर्णता कैसे प्राप्त होगी? सुनीता जैन चाहती हैं कि स्त्री आत्मनिर्भर हो। वह अपनी शक्ति और सृजनात्मकता का उपयोग आत्मकल्याण तथा समाज निर्माण के लिए करे किन्तु दुखद बात यह है कि इस गिद्धलोक में वह अपनी अस्मिता की रक्षा कैसे करे क्योंकि "स्त्री घर से बाहर निकली/कोई लाया लटके चुन चुन के/कोई उपहार/किसी ने दिये लालच तरक्की के/किसी ने मोटी मोटी धमकी। "ऐसे भयावह समय और समाज में एक स्त्री कब तक अपनी अस्मिता बचा पायेगी? सुनीता जैन पूछती हैं– "पाठक बोलो वह क्या करती?/संस्कारों की मारी/धरी रह गयी खुद्दारी/दलदल में ओछी इस देह की।" (पृ.सं. 30) कुछ महिलाओं का मानना है कि विवाह एक बन्धन है और यह नारी मुक्ति में बाधकतत्व है और शायद इसीलिए आज लड़कियों में विवाह नहीं करने की प्रवृत्ति बढ़ती जा रही है। किन्तु क्या इससे उनका जीवन बहुत सुरक्षित और सम्मानित है? सुनीता जैन लिखती हैं– "वह इकली रहती है, युवा है/विवाहिता नहीं स्वावलम्बी है/संभ्रान्त पुरुष अक्सर/उसके निकट नहीं जाते/उनकी पत्नियों को दिखती है/वह एक बड़े खतरे सी/चोर उचक्के? लम्पट लोभी?/उनकी तो न पूछो उनकी कमी नहीं।" (पृ.सं. 30) पुरुष की कामना, हिंसा, ईर्ष्या और दंभ के आगे स्त्री का स्वाभिमान अडिग नहीं रह सका। उसे समझौते के लिए बाध्य होना पड़ा। सुनीता जैन को दुख है "स्त्री करती गयी/न करना चाहते भी/अपनी ही हार से समझौता/दस तरह का।" (पृ.सं. 136)

पुरुषों द्वारा महिलाओं के शोषण के तरीकों में निरन्तर वृद्धि होती जा रही है। उन्हीं में एक पुरस्कार/सम्मान देने का तरीका आजकल बहुत सफल हो रहा है। महत्वाकांक्षी लड़कियाँ इस चक्रव्यूह मैं फँसने के लिए आतुर भी हैं। सुनीता जैन इस पुरस्कार व्यवसाय के भीतर की छिपी भावना का रहस्य समझती हैं और इसीलिए वे यह प्रश्न खड़ा करती हैं कि आदान-प्रदान के समीकरण वाले इस युग में कोई लड़की कब तक लेती रह सकती है? आखिरकार वह भी तो कुछ देगी ही–"बहुत चर्चा में है आजकल/युवा मूर्ख और निर्धन लड़की/....वह लाई जा सकती है दिल्ली/पुरस्कार के काँटे पर मछली सी लटकी/काढेंगे उसके कसीदे सारे के सारे दलालची/मूर्ख युवा और निर्धन लड़की/कब तक लेती रह सकती है/इतना कुछ लेकर वह कुछ तो/देगी ही न आखिरकार?" (पृ.सं. 31) कहना न होगा कि बाजारवाद लेन-देन ही जानता है और आज के वैश्वीकरण में सारे सम्बन्धों तथा नाते-रिश्तों का नियामक भी वही है। ऐसे में भला स्त्री उसके प्रभाव से मुक्त कैसे रह सकती है? तरह-तरह के पैंतरों, फरेबों और मकड़जाल, से वह अपने को कैसे बचा सकती है? यही चिन्ता सुनीता जैन की कविता में अकुलाहट, बेचैनी, क्रोध और करुणा बनकर उभरी है।

'राग और आग' में कई कविताएँ लड़की केन्द्रित हैं। इनमें से कुछ तो पुरानी मान्यताओं, विचारों और आदर्शों को वर्तमान समय में भी जस का तस प्रस्तुत करने

वाली हैं लेकिन कुछ नव्यताबोध और नवीन चिन्तन की सामग्री से युक्त हैं। सुनीता जैन मानती हैं कि कविता में लड़की का होना सुखकर है लेकिन उन्हें ऐतराज इस बात से है कि आजकल कवियों को चावल के संग उबलती, कपड़ों में कूटी जाती, सड़कों पर नारा लगाती, बुझे चूल्हे से तँग लड़की ही अधिक दिखाई देती है। इससे ऊपर उन्हें कुछ नहीं दिखाई देता इसीलिए ये उनसे पूछती हैं– "नहीं कहीं होती है क्या अब/लड़की में बस लड़की।" (पृ.सं. 57) लड़की कब उदास औरत में बदल जाती है इसे अन्य कवि भले ही न देख पायें सुनीता जैन की पारखी नजर अवश्य देख लेती है– "लड़कियाँ बदलती हैं/उदास औरत में/बिना कुछ कहे/बिना कुछ लिखे/हँसती हैं औरों के कहकहे में/बजतीं है औरों की ताली में/गुम होती हैं भीड़ भाड़ में/और एक दिन/रह जाती हैं पीछे/पूछती हैं स्वयं से कौन हूँ मैं/अपने ही घर में पूछती हैं अपना पता।" (पृ.सं. 22)

बेटा-बेटी में कोई फर्क नहीं है, यह सिर्फ कहने की बात है। सुनीता जैन को यह अच्छी तरह मालूम है कि आज भी बेटी के जन्म पर थाली नहीं बजती, लड्डू नहीं बँटता, सोहर नहीं गाया जाता और तो और खान-पान में भी समानता नहीं रखी जाती– "भाई को माँ दे रही है खाना नित पुचकार/लड़की जितना खा रही उतनी ही फटकार।" (पृ.सं. 60) इतना ही नहीं माँ के हाथ में चिमटा, मुँह में गाली और 'मर जा' का अभिशाप किसी भी लड़की को सिलसिलेवार मारने के लिए काफी हैं। इतने के बावजूद वही लड़की माँ बाप के सर्वाधिक नजदीक होती है। उनके सुख दुख में साथ होती है। भाई के पढ़ने-लिखने अथवा नौकरी के लिए विदेश चले जाने पर वही अपने माँ-बाप की सेवा शुश्रूषा करती है लेकिन विडम्बना तो देखिये कि माँ उसका कुशल क्षेम तक नहीं पूछती–"लड़की तब से कर रही माँ की देख सँभाल/लेकिन माँ न पूछती कैसी तू ससुराल।" (पृ.स. 60) सुनीता जैन का मानना है कि बेटियाँ जन्म लेते ही अनाथ हो जाती हैं क्योंकि माँ-बाप बेटी का अधिकार छीनकर सारी जमीन जायदाद फिक्स्ड डिपोजिट यहाँ तक कि अपना संग-साथ भी बेटे को ही देते हैं। इस पर बेटी की मानसिक प्रतिक्रिया जानने का सवाल भी नहीं पैदा होता। हृत सर्वस्वा बेटी तब भी अपनी माँ के लिए जीती है बाप के लिए मरती है। सुनीता जैन की सलाह है– "जिस दिन बनवाओ बेटे के लिए मकान/उस दिन लाना एक ईंट बेटी के लिए/ईंट पर ईंट रखते प्रतिदिन/बन जाये शायद/उसकी भी झोंपड़ी/बेटी उगायेंगी उसके चहुँओर/कुछ फूल अनार का वृक्ष/एक कटहल और कहेगीं/ये फूल मेरी अम्मा हैं/और मेरे बाबा कटहल/बहुत प्यार करते हैं वे मुझको/भेजूँगी ये सारे के सारे उनको अनार।" (पृ.सं. 34) बेटी का दुख सुनीता जैन की संवेदना का एक अहम् हिस्सा है। उसके प्रति उनकी गहरी सहानुभूति है। कभी पढ़ाई, कभी नौकरी, कभी विवाह, कभी शिशु जन्म आदि कारणों से बार-बार विदा होती लड़की जब-जब लौटती है तब-तब वैसी नहीं होती जैसी पहले थी। बेटी के अमेरिका से

लौटने पर सुनीता जैन को लगता है कि उनकी कविता के भरोसेमंद उपमान लौट आये हैं– "मेरी बेटी अचानक अकेली विदेश से/जैसे लौटे हैं मेरी कविता में/भाषा के ये सबसे पुराने सबसे भरोसेमंद उपमान।" (पृ.सं. 36) कवयित्री का मानना है कि हर बार घर से एक अलग बेटी विदा होती है और दिल भी उसी रूप में चिरता है। बेटी की विदाई और उसके लौटने के कई प्रसंग इस संग्रह की कविताओं को एक नयी आभा प्रदान करते हैं। कैंसर से जूझती बेटी अथवा अमेरिका में एक खास मौसम में अनार की अनुपलब्धता को आधार बनाकर जो कवितायें लिखी गयी हैं उनमें कवयित्री की मर्मवेदना को खुलकर प्रकट होने का अवसर मिला है। करुणा और सहानुभूति उपजाने वाली ये कविताएँ अपने ढंग की अनूठी हैं।

माता-पिता भले उपेक्षित किए जा रहे हों, बेटे-बहुओं द्वारा तिरस्कृत हो रहे हो, अपने घर से निर्वासित वृद्धाश्रम में रहने के लिए विवश हो रहे हों लेकिन हिन्दी कविता में आज उन्हें जिस तरह याद किया जा रहा है संवेदनहीन समाज में यह एक महत्वपूर्ण घटना है और देर-सबेर इस का नोटिस अवश्य लिया जायेगा। सुनीता जैन की माँ-बाबा पर केन्द्रित कई कविताएँ 'राग और आग' संग्रह में हैं। जो इस बात का प्रमाण हैं कि कविता में माता-पिता की वापसी हुई है और संवेदना के धरातल पर उनके दुख-दर्द को समझने तथा भीगने की शुरुआत भी। उन्होंने यह महसूस किया है कि माँ-बाप अपनी आकांक्षाओं, कामनाओं का गला घोट तथा सुख-सुविधाओं का त्यागकर किस प्रकार अपने बेटों, बहुओं तथा पोतों-पोतियों के लिए जमीन-जायदाद बचाकर रखते हैं–बूढ़े अपने बचे हुए थोड़े दम से/बचा लेते हैं एक मकान, कोई जमीन या दुकान पोते पोतियों के नाम" लेकिन आज वे ही अपमान, अनादर, अवहेलना और उपेक्षा के शिकार हो आँखों पर पट्टी बाँधे तथा कानों में उँगली डाले सिर्फ यही चाहते हैं कि किसी तरह बचा रहें रिश्ता और नाता– "बूढ़े माँगते नहीं चाय या विस्की/लेटे रहते हैं करवट के बल/दुखते सिर के बाद भी/बूढ़े बचाना चाहते हैं एक ऐसा नाता/जो सचमुच में अब है ही नहीं/" (पृ.सं. 182) अंगों की शिथिलता और असमर्थता के बावजूद वे नहीं चाहते हैं अपनी सेवा-शुश्रूषा, धन-सम्पदा अथवा संवेदना और सहानुभूति बल्कि सिर्फ चाहते हैं अपने आस-पास अपनी संतानों के होने का एहसास लेकिन जब वह भी नहीं होता तब उन्हें हैरानी होती है– "बूढ़े नहीं चाहते किसी का पैसा/न ही सेवा/बूढ़े जो चाहते हैं/वह कोई नहीं कहता/'बाबूजी, हम हैं न' ।/कोई नहीं कहता माँ/उदास मत होना हम हैं न....?/बूढ़े हैरान हैं इस/'हम हैं न' के कहीं भी/नहीं होने से/" (पृ.सं. 181) इस तरह सुनीता जैन के अनुभव-संसार में एक ओर वृद्धों की समस्याओं, दुखों, उदासियों और निराशाओं के चित्र हैं तो दूसरी ओर माता-पिता को आदर और श्रद्धा के साथ याद करने के भी चित्र हैं। उनकी दृष्टि में माँ का कभी मरण नहीं होता और जो ऐसा कहते हैं "वे झूठ कहते हैं– "वे झूठ कहा करते/जब कहते 'माँ

मरती/माँ मरती/यदि/यदि धरती मरती/" (वही पृ.सं. 156) माँ की समानता धरती से ही हो सकती है। जब तक धरती है तब तक माँ का एहसास है और इस एहसास को सुनीता जैन ने इस संग्रह की अपनी कई कविताओं में उभारा है। उनकी एक मर्मस्पर्शी कविता है 'माँ की राख' जिसमें हवा और गंगा से निवेदन के बाद मन को सम्बोधित कर कहा गया है कि 'धीरे बिसराना/मन/यह माँ की बात है।" (पृ.सं. 182) इसमें नयी पीढ़ी को अपनी परम्परा से जुड़ने का सन्देश है।

दिल्ली की भागमभाग, आपाधापी, उठा-पटक, चकाचौंध और जगर-मगर पर पहले भी कविताएँ लिखी गयी हैं और आज भी लिखी जा रही हैं। सुनीता जैन अपनी 'दिल्ली' शीर्षक कविता में पति-पत्नी के बीच झगड़े का कारण दिल्ली को मानती हैं क्योंकि वहाँ के जीवन में शुकून नहीं है। बिजली के जाने, पानी के नहीं आने, बस के छूट जाने, जेब के कतर जाने, बॉसके दमदमाने या मकान मालिक के तू-तू मैं-मैं करने को लेकर रोज शाम को दोनों झगड़ जाते हैं। सुनीता जैन स्पष्ट करती हैं कि वे झगड़ना नहीं चाहते किन्तु क्या करें– "उनके पास बचा नहीं/शहद कोई, न ही चीनी/वे कोसते हैं दिल्ली/वे कोसते अपनी-अपनी नौकरी।" (पृ.सं. 73) दिल्ली के फुटपाथों पर सो रहे लोगों को देखकर कवयित्री को लगता है कि दिल्ली ही फुटपाथ पर सो रही है। अचानक जब बादल बरसने लगते हैं तब फुटपाथ की जिन्दगी की मुसीबत और करुणा का चित्र 'बारिश में दिल्ली' शीर्षक कविता में बहुत मार्मिकता के साथ उभरा है–'उठी वह वस्त्र सँभाल के/भीगी दिल्ली/उतना ही लिपटी वह/अपनी कथरी के तार से/" (पृ.सं. 76) दिल्ली के बहाने कवयित्री ने अपनी मातृभाषा तथा हिन्दी की उपेक्षा करने वालों पर करारा प्रहार किया है। सरकारी नौकरी पा जाने पर व्यक्ति किस तरह काम चोर हो जाता है इस पर भी व्यंग्य है। पार्क की ठीक ढंग से देखभाल और साफ-सफाई नहीं करने वाले माली से जब कवयित्री ने पूछा कि तुम अपना काम क्यों नहीं करते तब सिगरेट फूँकते हुए उसने जो जवाब दिया–'साब सरकारी नौकरी पर हूँ। डेलीवेज का आदमी नहीं।" (पृ.सं. 93) वह सरकारी कर्मचारियों की वास्तविकता का कच्चा चिट्ठा है। इससे भारत की दुर्दशा के कारणों का अन्दाजा लगाना कठिन नहीं है।

छह उपखण्डों में बँटी 'कालिदास' शीर्षक अपनी लम्बी कविता में सुनीता जैन ने कई शंकाओं और चिन्ताओं की ओर ध्यान आकृष्ट किया है। वे पूछती हैं– ''कालिदास, कभी सोचा है उन दिनों के बारे में/जब सूख जायेगी हमारी भाषा।" (पृ.सं. 199) कविता के क्षेत्र में प्रविष्ट हृदयहीनता हो या किसी की बात नहीं सुनने का अहंकार कवयित्री ने इन मुददों को भी इसी कविता में उठाया है और आज लिखी जाने वाली लयछंद मुक्त कविता पर जोरदार व्यंग्य भी किया है–"कविता आती है कापी के पन्नों में बंद/न गीत है अपने से/ न भाषा में कोई छंद/" (पृ.सं. 197) और उस पर भी तुर्रा यह कि हर कवि अपने को सबसे बड़ा और अक्लमंद

कवि मानने-मनवाने में लगा है। स्वनामधन्य कवियों को कविता की घटती पठनीयता की भी चिन्ता नहीं है। लगता है कालिदास के बाद सुनीता जैन के सबसे प्रिय कवि केदारनाथ सिंह हैं तभी तो उन पर एक कविता की रचना हुई है 'लौटेंगे केदारनाथ सिंह।' 'लिखे जाने के बाद' कविता में उन्होंने पाब्लो नेरूदा को भी याद किया है। ये दोनों कवि अपनी धरती, अपने देश, अपनी भाषा से जुड़ने की ललक और प्रेम में विश्वास जगाने की आकांक्षा वाले कवि हैं और शायद यही कवयित्री के मन में उनकी प्रियता का कारण भी है।

सुनीता जैन की कविताओं में दृश्य और चाक्षुष बिम्बों की भरमार का कारण चित्रमयता है। वे शब्दों की तूलिका से मनोहर चित्र खींचने तथा उसे विविध रंगों से रँगने में सिद्धहस्त हैं। इसीलिए लाल रंग से प्रेम की जो छवियाँ उनके यहाँ निर्मित हैं– वैसी अन्यत्र दुर्लभ हैं। प्रेम में डूबी और डूबने से बचती स्त्री के सूर्य-स्नान का यह चित्र कितना मनमोहक है– "प्रेम के सूर्य-स्नान में/वह कमर तक खड़ी है/पानी में/भीगे वक्ष को/भीगे वस्त्रों से ढाँपती/दोनों आँख झुकाये/दो सम्पुट हथेलियों पे टिकी।" (पृ.सं. 110) इसी तरह चेहरे की लुनाई में सात समुद्र का लवण लिये भीगे बालों से भीगती स्त्री का मनोहर चित्र 'लवण' कविता में है।

सुनीता जैन वस्तुतः प्रेम की कवयित्री हैं लेकिन जीवन-जगत की विद्रूपताओं और विसंगतियों से दुखी तथा आहत उनकी लेखनी से समय-समय पर चिनगारियाँ भी फूटती रही हैं। इसी अर्थ में वे 'राग और आग' की कवयित्री हैं। सहजता, सरलता और संवादात्मकता उनकी काव्य-भाषा के गुण हैं। यही कारण है कि उनकी कविता के लिए पठनीयता का कोई संकट नहीं है।

वैचारिक ऊष्मा की दीप्ति में 'खिली धूप'

मस्तिष्क से उत्पन्न वैचारिक कविता पाठक को भाव प्रवाह में डुबोने की अपेक्षा चिन्तन और तर्क की दुनिया में ले जाती है जहाँ बौद्धिकता का आग्रह प्रबल होता है। भावना के स्थान पर विचार के समावेश से कविता में जटिलता आती है और पठनीयता का संकट बढ़ता है फिर भी आज बुद्धि-विलास की कविताओं का ज्वार बढ़ता ही जा रहा है इस दलील के साथ कि वर्तमान जटिल, संघर्षपूर्ण, तनावग्रस्त, आपाधापी, भागमभाग और अनुभव-वैविध्य को उभारने में कोरी भावुकता से काम चलने वाला नहीं है। एक प्रखर चिन्तक और सहृदय रचनाकार डॉ॰ आदित्य प्रचण्डिया कविता के इसी पथ के पथिक हैं और यह स्वीकारने में संकोच नहीं करते कि 'मेरी कविताओं का बीज मंत्र विचार है'। 'खिली धूप' की एक सौ एक कविताएँ इसी मंत्र से ऊर्जस्वित हैं। वैचारिक ऊष्मा से दीप्तिमान हैं। इसके बावजूद अगर ये पठनीयता के गुणों से भरपूर हैं तो इसके लिए कवि की सहृदयता और सहजता का व्यक्तित्व उत्तरदायी है जो अपने अनुभव क्षितिज को सरसता से सराबोर किये रहता है। 'जीवन-जगत का अनुभव कोश' प्रस्तुत करने वाले कवि की यह अभिलाषा भी होगी कि उसकी कविता की पहुँच का क्षेत्र सीमित न हो और इसके लिए वह अभिव्यक्ति की जटिलताओं से परहेज करेगा ही। यही कारण है कि वैचारिकता के आवरण के बावजूद 'खिली धूप' की कविताएँ खुलती चली जाती हैं और पाठक उसमें अपनी उपस्थिति महसूस करने लगता है।

अनुभव के साथ बौद्धिकता और चिन्तन के साथ संवेदना के सम्मिश्रण से उपजी इस संग्रह की कवितायें लहवाकारीय होकर भी विराट जीवन दर्शन को समाहित किये हुए हैं। 'अस्तित्व' सभी तत्त्वज्ञानियों की चिन्ता और जिज्ञासा का विषय रहा है। 'मैं कौन हूँ' 'मेरे भीतर का प्रकाश कहाँ से ऊर्जस्वित होता है" आदि अनेक जिज्ञासायें भारतीय मनीषा को आकुल-व्याकुल करती रही हैं। डॉ॰ आदित्य प्रचण्डिया भी 'अस्तित्व और प्रकाश' को अपने ढंग से समझने-बूझने की कोशिश करते हैं– "भाव श्रद्धा का/सदैव उमगा करता/अस्तित्व के प्रति/अन्तस में मेरे/क्योंकि/उनसे/मिला मुझे प्रकाश, विश्वास, श्वास/मैं हूँ उपासक/श्वास का/वह मुझे/विश्वास देता/

उसमें से/प्रकाश फूटता/और अस्तित्व से/साक्षात्कार होता।" (पृ.सं. 68) 'चिन्तन', 'व्रत', 'निरासक्त', 'चीवर' जैसी कविताएँ कवि को एक दार्शनिक और विचारक की भूमि पर ला खड़ा करती हैं। 'चिन्तन' को डॉ. प्रचण्डिया जीवन की गहरायी का प्रतिबिम्ब मानते हैं किन्तु जब इस कथन से उनको आत्म तुष्टि नहीं मिलती तब वे 'चिन्तन' को विकृत से प्रकृत की ओर उन्मुख स्फुरणा कहते हैं" "चिन्तन/है क्या? प्रतिबिम्ब/जीवन की गहराई का/या फिर/विकृत से प्रकृत की ओर उन्मुख/स्फुरणा ही है केवल/चिन्तन।" (पृ.सं. 48) हिन्दी साहित्य में दर्पण पर ढेरों कविताएँ मिलेंगी। किन्तु दर्पण के माध्यम से डॉ. प्रचण्डिया ने जीवन के जिस महान आदर्श की ओर संकेत किया है—वह अन्यत्र दुर्लभ है। आसक्ति और निरासक्ति हमारे अध्यात्म के सर्वाधिक चर्चित शब्द रहे हैं। हमारे ऋषि, मुनि, योगी, यती, रागी—विरागी सभी ने इन शब्दों की व्याख्या में अपनी प्रतिभा का सर्वोत्कृष्ट प्रदर्शित किया है किन्तु डॉ. प्रचण्डिया जिस सहजता से निरासक्ति को प्रस्तुत करते हैं—वह सर्वथा प्रशंसनीय है— "दर्पण/तुझमें ऐसा/क्या गुण? संज्ञा-आदर्श की/देते तुझे सभी/सहज बोल दिया दर्पण/भैया! नहीं होता/मैं आसक्त/किसी प्रतिबिम्ब पर।" (पृ.सं. 76)

कोई काव्य-संग्रह 'जीवन-जगत का अनुभव कोश' तभी बनता है जब उसमें जीवन का हर क्षण अपनी समग्रता के साथ उपस्थित रहता है। 'खिली धूप' की कविताओं ने जीवन जगत से साक्षात्कार किया है। यों भी कोई कविता जीवन के सागर में गहरायी तक धँसे बिना सम्भव नहीं होती। डॉ. प्रचण्डिया तटस्थ जीवन द्रष्टा नहीं है। वे उसके साथ बहते हैं। चट्टानों से जूझते हैं। विपरीतताओं में धारा के साथ रहते हैं किन्तु लक्ष्य कभी ओझल नहीं होने देते। इन्हीं अनुभूतियों से सम्पन्न कविताएँ दुख से लड़ने की ताकत देती हैं और सुख के सपने सजाने की जिजीविषा। जीवन में आगत झंझाा-प्रभंजन से कवि विचलित नहीं है। वह विपत्तियों/संकटों को मानव की सार्थकता का हेतु मानता है— "कहा मनुज ने/विपत्ति से/पीछे मेरे आप/पड़ी रहती क्यों? विनय से/विपत्ति बोली—/बन्धु/आपकी उत्पत्ति की सार्थकता हेतु।"

जीवन को जानने समझने की जितनी कोशिशें हुई हैं वह उतना ही अव्याख्येय होता गया है। उसके लिए जो परिभाषाएँ गढ़ी गयी हैं वे सब अव्याप्ति दोष की शिकार हैं फिर भी कवि/कलाकारों ने हिम्मत नहीं छोड़ी है— उसे नापने और साधने की। डॉ. आदित्य प्रचण्डिया भला पीछे कैसे रहते—वे भी जीवन के पहलुओं पर विचार करते हुए दूध को उपमित करते हैं— "दूध पीने की अभिलाषा/उबालने की प्रक्रिया/फिर/उसका बिखरना/जीवन के ये हैं तीन पहलू/बचपन, जवानी और बुढ़ापा।" (पृ.सं. 25) किसी एक अन्य कवि ने भी दूध, दही, घी के उपमान से शैशव, बचपन, यौवन तथा बुढ़ापे को इस प्रकार व्यक्त किया है— "शिशु पय बचपन है दही, यौवन घी का नाम/और बुढ़ापा छाछ है, आगे जय श्री राम/" अनेक फिल्मी गीतों से भी यह ध्वनित होता है कि जब तक जीवन समझ में आता तब तक वह

बीत गया रहता है। जीवन ऐसा अमृत है जिसे पीकर अमर हुआ जा सकता है और ऐसा विष है जिसे निगलकर नीलकंठ बना जा सकता है। जीवन में पतझड़ भी है। यौवन बसन्त है और बुढ़ापा पतझड़। बसन्त तो आता रहेगा लेकिन यौवन वापस नहीं आ सकता—यह जीवन की सबसे बड़ी विडम्बना है— "एक वृद्ध ने/कहा वृक्ष से—/वाह रे पतझड़/यह क्या? फल-फूल, पल्लव नहीं/नग्न शाखों की/यह कैसी शोभा? वृद्ध की झुर्रियाँ देख/खिलखिला उठा वृक्ष/आयेगा फिर बसन्त/यौवन कभी नहीं।" (पृ.सं. 29) जीवन की गहन अनुभूतियों की मार्मिक अभिव्यक्ति में कवि को पर्याप्त सफलता मिली है। मिलना और मिटना जीवन की वास्तविकता है जिसे लहर के माध्यम से इस प्रकार प्रकट किया गया है— "कहा किनारों ने/टकराती लहरों से 'एक पल रुको'/तभी एक लहर/बोली, होकर गम्भीर—/ठहराव/से/नहीं लगाव मेरा/क्षण क्षण/मिलना और मिटना/ही/अस्तित्व है मेरा/" (पृ.सं. 21)

सामाजिक सरोकारों से निःस्पृह कविता का कोई भविष्य नहीं होता। कविता में निजता पर के साथ सम्पृक्त होकर ही अर्थवान होती है। इसी परिप्रेक्ष्य में वह सामाजिक वस्तु है। भले ही उसका जन्म स्वान्तः सुख की परिणति क्यों न हो? डॉ. प्रचण्डिया व्यष्टिनिष्ठ नहीं हैं। उनकी कविताएँ समय और समाज की गहन पड़ताल की उपज हैं जिसमें उनका परिवेश बोलता बतियाता नजर आता है। सुख-दुख को अपने में समाहित किये हुए समाज निरन्तर गतिशील है। कवि एक ऐसे समाज की कामना करता है—जहाँ न दुख हो न द्वन्द्व, न निराशा न हताशा, न रोग न शोक, न लोभ न मोह, न कायरता न भय बल्कि ऐसा समाज जहाँ सुख हो, सद्भाव हो, मैत्री, भाव हो। यह तभी सम्भव होगा जब व्यक्ति औदार्य, सौहार्द, सत्य, अहिंसा, सेवा, परोपकार, त्याग और बलिदान की भावना से आपूरित हो। 'खिली धूप' की अधिकांश कविताएँ इन्हीं आदर्शों और जीवन-मूल्यों की स्थापना के पक्ष में एक बयान हैं। चूँकि कवि घोर मानवतावादी है इसलिए वह पूरब और पश्चिम का भेद नहीं मानता—वह मानव की जयगाथा का कवि है इसलिए वह मनुष्य को मनुष्य का शत्रु भी नहीं स्वीकारता—"शत्रु मानव का/नहीं है मानव/मानव है मानव जैसा/शत्रु नहीं वह/जो है हमारे जैसा/आलोक देता दीपक/भले ही वह/पूरब या हो पश्चिम का/आलोक शत्रु नहीं आलोक का।" (पृ.सं. 27) कवि का मानना है कि शत्रु और मित्र व्यक्ति के व्यवहार से पैदा होते हैं। उसके पास प्यार और खार दोनों हैं—अब इस पर निर्भर है कि वह मित्र बनायेगा अथवा शत्रु— "प्यार और खार/दोनों हैं हमारे पास/आगत को प्यार दे अपना मित्र बनायें/अथवा/खार देकर व्यर्थ/अपना शत्रु बनायें।"

कामायनीकार ने "दया, माया, ममता लो आज/मधुरिमा लो अगाध विश्वास।" तथा "समर्पण लो सेवा का सार" कहकर जिन महनीय मानव-मूल्यों की ओर संकेत किया था उन्हें जीवन में अपनाने की सलाह 'खिली धूप' के कवि ने भी दी है। सेवा,

समर्पण, मर्यादा, शीर्षक से कविताएँ लिखी हैं। वस्त्र और कैंची के संवाद में सेवा को ही केन्द्र में रखा गया है– "कहा वस्त्र ने/ क्रूर कैंची से–/अंग-भंग मुझे/करते क्यों आप?/दिया उत्तर/कैंची ने सस्वर–/ 'किसी की अंग शोभा/हेतु यह है सेवा।' (पृ.सं. 33) रंग जल कण में घुलकर विस्तृत पट को रंजित करने में इसलिए समर्थ होता है क्योंकि उसमें समर्पण की भावना होती है– 'रंग! लघुकण तेरे/विस्तृत पट को/ रंजित करने में/ समर्थ हुए कैसे? जल में खुलते हुए/कहा रंग ने भाई मेरे!/ अपने समर्पण की भावना/इसका है प्रमुख कारण।" (पृ.सं. 34) वही कवि अपनी अलग पहचान बनाता है जो जीवन-जगत की हर घटना पर अपनी पारखी नजर रखता है। सूक्ष्म अन्वेक्षण और बौद्धिक परीक्षण की क्षमता वाले डॉ. प्रचण्डिया वस्त्र और कैंची के सम्बन्धों में सेवा का भाव ढूँढ़ लेते हैं, रंग और जल के बीच समर्पण देख लेते हैं तो यह उनकी पारखी नजर का ही कमाल है।

कविता न तो केवल मनोरंजन है और न ही केवल सन्देश। दोनों का सामंजस्य कविता को लोकप्रिय और दीर्घजीवी बनाता है। 'खिली धूप' की कविताओं में इन दोनों का सम्यक निर्वाह हुआ है। कुछ कविताओं में सन्देश उपदेश तक पहुँच गया है और इसीलिए उनमें कलात्मक प्रौढ़ता का अभाव दिखाई देता है। कुछ ऐसी भी कविताएँ हैं जिनमें उपदेशात्मकता के बावजूद उत्कृष्ट काव्यत्व दृष्टिगत होता है। 'मार्गदर्शन' शीर्षक कविता प्रतीकों के बल पर निरा उपदेश होने से तो बची ही है उसमें काव्यत्व का सन्निवेश भी हो गया है– "बुझते दीपक से/चलेगा न अब काम/ छोड़िये यहीं इसे/बढ़िये साहस लिए/गगन में गरजती। बिजलियाँ/सागर में उफनती ऊर्मियाँ/करेंगी मार्गदर्शन/खुद बखुद तुम्हारा।" इसमें कवि ने बिजली और लहरों का जिस तरह प्रयोग किया है उससे कविता क्रान्ति चेता और अग्निधर्मा बन गयी है। झंझा प्रभंजन से भी बहुत कुछ सीख मिलती है। सपाट और सहज जीवन हर समय श्रेयस्कर नही होता विप्लव की ज्वाला भी उसमें वांछित है।

परम्परा और आधुनिकता, पुराना और नया का द्वन्द्व हमेशा रहा है, आगे भी रहेगा। यही सृष्टि के विकास की प्रक्रिया है। इसे कोई सभ्यता के विकास से भी जोड़कर देखता है। कवि मन विरासत को सँभालना चाहता है और नये से ऊर्जस्वित होना भी। जब वह प्राचीन के सम्पूर्ण ध्वंस की बात सोचता है तो उसका अन्तर्मन इसकी गवाही नहीं देता। उसे सभ्यता विरोधी होना स्वीकार्य नहीं है– 'चीवर' प्रतीक के माध्यम से इस द्वन्द्व को उभारा गया है– "फटा-पुराना/पूर्वजों से/मिला विरासत में चीवर/जी! मैने उसे/आज तक सहेजा/मौके-बेमौके पहना/और मन है, अब उसे/फाड़ने को करता/यकायक खिड़की से/आवाज एक/हवा में गूँजती-फाड़ना इसे/सभ्यता के खिलाफ है।" (पृ.सं. 102)

वर्तमान समय और समाज की विसंगतियाँ/विडम्बनाएँ जब कवि को आकुल-व्याकुल करती हैं तब वह व्यंग्य और विरोध पर उतर आता है। उसे व्यवस्था

में खामियाँ दिखाई देती हैं। व्यक्ति के आचरण व्यवहार में दोष दिखाई देता है। समाज की अन्ध परम्पराएँ और मान्यताएँ उसे विचलित करती हैं। मूल्यों का विघटन नैतिकताओं का ह्रास उसे चिन्ता के सागर में डुबाती हैं। तरह-तरह के सुख साज उसे व्यर्थ लगने लगते हैं। तब वह आनन्द पाने के लिए मर्यादा को शामिल करने की वकालत करता है– "आनन्द/मिल सकता तभी/वीणा की/मधुर झंकार का/जबकी ऐंठन और लचक के मध्य/बनी रहे मर्यादा।" (पृ.सं. 60)

शोषक और शोषित पर प्रगतिवादी धारा के कवियों ने बहुत लिखा है–उत्कृष्ट लिखा है। उनके वजन की कविता लिखने के लिए कथ्य की नवीनता और कथन की भंगिमा अपेक्षित होगी। इसके बिना उसका कोई वजन नहीं होगा। डॉ. प्रचण्डिया एक गहन अध्येता हैं और इसीलिए वे अपने को अलग झलकाने के लिए सदैव नवता की तलाश में रहते हैं। उनकी इसी प्रयत्नशीलता ने 'शोषक' शीर्षक कविता को जन्म दिया है जो अपने आप में विलक्षण है– "मच्छरों के दंश से/पीड़ित मनुज ने/सिसकी भरी-जनाब/आपसे बढ़कर क्या/कोई है रक्त शोषक/भिनभिनाते/कहा मच्छर ने मित्र मेरे!/यह सब मैंने? सीखा है तुमसे/" (पृ.सं. 62) समाजवाद कहने भर से नहीं आयेगा। पूँजी का हस्तान्तरण और समान वितरण ही समतामूलक समाज की स्थापना का मूल है। इसके बिना सारे समाजवादी सिद्धान्त फार्मूला के अलावे और कुछ नहीं हैं। खिली धूप का रचनाकार इस तथ्य से भली भाँति परिचित है और इसलिए वह लिखता है– "सँजोये/प्रकाश अपने में/बाँटे फिर/दूसरों में/जो चाहता चमकना अकेला/सूरज की नाईं/बनकर सब का साईं/सौम्य, सरल वह/जो चाँद के सदृश/उडगन के संग साथ/रातभर चमकता।"

सम्प्रेषणीयता से भरपूर एक सौ एक कविताओं का संग्रह 'खिली धूप' जीवन जगत की गहन अनुभूतियों के बिम्बन में सर्वथा समर्थ है। खिली धूप और संघर्ष की छतरी की द्वन्द्वात्मक अर्थवत्ता विलक्षण है। हिन्दी काव्य-जगत में धूप सदृश खिलने वाली कविताओं का यह संग्रह डॉ. प्रचण्डिया को एक अलग पहचान दिलाता है। प्रातिभ-कौशल सम्पन्न इस कवि से ढेरों अपेक्षाएँ हैं।

कठिन समय में 'अपने होने का एहसास'

अपने समय से अनजान रहकर कोई रचनाकार महत्त्वपूर्ण सृजन नहीं कर सकता। उसे अपने समय से जूझना होता है, संघर्ष करना होता है तब कहीं जाकर वह समाज के लिए साहित्य की 'मधुमती' भूमिका तैयार कर पाता है। वरुण कुमार तिवारी का नवीनतम काव्य-संग्रह 'अपने होने का एहसास' न केवल उनके समय का साक्षात्कार है बल्कि भूमण्डलीकरण और बाजारवाद के युग में निरन्तर क्षीण हो रही संवेदनाओं से उपजी अनास्था, निराशा, द्वन्द्व एवं तनाव में जी रहे मनुष्य के भीतर आशा, आस्था एवं निर्द्वन्द्वता का जागरण-भाव भी है। "इस दुर्द्धर्ष समय में/हृदयहीन होने से" मनुष्यता को बचाने का कवि का प्रयत्न अनायास नहीं है बल्कि वह "टूटते मूल्यों/और बीमार रिश्तों के बीच/तड़प रही मनुष्यता" के कारण अकेला पड़ते जाने वाले मनुष्य के दुखों की पीड़ा से उपजा है। उसके दुखों का पहाड़ इतना दुर्वह है कि कवि को साँस लेने में भी पीड़ा होती है– "यहाँ चट्टानें हैं/दुखों कें/परत दर परत/जिसके भार से/साँस लेने में होती है पीड़ा।" इसीलिए वह पीड़ित मनुष्य के आँसू बनने की कामना करता है– "प्रत्येक/पीड़ित/प्रताड़ित/परेशान/इन्सान के आँसू/बनना चाहता हूँ–मैं।" कवि की यह संवेदना इसीलिए विस्तार पा सकी है क्योंकि उसने अपने समय की गहन पड़ताल की है–वह अच्छी तरह जानता है– "दीया नहीं जला/तुम्हारी झोपड़ी में आज/और अँधेरे/फन काढ़े बैठे हैं/बेरोजगारी/ गरीबी/और असन्तोष के/तीन-तीन साँप/तुझे निगलने को।" उसे यह भी मालूम है कि "इस अँधेरे द्वीप में/चीत्कार है केवल/आँसुओं की धारा है।" जाहिर है इस संग्रह में दुख, अभाव, पीड़ा, विवशता और अन्धकार जैसे शब्द इसलिए बार-बार आये हैं क्योंकि कवि को लगता है 'यह बुरा वक्त, नाजुक, कठिन और पतझड़ी समय' है। फिर भी उसे विश्वास है– "मैंने देखा है/अँधेरे के खिलाफ-धूप का हँसना/अनगिन काँटों के बीच-फूलों का खिलना/और हिंसा व आतंक भरे/निर्मम वक्त में भी/बर्फ का गिरना।" इसी विश्वास ने उसे सूरज और बादलों के बीच की लगातार स्पर्धा में उजाले का पक्षधर बना दिया है। 'होने' और 'नहीं होने' के मध्य का विभेदक बना दिया है और वह इसी के चलते आदमी के 'होने का प्रवक्ता बनकर कह उठता है– "त्रासद अँधेरे में भी/गुम सुम बैठा है/तुम्हारे भीतर/एक शक्ति पुंज/जिसे तुम जानते ही नहीं।" आदमी को उसकी शक्ति का एहसास कराकर वह सलाह देता

है– "माँग लो एक किरण भोर से/जो ले जाएँगी/मंजिल तक तुझे/मगर इससे पहले/विश्वास के पंख पर/होना होगा सवार/फिर अनन्त आकाश से/होओगे तुम एकाकार/खुद के 'होने' तक।" इस तरह– 'अपने होने का एहसास' अन्धकार से प्रकाश और दुख से सुख तक की यात्रा का काव्य है जिसमें शामिल है 'मनुष्यता' को बचाए रखने की उत्कट अभिलाषा।

इस संग्रह की सबसे बड़ी विशेषता 'कविता' की ताकत का एहसास कराना है–खासकर उन्हें जो ईश्वर के अन्त की तरह कविता के अन्त की उद्घोषणा करते फिरते हैं। वर्तमान समय में 'शब्द' की सत्ता पर संकट का सन्देह करते हैं। नाजुक समय की दुहाई देते हैं किन्तु कवि वरुण कुमार तिवारी चाहते हैं– "ऐसे नाजुक समय में/मेरी आँसुओं पर/तरस खाकर/उछाल दे कोई/एक छोटा-सा नाजुक शब्द ही/अवचेतन में ही सही अंकित हो जाए/किसी की/झूठी संवेदना ही।" क्योंकि उन्हें यह मालूम है– "शब्द से निःसृत होगी ऊर्जा,जो थपथपायेगी/पसीने से लथपथ/तुम्हारी पीठ को/और लौटा लेगी तुझे/अँधेरी दिशाओं से।" एक गहन पीड़ा को कोख में पालती हुई कविता "अँधेरी सुरंग में/रोशनी फैलाने के लिए।" प्रतिबद्ध है। वह वृद्ध के थके कन्धों पर एक नौजवान का विश्वास भरा हाथ है। बच्चों की साँसों के लिए साफ-सुथरी हवा है। भूखी आँखों से रातें काटती माताओं के लिए उम्मीदों की चमक है। कविता की इन्हीं भूमिकाओं के कारण कवि उसके हाथों में अपने हृदय की अमृत भावनाओं को अर्पित करता है ताकि उसके शब्द समिधा बन यज्ञाग्नि से अर्थ की ज्योति लेकर निर्धूम आकाश में कल्लोल करें। उसे विश्वास है कि सदी के अन्त, शुरू अथवा मध्य में जब कविताएँ पढ़ी जाएँगी "तब रातें होंगी/नख-दन्त विहीन/और सुबह/इतनी उदास नहीं होंगी/न जवान होती लड़कियाँ ही/मुंडेर पर बैठे/कागा को/अश्रुपूरित आँखों से देखेंगी।"

वर्तमान समय में जीवन की जटिलताओं ने संवेदनाओं को जटिल और भोथरा किया है। फलतः संवेदनहीनता, अमानवीयता, नृशंसता, निष्ठुरता के कारण कवि को यह संसार जंगल लगता है। ऐसा जंगल जहाँ आदमखोरों का बसेरा है। ऐसे परिवेश में 'आदमी' को ढूँढ़ती हुई कविता का लहूलुहान होना स्वाभाविक है। वह टूटती है, बिखरती है, तल्ख रोशनी की चकाचौंध से चौंधियाती है– "फिर भी/अपनी विरासत और संस्कृति को/अपनी जिन्दगी की/आखिरी साँस तक/बचाना चाहती है।" इसीलिए "ढूँढ़ती ही रहती है वह/इस भयावह जंगल में भी/एक अदद आदमी को लगातार।" कवि को विश्वास है– "एक न एक दिन–अपने आकाश को/ढूँढ़ ही लेगी–कहीं न कहीं–कविता।"

इस संग्रह में जिन शब्दों का बार-बार प्रयोग हुआ है–वे हैं–बच्चा, चिड़िया, आकाश और कविता/भौतिकतावाद ने बच्चों का बचपन छीना है, उनकी मुस्कान छीनी है, उनकी मासूमियत और भोलापन छीना है– "चिड़ियों के कलरव से दूर/सुबह सूरज के क्षितिज से दूर/उपभोक्तावादी अंधड़ में/बच्चे उलझ गये हैं आज/कंक्रीट के/घने जंगल में।" इसीलिए कवि अपना 'सब कुछ' कविता के हाथों में सौंपकर

बचाना चाहता है– "बच्चों की उन्मुक्त किलकारी/और दादी माँ के सपने।" वह बच्चों की उत्सवधर्मिता पर अपनी नजर गड़ाता है। धूप, धूल, कीचड़ और काई से खेलने वाले बच्चों का बिम्ब प्रस्तुत करता है। बार-बार फिसलती गेंद को पकड़ते हुए दो नन्हें हाथों का उल्लेख करता है। धरती पर दो नन्हें पाँव उसे ऐसा लगते हैं मानों कमल-पुष्प पर तथागत अपने सुकोमल पाँव रख रहे हों। स्कूल से घर लौटते बच्चों के अरमान धरती पर आकाश के तारे उगाने जैसे लगते हैं किन्तु उस समय कवि का दुख बहुत बढ़ जाता है जब हम ताजमहल के साए में तस्वीर उतार रहे होते हैं और बच्चे हमारे कीमती जूते सँभालने में लगे होते हैं, हम एक दिवसीय क्रिकेट मैच देख रहे होते हैं और बच्चे सड़क पर आइसक्रीम बेचने के धन्धे में लगे होते हैं, रेल के शयनयान में हम मूँगफली और नारंगी छिलते हुए बातों को छीलने में लगे होते हैं और बच्चे हमारे जूतों के पास फैले हुए मूँगफली और नारंगी के छिलके बुहार रहे होते हैं। कवि की संवेदना उन कारणों को तलाशती है कि क्यों कोई बच्चा वर्तमान से अनजान, भविष्य से दूर, भूतकाल बनने के लिए विवश होता है तब उसे उसकी छीजती हुई जिन्दगी का मर्म समझ में आता है– "भूख के नाम/रोग के नाम/खौफ के नाम/पल-पल वह/बलिदान हुआ।" इतना ही नहीं हृदयहीन हो गये समाज में वह लड़का रोज थोड़ा-थोड़ा मरता हुआ शहर-दर-शहर अपनी मासूमियत और खोई हुई कामनाएँ ढूँढ़ रहा है– "शहर-दर-शहर/अगणित पैरों से वह रौंदा गया/और आज भी/कंक्रीट के/इस महावन में/गाँव का/वह मासूम लड़का/अपने खोये/मासूम कामनाओं को/ढूँढ़ रहा है/रोज/थोड़ा-थोड़ा मरता हुआ।" अभाव, गरीबी, दुर्दशा और दुखों में पल रहे बच्चों के प्रति कवि के मन में अपार सहानुभूति है। वह उनकी दयनीयता से पीड़ित होता है, तिलमिलाता है, कुछ करने के लिए बेचैन होता है लेकिन कंक्रीट के घने भयावह जंगल में उलझे बच्चों के लिए जब वह कुछ कर नहीं पाता तब बच्चों की किलकारी के लिए समय की विसंगतियों और विडम्बनाओं की आग पीने से नहीं हिचकिचाता है– 'मैंने/पी ली है आग/और हृदय निचोड़कर-निकाला है/एक मुट्ठी बीज/बो दिया है/उसे अब/माँ की छाती पर/मौसम में/आएँगे/उन बीजों से/हजारों-हजार फूल/फिर/गूँज उठेगा/बच्चों की किलकारी से/सारा आकाश।" ऐसा इसलिए कि बच्चों की तोतली बोली उसके कानों में परा–पश्यन्ती गुँजाती है– "मैंने सुनी/उसकी तोतली बोली/और मेरे कानों में/गूँज गयी परा-पश्यन्ती।" संसार की सुन्दरतम वस्तु क्या है? यह वाद-विवाद का विषय है। कवियों के लिए कभी नारी सुन्दरतम रही है तो कभी प्रकृति। बच्चों का सौन्दर्य कवियों को आकृष्ट तो करता रहा है लेकिन उन्हें संसार की सुन्दरतम वस्तु मानने का उदाहरण विरल है। वरुण कुमार तिवारी संसार की सुन्दरतम चीज बच्चों की कोमल आँखो को मानते हैं और उनके ही माध्यम से पेड़-पर्वत-नदी, चिड़ियों की भाषा को पढ़ते हैं और उनसे बतियाते हुए स्वयं से बातें करना सीखते हैं– 'कृत्तज्ञ हूँ मैं/संसार की सुन्दरतम चीज/बच्चों की कोमल आँखों का/जिनमें पेड़-पर्वत-नदी और चिड़ियों की भाषा/पढ़

पाया/और उनसे बतियाते हुए/सहज सीख गया/स्वयं से बातें करना।"

समीक्ष्य-संग्रह की दो कविताएँ– 'बच्चों और चिड़ियों के लिए' तथा 'जब चिड़िया' चिड़िया केन्द्रित हैं लेकिन इनके अलावा भी कई कविताओं में उनकी आवाजाही हुई है। इस आवाजाही का महत्त्व इसमें है कि कवि दुर्द्धर्ष समय में हृदयहीन होने से बच गया है– "कृतज्ञ हूँ मैं/इस घर में रोशनदान में/चिड़ियों की आवाजाही की/जिसने बचा लिया मुझे/इस दुर्द्धर्ष समय में/हृदयहीन होने से।" चिड़िया को केन्द्र में रखकर लिखी गयी पन्त की कविता 'प्रथम रश्मि' अपने समय की बहुचर्चित एवं बहु प्रशंसित कविता होने के बावजूद उसमें कल्पना के अतिरेक के कारण जीवन–जगत का यथार्थ समाहित नहीं हो पाया है। वरुण कमार तिवारी की 'जब चिड़िया' कविता की लोकोन्मुखी संवेदना यथार्थपरक है। चिड़िया के क्रिया-कलाप पृथ्वी के हर्ष-विषाद, सुख-दुख से सन्दर्भित हैं– "जब चिड़िया/चहचहाती है/सुबह के उजास में/निरभ्र आकाश को निरखकर/खुल जाती हैं पृथ्वी की बन्द पलकें।" इतना ही नहीं। 'जब चिड़िया/बसेरे में लौटकर/चुगाती है/चोंच से चूजों को चारा/स्पंदित होता है/सारा अस्तित्व/और निहाल हो जाती है पृथ्वी।" तब पृथ्वी के निहाल होने में जो बिम्ब उभरता है वह अपनी प्रभावात्मकता में कोई बराबरी नहीं रखता। कवि ने चिड़ियों की उड़ान में नारी-स्वतन्त्रता का अनुभावन किया है– "मैंने उसे/विस्तृत नभ में उड़ते/चिड़ियों के बारे में/विस्तार से बताया/सहसा वह चहचहा उठी– "हाँ! हाँ हाँ!!!" वस्तुतः चिड़िया, तितली, बच्चे, धूप और उन्मुक्त आकाश कवि की संवेदना का सहज विस्तार करते हैं। सम्पूर्ण काव्य-संग्रह में इन शब्दों की अनगिनत भूमिकाएँ हैं और उनकी विशेषता यह कि उन सभी भूमिकाओं में नवीनता है–ताजगी है–संवेदनाओं का विस्तार है। कवि विस्तार का पक्षधर है–संकोच का नहीं। वह बार-बार आकाश पाने की कामना करता है। धरती पर आकाश के तारों को उगाने का संकल्प व्यक्त करता है। यही कारण है कि उसे सिमटे-सिकुड़े लोग पसन्द नहीं हैं क्योंकि उनकी सोच का पोखर छोटा ही नहीं बड़ी ऊँची दीवारों से भी घिरा है– "सिकुड़े हुए लोग/बना लेते हैं/अपनी सोच का/एक छोटा-सा पोखर/और खींच देते हैं/चारों ओर/बड़ी ऊँची दीवार/फिर उसी में/अपनी कामनाओं/ आचारों/रीतियों/संस्कृतियों को/देते रहते हैं/आजीवन आकार/उतने को ही वे/ठान लेते हैं जीवन।"

माना कि यह समय बहुत कठिन है–दुख है, संघर्ष है, आँधी और आतप है लेकिन "बची हुई है पृथ्वी/बचा हुआ है आकाश/बची हई है/भोर की किरणें/बची हुई है/बच्चों के अधरों पर स्मित-विभा/इतने के बावजूद अगर घटनाएँ हमारी पीठ पर लगातार विवशता की लाठियाँ बरसाती रहें तब कविता तो है ही "जो आदमी को/उसके 'होने' का/कराती है एहसास।" और उसे सुबह का उजाला तथा आँखों में सम्भावनाओं की चमक देने का प्रयत्न करती है।

पठनीयता के संकट-काल में 'अपने होने का एहसास' सम्प्रेषणीयता के कारण एक संग्रहणीय काव्य-कृति है। सहजता और संवेदनीयता इसका वैशिष्ट्य है।

'सूखि गइलि नेह के नदी' : स्नेह-नदी के सूखने का दर्द

पण्डित रामनवल मिश्र के अस्सी भोजपुरी गीतों का संग्रह 'सूखि गइलि नेह कऽ नदी' स्वर्गीया पत्नी को समर्पित है जिनका प्रेम बरगद की छाया के समान जाड़ा, गर्मी, वर्षा में सुख देता रहा है लेकिन उनके जाने के बाद स्नेह की नदी ऐसी सूखी कि गीतकार का जीवन रेत होकर रह गया है– 'सूखलि नदिया नेह कऽ रहिगे केवल रेत।" ऐसे में उनकी सुधि आते ही आँखों का भर जाना स्वाभाविक है– "जब-जब सुधि आवे भरि जाले अँखियाँ" (पृ.सं. 28) यह तो गीतकार की निजी व्यथा, निजी दर्द, निजी पीड़ा है। यह सच है कि गीतों में निजता सर्वाधिक मुखरित होती है लेकिन जब निजता सामूहिकता से जुड़ती है तब रचना लोक की थाती बनती है। लोक उसमें अपना सुख दुख निहारता है। यही कारण है कि इस संग्रह का शीर्षक गीत निजता से परे जन-मानस में सूख रहे स्नेह को अपना वर्ण्य विषय बनाता है। जाहिर है विश्वास की नीव पर स्नेह का भवन खड़ा होता है किन्तु भूमंडलीकरण और बाजारवाद के इस युग में जब "झूठ कपट छल पुजात जइसे गंगा जल/बाति के इमान का करे अचरनवें मरि गइल।' (पृ.सं. 29) तब स्नेह-नदी का सूखना स्वाभाविक है– 'सूखि गइलि नेह कऽ नदी हिया रेत परि गइल।" (वही) यह स्थिति गीतकार को अधिक दुस्सहय है, अधिक पीड़ा दायक है तभी तो इस संग्रह में स्नेह के सूखने और हृदय के रेत हो जाने का उल्लेख कई जगहों पर है–"रेत परल हियरा सुखलि सनेहिया।" (पृ.सं. 67) "सूखि गइलें सगरो सनेह कऽ झरनवाँ।' (पृ.सं. 93) "पनकेले नाई पिरितिया हो हियरा भइले ऊसर" (पृ.सं. 57) "पिरितिया पियरा गइलि।" (पृ.सं. 60) आदि। मिश्र जी को इसका कारण भी ज्ञात है– "रिसता सम्बन्ध भइल बाटे व्यवसाई/ पइसा के पाछे बा आचरन बिकाइल।" (पृ.स. 44) अर्थ ने ऐसा अनर्थ किया है कि "भाई-भाई बीचे भइल खाई हवे/नेह छोह के हिया उगल काई हवे।" अतः मिश्र जी भागमभाग, आपाधापी, छल, कपट, दंभ, पाखण्ड, स्वार्थ, तिरस्कार, इर्ष्या, द्वेष, लाभ, लोभ वाले इस संसार से परे उस ठाँव की तलाश करना चाहते हैं जहाँ मानव-मानव से प्रेम करे तथा जिन्दगी अमन-चैन से बीते–

"नेहिया कऽ नदिया रहे न जहाँ सूखल

मनई ना मनई से रहे जहाँ रूठल
चलीं अस हेरल जा ठाँव।
भेद भाव जाति-पाँत के न उड़े चिनगी
अमन-चमन कऽ बीते जहवाँ जिनगी
सोरी फँसे न जहाँ पाँव।
केहू अभिमाने बइठल रहे न चूर हो
रहें राजनीतिया से कोसनो दूर हो
भरि जाय हियवा कऽ घाव।

(पृ॰सं॰ 79)

भारतीय राजनीति आज पतन की जिस पराकाष्ठा पर पहुँची है उससे किसी भी संवेदनशील हृदय का दुखी और खिन्न होना स्वाभाविक है। स्वतंत्रता-संघर्ष काल के राजनीतिक गगन पर विराजमान सितारों ने अपनी प्रभापूर्ण आभा और भास्वरता से हमें पराधीनता के अंधकार से मुक्ति दिलायी थी, अपने आचरण-विचार कथनी और करनी में अभेद तथा सात्विकता-शुचिता से धवल भारत की नीव रखी थी, अपने विराट व्यक्त्वि से विराटता का सन्देश दिया था किन्तु न जाने क्यों आज उसी राजनीतिक क्षितिज पर ऐसे बौनों का उदय हो गया है जिन्होंने न केवल हमारे स्वतंत्रता सेनानियों/शहीदों/देशभक्तों के सपनों को चकनाचूर किया है बल्कि उनके दिखाये मार्गों की अनदेखी करते हुए अवसरवाद, भाई-भतीजावाद, मिथ्याचार, धूर्तता, लम्पटता, छल-छद्म, लूट-खसोट हत्या व्यभिचार, अनैकिता, षडयन्त्र, बेईमानी, मक्कारी, दबंगयी आदि के द्वारा इतना अन्धेर मचा दिया है कि स्वतंत्रता का प्रकाश धुंधलाने लगा है। गुण्डों, चोर, उचक्कों, तस्करों अपराधियों का अड्डा बनी राजनीति से आम आदमी संत्रस्त है–"धिंगरन कतलिन लुटेरवन कऽ राज भइल/उनहीं के माथे सत्ता कऽ ताज भइल/गोरन से कइस हूँ कटली गुलामी/अबभुजा-छोरवन कऽ भइली गुलाम।" (पृ॰सं॰ 68) आजादी के इतने वर्षों बाद भी लोग रोटी, कपड़ा, मकान के लिए तरस रहे हैं तो दूसरी ओर "केहू काट रहल रसगुल्ला करे दूध कऽ कुल्ला/कतहूँ भूखि बियापल बाटे रोटी खातिर हल्ला।" 'यह दशा इसलिए है–

जनता भइल भेड़ि हऽ बकरी आगे उनके छूछे पतरी
चोरन कऽ बइठल बा पटरी आइल बा गुण्डन कऽ ओसरी
लूटम लूट मचल बा अइसन चटकल बाटे खूब तसकरी
ऊभरि लिहलन आपन बखरी ई लपकें लाखन कऽ गठरी
हिनहू कऽ तऽ हवे चकल्लस मारें लें सोने कऽ मछरी
एको डेडुला निफरि न पावत अइसन इनकर जाल बा।

(पृ॰सं॰ 32)

डेडुला मछली और जाल के द्वारा मिश्र जी जो कहना चाहते हैं उसकी अभिव्यंजना

दूर तक जाती है। नेताओं का महाजाल जनता रूपी मछली को कितना विवश किये हुए है इसका अन्दाजा लगाना कठिन नहीं है।

जिस माली को उपवन की रखवाली करनी है, खाद-पानी देकर उसके विकास की व्यवस्था करनी है अगर वही उसके पत्तों को नोचने तथा फल फूलों को तोड़ने लगे तो उस उपवन की क्या दशा होगी? इसका अन्दाजा इस संग्रह की इन पंक्तियों से लगाया जा सकता है– "डारि पात जब नाहीं रहिहें, कइसे फरी फुलाई/ईहे हाल रही तऽ बगिया कहियो ऊजरि जाई/एके बेचे पर तुलल हऽ रखवार मितवा।" (पृ.सं. 36) इतना ही नहीं दुर्योग से उपवन की रखवाली की जिम्मेदारी अगर बन्दरों को मिल जाय तो फिर क्या पूछना? आज देश रूपी उपवन की रखवाली बन्दर कर रहें हैं–मिश्र जी गीत रचते हैं–

कइसे पइब पकनारी फरवा बचे न पावत डारी
बनरे हो गइले बारी कऽ रखवार मितवा।
पंख हंस के काटल जाता कउवा पावें आसन
बनि के संत बकुलवे करेलें सिकार मितवा।
बनरे हो गइलें बारी कऽ रखवार मितवा। (पृ.सं. 30)

इसी भाव-भूमि पर मिश्र जी ने एक दूसरा गीत लिखा है– 'खा कउवा मामा'। इसमें लोकोक्तियों और मुहावरों को न केवल नयी अर्थवत्ता प्राप्त है बल्कि तल्खी और आक्रोश के स्वरों ने व्यंग्य-विधान की मारक क्षमता को अधिक धारदार बना दिया है–

मासू कऽ मोटरी ह गीध रखवार बा
चामे कऽ बेरहा कूकूर रखवार बा
नाथ नाहीं पगहा खाला खेत गदहा
बकुलन के सँउपल बा ताले कऽ मछरी।
खा कउवा मामा गदा गइल जोन्हरी।

(पृ.सं. 53)

मिश्र जी ने सामाजिक राजनीतिक विसंगतियों-विडम्बनाओं पर सधा निशाना साधा है। भ्रष्टाचार का पौधा जाड़ा-गर्मी-वर्षा यानी हर मौसम में हरा भरा होकर फल-फूल रहा है– "भ्रष्टाचार सदाबहार अस, बा हरदम हरियाइल। जाड़ा गरमी बरखा सभ दिन बाटे रहत फुलाइल।" (पृ.सं. 67) इस भ्रष्टाचार रूपी पौधे की जड़ें इतनी गहरी हैं कि आन्दोलनों के चक्रवात भी इसका कुछ बिगाड़ नहीं पा रहे हैं–

एकर सोरि पताले हवे पुलुई छुवत अकास बा
आगी पानी कुछ नाहीं बुझत ना कुछ करत बतास बा
कइसो आन्ही आइल बाकिर तबो ना भहराइल
भ्रष्टाचार सदाबहार अस, बा हरदम हरियाइल।

(पृ.सं. 82)

रामनवल जी 'लोक कवि' के रूप में समादृत हैं तो इसलिए कि वे वातानुकूलित कमरे में बैठकर 'लोक' का अवलोकन नहीं करते बल्कि उसमें रच-बसकर, संग-साथ चलते-बोलते बतियाते हुए यथार्थ का भोक्ता बनकर काव्य-साधना में प्रवृत्त होते हैं। उनकी चिन्ता धारा में 'लोक' सतत अवगाहन करता रहता है। वह उन के मानस पटल पर इस तरह विराजमान है कि एक क्षण के लिए भी उनसे अलग नहीं हो पाता। लोक के सुख-दुख कवि के सुख-दुख हैं। उनके गीतों में लोक-रस की संजीवनी है। तीज, त्योहारों, पर्वों-समारोहों की उत्सवधर्मिता है। ऋतुओं की अँगड़ाई है। फूलों वनस्पतियों की रंगीनी है। भौरों का गुनगुन और पक्षियों की चहचहाहट है। सावन की रिम-झिम, कार्तिक की जुन्हाई और फागुन की मस्ती है लेकिन इन सबसे अलग जो तत्व मिश्र जी की रचनाधर्मिता में सर्वाधिक विद्यमान है—वह है—निर्धनता, अभाव, दुख, दारिद्रय की पीड़ा का दंश। इसकी चुभन से मिश्र जी तिलमिला उठते हैं और उन कारणों की पड़ताल में जुट जाते हैं जो ग्रामीणों की इस दशा के लिए उत्तरदायी हैं। यही कारण है कि उनके गीतों में गाँव की बेबसी, लाचारी मान-अपमान, सुख-दुख, झगड़ा-संघर्ष, ईर्ष्या-द्वेष, बेईमानी-वैमनस्य अपने सम्पूर्ण यथार्थ के साथ उपस्थित है। गाँव के लोग अपनी सिधाई और भोलेपन के लिए जाने जाते रहे हैं। लेकिन आज गाँव का शहर में प्रवेश क्या हुआ लोगों का ईमान धरम बिकने लगा— "बिके लागल इमनवाँ बजरिया में/लोग बसे लागल जा-जा सहरिया में।" इसका परिणाम यह हुआ— "छल परपंच फुलाइ रहल गउवाँ/एक दूसरा कऽ खींचत हवे पउवाँ/केतनो बचावे गडि गडि जाला/अस कँटवा बोआ गइल डगरिया में।" (पृ.सं. 59) गाँव में घुसते शहर और शहर में विलीन होते गाँव से उपजी विसंगतियों और विडम्बनाओं पर मिश्र जी की पैनी नजर है। उनका मानना है कि गाँव में शहर के प्रवेश ने गाँव की रीति-नीति को ही बदलकर रख दिया है। आपसी भाई-चारा, स्नेह-सौहार्द्र, मधुर व्यवहार तो बदला ही है गीत-संगीत, तीज-त्योहार की रंगत भी बदल गयी है। इतना ही नहीं अमृत के कूँड़े में ईर्ष्या-वैमनस्य, उठा-पटक, छीना-झपटी, अपमान-तिरस्कार का जहर घुल गया है—

हमरे गउँवा में अइसन समाइल सहर
अब बदलि गइल बाटे इहाँ कऽ डगर
पइठि गइलि राजनीति रीति चिटके लगलि
जइसे कपड़ा पुरान प्रीति मसके लगलि
गुजरे लागल अँगनवा पऽ हउवे कहर
कहाँ गइल गीत गमकत उ चहकत तिउहार
ऊ आपुस क मिलना मिठऊ बेवहार
बा इमरित क कूँड़ा घोराइल जहर (पृ.सं. 48)

'अहा ग्राम्य जीवन भी क्या है अथवा 'हे ग्राम देवता नमस्कार' आदि के

द्वारा ग्राम्य-जीवन संस्कृति और संस्कार के प्रति संवेदना, सहानुभूति और सम्मान का भाव अवश्य प्रदर्शित किया गया है किन्तु ग्रामीण जीवन और परिवेश में उतरकर, गहरायी तक धँसकर उसकी समस्याओं का साक्षात्कार बहुत ही कम रचनाकारों ने किया है। रामनवल जी चूँकि गाँव से जुड़े हुए हैं इसलिए उनके गीतों में ग्राम्य-जीवन की समस्याओं का घटाटोप है– "एक न एक समस्या हरदम बाटे चढ़ल कपारे पर/चलति हवे जिनगी कऽ गाड़ी करजा अउर उधारे पर।" (पृ.सं. 46) एक दूसरे गीत में मिश्र जी कर्ज के भार से दबी जिन्दगी को उधार की जिन्दगी मानते हैं– "एक-एक दिन हवे पहार भइलि जिनगी/करजा के भार हऽ उधार भइलि जिनगी।" (पृ.सं. 94) प्रेमचन्द ने कहा था कि किसान का बेटा कर्ज में पैदा होता है और कर्ज में ही मर जाता है। रामनवल जी इसी भाव को यों प्रकट करते हैं –जिसमें 'थूरल मूजि' का प्रयोग अदभुत है– "कटते रहि जात हईं कटत नाई काई/पटते रहि जात हईं रिनिया कऽ खाई/साँस-साँस एही में गलत खपत बाटे/थूरल मूजि नीयर तार-तार भइल जिनगी।" (पृ. वही)। ग्रामीण जिन्दगी भर कर्ज चुकाता है लेकिन कर्ज है कि चुकता नहीं। इसी समस्या की चक्की में पिसकर उसकी जिन्दगी दो दाल हो जाती है– 'केतनो भरीले रिन रहि जाला बाकी/बाटीं दरात हऽ समस्या के चाकी/दरि के ह जिनिगिया दुई दाल भइल बाटे।" (पृ.सं. 76)

रामनवल जी कृषि-संस्कृति के कवि हैं इसलिए उनके गीतों में खेती किसानी सम्बन्धी भाव-बोध, उपमान और बिम्ब सहज ढंग से आये हैं। बाढ़-सूखा, अकाल-अभाव के दृश्यांकन में स्वाभाविकता, मार्मिकता के साथ कारुणिकता की भरमार है किन्तु गीतकार जहाँ इनसे मुक्त हुआ है वहाँ सावन की रिमझिम, गीत गाती धान की रोपनी-निरवनी करती ग्राम बालाओं के आसमान में उड़ते आँचल, बसन्त की पिचकारी से लाल हुई गोरी की चुनरी, भिनुसारे महुआ के झरते फूल को डोलची अथवा आँचल में भरती धनियाँ, पुरवइया बयार की मादकता आदि के वर्णन मन मोहक हैं। बसन्त ऋतु में प्रकृति के दुल्हन जैसे सज जाने का यह दृश्य गीतकार के सौन्दर्य-बोध का परिचायक है– "प्रकृति बनल जहवाँ बाटे दुलहिनिया/अजबे अजबे रंगे कइले सिंगार बा/लाल फूल मटरा के बिंदिया लगावेली/लतरी के फूले आँखि कजरा सजावेली/जुरवा गुहेली सरसोइया क फुलवा/ओसिया क बूँद गरे मोतिया क हार बा।" (पृ.सं. 41) नारी-सौन्दर्य उपमानों की नवीनता से निखर उठा है– "गलवा ह गोहूँ के पिसनवाँ क लोई/देहिया चिकन जइसे उरदे क धोई। (पृ.सं. 28)

'सूखि गइलि नेह कऽ नदी' भावों की विविधता का संग्रह है। यह गीति शैली में ग्रामीण-समाज का दर्पण है। इसमें स्नेह, सौख्य, सद्भाव की अपेक्षा कटुता, तिक्तता, अमैत्री, अलगाव, ईर्ष्या-द्वेष आदि के चेहरों का प्रतिबिम्बन अधिक है जबकि रामनवल जी स्नेह-सरिता के प्रवाह की आकांक्षा के कवि हैं इसलिए वे मानव मात्र से अपील करते हैं कि– "अइसन चाल चलऽ ए भइया/राम रहारी रहे बनल।"

'सुरभि सप्तशती' : जन-जीवन में सौरभ की आकांक्षा

प्रवासी साहित्यकारों में प्रो॰ हरिशंकर आदेश एक ऐसा नाम है जिसने गद्य और पद्य दोनों में ही अपनी प्रतिभा का श्रेष्ठ निदर्शन कराते हुए हिन्दी भाषा और साहित्य को समृद्ध करने का प्रयत्न किया है। नाटक, कहानी, उपन्यास, निबन्ध आदि गद्य विधाओं के अलावा महाकाव्य, खण्ड काव्य, मुक्तक तथा संगीत आदि की दो सौ चौसठ पुस्तकों की लम्बी सूची देखकर कोई भी चौंक सकता है और उसके मन में यह प्रश्न उठना स्वाभाविक है कि प्रो॰ आदेश को इतना विपुल साहित्य रचने का अवकाश कब मिला होगा? इसका उत्तर 'सुरभि सप्तशती' के पूर्व कथन' में उन्होंने स्वयं दे दिया है– "मैं समय को निष्क्रिय रहकर व्यर्थ खोना पाप समझता हूँ ..मैंने आज तक समय के साथ कभी खिलवाड़ नहीं की है। मैं समय को देवता मानता हूँ, ईश्वर का रूप मानता हूँ।" यही कारण है कि साहित्य-सृजन के लिए उन्हें ब्राह्म मुहूर्त अथवा विशेष पल की तलाश नहीं रहती– "मेरे काव्य-सृजन का कोई निश्चित समय, सीमा, देश और काल नहीं होता। भाव अथवा विचार आकाश में सर्वदा विद्यमान रहते हैं। जब भी कवि के मन की तरंगे उन्हें पकड़ लेती हैं, वह उसे लिपिबद्ध कर लेता है।" (पृ.सं॰ 9) जाहिर है अनमोल पल– "भूल नहीं आदेश तू, पल-पल है अनमोल" को कभी बेकार नहीं करने वाला– "कभी न कर आदेश तू कोई पल बेकार" ही इतना प्रचुर साहित्य लिख सकता है। यहाँ यह प्रश्न भी उठ सकता है कि परिमाण में इतना अधिक सृजन कहीं साहित्यिक मान-मूल्यों की अनदेखी कर तो सम्भव नहीं हुआ है, कहीं काव्य-सौष्ठव की उपेक्षा तो नहीं की गयी है? इन प्रश्नों की झड़ी लगाने वालों को निरुत्तर करने के लिए प्रो॰ हरिशंकर आदेश ने यह दोहा रचा है– "सौष्ठव ही साहित्य का, सौष्ठव गुण कहलाय/सौष्ठव सौष्ठव काव्य में, कवि-सौष्ठव से आय।" (पृ.सं॰ 22) फिर भला काव्य-सौष्ठव के प्रति सजग रचनाकार का साहित्य सौष्ठव की उपेक्षा करने वाला कैसे हो सकता है? प्रो॰ आदेश महाकवि हैं। उनका कवि-कर्म व्यापक और उदात्त है। उन्होंने 'वाक् देवी' की साधना की है। अपने अनुभव-क्षेत्र को विस्तृत किया है। अध्यवसाय तथा अभ्यास से अपनी प्रतिभा को निरन्तर निखारा है। यही कारण है कि उनका साहित्य

परिमाण में जितना विपुल और विशद है, प्रस्तुति, भाव और प्रयोजन में उतना ही उकृष्ट और महान है।

इधर के वर्षों में कविता को गद्य के आवरण से मुक्ति दिलाने के प्रयासों में तीव्रता आयी है। कई कवियों ने राग, लय, ताल, छन्द निबद्ध सरस काव्यों की रचना की है। इसी प्रयत्न में जहाँ अनेक पुराने छन्दों की वापसी हुई है वहीं रचनाकारों ने 'सतसई' और 'सप्तशतियाँ' रचकर 'दोहा' छन्द की ताकत को फिर से आजमाया है। प्रो॰ हरिशंकर आदेश ने चार महाकाव्यों और अनेक खण्ड काव्यों के अलावा कई दोहा सप्तशतियाँ हिन्दी-जगत को दी हैं। 'सुरभि सप्तशती' उनमें से एक है। यद्यपि कवि ने इसे "अपनी ट्रिनिडाड और अमेरिका की यात्राओं के मध्य समय यापनार्थ सृजित किया है।" (पूर्व कथन-पृ॰सं॰ 11)। तथापि इसमें भाषा की प्रौढ़ता, सामासिकता, कलात्मकता एवं सुष्ठु शब्द-चयन आदि विशेषताएँ मौजूद हैं। दोहा लिखने के लिए कवि में जिस शब्द-लाघव, वैचक्षण्य, नैपुण्य एवं भाव-गाम्भीर्य की अपेक्षा होती है वे सभी गुण प्रो॰ आदेश में विद्यमान हैं इसीलिए यात्रा-काल में रचित होने के बावजूद 'सुरभि सप्तशती' के दोहे अभिव्यंजना और प्रभावात्मकता में कमजोर नहीं हैं बल्कि चिन्तन, भावना, सन्देश, उपदेश और कलात्मक उत्कर्ष में कहीं तुलसी, कहीं कबीर और कहीं बिहारी की याद दिलाते हैं।

ऐसा लगता है कि सुरभि आदेश गोवर्द्धन को समर्पित– 'ओ मेरी ममता-सुरभि, सुरभि कोटिशः प्यार/'सुरभि सप्तशती' भेंट है, करो सुते स्वीकार।" सात सौ दोहों के इस संग्रह का नामकरण कवि ने अपनी बिटिया 'सुरभि' के नाम पर किया है किन्तु इसका वर्ण्य-विषय जीवन और जगत के नाना व्यापारों, घात-प्रतिघातों, स्वार्थों-संकीर्णताओं, तुच्छता और न्यूनताओं को बनाया है। उसने यह स्वीकार किया है– "इसमें आप बीती की अपेक्षा जग बीती का अंश अधिक है" (पूर्व कथन-पृ॰सं॰ 14) कवि ने जन-जीवन को बहुत निकट से देखा-परखा है। जीवन मूल्यों का अधः पतन, नैतिकता का ह्रास, अर्थ लोलुपता, कामान्धता, स्वच्छन्दता, समलैंगिकता, नग्नता, फूहड़ता, भ्रष्टाचार, कदाचार, अन्याय, अमानवीयता, साम्प्रदायिकता, बिखरन, भटकाव, आतंक, वैमनस्य, शासन-शैथिल्य, यौन-शोषण, चरित्र हीनता, पौरुषहीनता, नारी की वस्त्र विहीनता आदि ने उसे दुखी और विचलित किया है। वह इन सड़ान्धों से मुक्ति चाहता है। अन्धकार और अविवेक का तिरोधान चाहता है। ईर्ष्या-द्वेष का नाश चाहता है। दुख-द्वन्द्व का विनाश चाहता है। वह चाहता है कि संशय की प्राचीर ढहे तथा विश्वास का कमल खिले– "ढह जाए मन से सकल, संशय की प्राचीर/खिलें कमल विश्वास के, उर सरिता के तीर।" (पृ॰सं॰ 64) इसीलिए वह शुभ्र आलोक की कामना करता है जिससे जीवन सुरक्षित और सुखी हो– 'पड़े नहीं धूमिल कभी, रवि का शुभ्रालोक/जीवन हो सुरभित सुखी, होय न किन्चित शोक।" (पृ॰सं॰ 65) 'सुरभि सप्तशती' इसी अभिलाषा और आकांक्षा की सप्तशती है।

आलोच्य कृति के अध्ययन से यह निष्कर्ष निकाला जा सकता है कि प्रो॰ आदेश कोई काव्यशास्त्री नहीं हैं फिर भी इस ग्रन्थ में उन्होंने कविता सम्बन्धी कुछ महत्त्वपूर्ण बातें कहीं हैं। आज की कविता गद्य के जंगल में इस तरह फँस गयी है कि उसे सरसता और सहजता का मार्ग ही नहीं मिल रहा है। उसमें 'लोक' की बातें अवश्य हो रही हैं किन्तु उसे 'लोक' अपनी स्मृति में धारण नहीं कर पा रहा है। गेयता रहित होने के कारण उसके स्मरण की समस्या उत्पन्न हो गयी है। आज कवियों की संख्या निरन्तर बढ़ रही है लेकिन उसकी तुलना में पाठकों की संख्या घट रही है। यही सब देख सुनकर प्रो॰ आदेश ने यह बताना चाहा है कि कविता कैसी होनी चाहिए– "कोमल कलित पदावली, भाषा हो सुकुमार/शुद्ध सरल रस-सिक्त हो, कविता का संसार।" (पृ॰सं॰ 18) कविता और जीवन के सम्बन्धों पर भी कवि ने अपना अभिमत दिया है। उसकी राय में जीवन से कटी कविता का कोई अस्तित्व नहीं है। कविता सार्थक वही है जो जीवन से सम्वाद करती है। जो ऐसा नहीं करती वह उन्माद मात्र है– "जो कविता करती नहीं, जीवन से संवाद/वह होती है काव्य का, मात्र एक उन्माद।" (पृ॰सं॰ 22) सदियों से यह प्रश्न आलोड़ित-विलोड़ित करता रहा है कि कविता का उद्देश्य क्या है? उसका प्रयोजन क्या है? प्रो॰ आदेश की राय में साहित्य और संगीत की भूमिका जीवन को सरसता प्रदान करने में है– "जीवन को कर दे सरस, साहित्य और संगीत।" (पृ॰सं॰ 59) गीत और संगीत में रंजकता होनी चाहिए। हृदय को सराबोर करने की क्षमता होनी चाहिए। इनके बिना गीत-संगीत उत्तम नहीं माना जा सकता– "जिसमें रंजकता न हो, छुए न अन्तर-भीत/कभी न हो उत्तम प्रिये! गीत और संगीत।" (पृ॰सं॰ 21)

कोई कहीं भी चला जाए, कहीं भी अपने को प्रतिष्ठित कर ले किन्तु उसका मन घूम फिर कर अपनी धरती, अपने देश वैसे ही लौट आता है–जैसे– 'उड़ि जहाज को पंछी फिर जहाज पै आवै।" प्रो॰ हरिशंकर आदेश का जन्म भारत में हुआ। नियति उन्हें ट्रिनिडाड ले गयी–वहाँ से कनाडा और फिर अमेरिका– "भारत में जन्मित हुए, विधि लाया ट्रिनिडाड/पुनः कनाडा ले गया, हुआ विकास अबाध।" (पृ॰सं॰ 81) किन्तु वहाँ अपना अबाध विकास करने, अपने को महत्त्वपूर्ण बना लेने पर भी कवि के मन में यह प्रश्न उठता रहा है कि वह किसे अपना देश घोषित करे– "करूँ प्रिये किस देश को, घोषित अपना देश।" (पृ॰सं॰ वही) जाहिर है जननी और जन्मभूमि का स्थान कोई नहीं ले सकता– "जननी जन्मभूमिश्च स्वर्गादपि चिर गरीयसी"। प्रो॰ अदेश के मन का द्वन्द्व स्वाभाविक है। एक ओर अपनी जन्मभूमि दूसरी ओर वैभव, विलासिता और सम्पन्नता के देशों में कर्मभूमि ही नहीं महत्त्वपूर्ण प्रतिष्ठा और सम्मान की प्राप्ति किन्तु कवि विदेश में रहता अवश्य है–प्राण तो उसका भारत में ही बसता है– "कनाडा, ट्रिनिडाड हो, या अमेरिका देश/परन्तु भारत देश में प्राण पड़े आदेश।" (पृ॰सं॰ 83) यही कारण है कि कवि प्रवास में भी अपने देश भारत के

बारे में सोचता है। अपने देश की समस्याओं पर विचार करता है। भारत की दुर्दशा से दुखी होता है। लोगों की पीड़ाएँ उसे पीड़ित करती हैं। वह सांस्कृतिक अधःपतन के कारणों का विश्लेषण करता है। वर्तमान का छिद्रान्वेषण एवं अतीत का गुणगान करता है। भारतीयों को निद्रा से जगाने के लिए महापुरुषों की गाथाएँ सुनाता है। संकटों से मुक्ति के लिए ईश्वर से प्रार्थना करता है। लोगों को नेक और भला काम करने की सीख देता है। आतंकवाद से जूझने के लिए निडरता एवं साहस का आदेश देता है। इन्हीं भावनाओं, विचारों, सन्देशों एवं उपदेशों की अभिव्यक्ति 'सुरभि सप्तशती' में हुई है। इसके माध्यम से वह सौरभ फैलाना चाहता है। लोक-मंगल का विधान-चाहता है। वह चाहता है कि भारतीय अपने मंगल कर्मों से समय-ग्रन्थ में एक नया इतिहास लिखें– "कर-कर मंगल कर्म तू, लिए आत्मविश्वास/समय-ग्रन्थ में लिख विमल एक नया इतिहास।" (पृ.सं. 27)

कवि की अभिलाषा स्वस्थ व्यक्ति एवं स्वस्थ समाज के निर्माण की है किन्तु उसे चारों ओर निराशा, हताशा, अमानवीयता, नृशंसता, क्रूरता, कृत्रिमता एवं अशुचिता दिखाई देती है। इनसे मुक्ति के लिए जब वह छटपटाता है तब उसकी वाणी सहज और सपाट हो जाती है। वह लोगों को उपदेश देने लगता है– "सोच समझकर ही करो, शब्दों का उपयोग/जो पीड़ा दें अन्य को, करो न शब्द प्रयोग।" (पृ.सं. 49) कबीर ने "ऐसी बानी बोलिए, मन का आपा खोय/ औरन को शीतल करें, आपहुँ शीतल होय।" का उपदेश दिया था। महाकवि हरिशंकर आदेश उन्हीं की तर्ज पर यह कहते हैं– "जो पर पीड़ा हर सकें, बोल सदा वे बोल/बन प्रगल्भ मत, शब्द को, बोल नाप औ तोल।" (पृ.सं. 49) संसार में चारों ओर कटुता और वैमनस्य फैल रहा है। लोग एक दूसरे के खून के प्यासे हो रहे हैं। ऐसे विषाक्त परिवेश में मधुर वाणियाँ ही दूरियाँ मिटा सकती हैं–लोगों को एक दूसरे के निकट ला सकती हैं–कवि का कहना है–"वाणी से ही मित्रता, वाणी से ही बैर/अपना बन जाये जगत, या बन जाये गैर।" (पृ.सं. 48)

भूमण्डलीकरण और बाजारवाद से उपजी अर्थलोलुपता के कारण किसी के भी पास एक क्षण का अवकाश नहीं है। वह येन केन प्रकारेण धन संग्रह में जुटा है। अर्थ-पिपासा की शान्ति के लिए नीति-अनीति को भी ताख पर रख चुका है। उसे अमीर बनना है–चाहे जैसे भी हो। इसी आपाधापी में वह ऊँच नीच भी नहीं देखता। कवि विधि-विधान का संकेत करते हुए कहता है–"सावधान होकर चलो, चाहे कितना मित्र/जो भी मिलना मिलेगा, प्रभु का नियम विचित्र।" (पृ.सं. 57) निराश एवं हताश लोगों के मन में आशा और विश्वास भरने के लिए कवि ने कई दोहों की रचना की है। उसका मानना है कि टूटे और हारे हुए लोगों के लिए आशा और विश्वास बैसाखी की तरह हैं– "आशा औ विश्वास दो, बैसाखी अनमोल/रख 'आदेश' सँभाल पग, पंथ टटोल टटोल।" (पृ.सं. 37) भाग्य भरोसे नहीं बैठा जा

सकता। अगर भाग्य को चमकाना है तो भगवद भजन के साथ-साथ कर्म करना जरूरी है– "प्रभु की शरण ग्रहण करो, करो प्रार्थना नित्य/कर्म करो चमकाएगा, वही भाग्य-आदित्य।" कबीर ने कहा था– 'काल्ह करै सो आज कर"। 'सुरभि सप्तशती' का दोहाकार कहता है– 'कल-कल-कल-कल क्यों करे, करना कर तत्काल/नहीं भरोसा काल का, चले तस्करी चाल।" (पृ.सं. 93)

महाकवि आदेश ने भक्ति और नीति विषयक दोहों को उपदेश परक शैली में लिखा है। रामभक्ति को निर्वाण प्राप्ति का उपाय बताते हुए वे लिखते हैं– "राम नाम ही प्राण है, राम सृजन, निर्माण/राम-राम जपते रहो, पाओगे निर्वाण।" (पृ.सं. 29) भक्तिकालीन कवियों की तरह इन्होंने भी भोग को सभी दुखों का मूल माना है– 'मनुजेतर वपु से सदा, सम्भव केवल भोग/भोग दुखों का मूल है, बने न आनन्द योग।" (पृ.सं. 43) अतः महाकवि की सलाह है– 'भोगों से मन को हटा, कर्म करे निष्काम। ब्रह्म प्राप्ति हित साधना, साधक करे ललाम।" (पृ.सं. 44)

सौन्दर्य और प्रेम निरूपण में महाकवि आदेश ने परम्परित उपमानों का नवीन प्रयोग किया है। उत्तुंग उरोज गिरि सम खड़े हैं, जिन्हें देख मनोज विस्मृत हो गया है– "गर्व सहित गिरि सम खड़े, युग उत्तुंग उरोज/भूल गया 'आदेश' रति जिनको देख मनोज।" (पृ.सं. 19) रूपसि के चन्चल चितवन रूपी अचूक बाण बिना रक्तपात के ही प्राण हर लेते हैं– "चन्चल चितवन के चला, चित पर अचूक बाण/रक्तपात बिन ले गयी, रूपसि पल में प्राण।" (पृ.सं. 19) चोरी की प्रक्रिया में दर्शन और स्पर्श जरूरी होता है। चोरी किस वस्तु की हुई इसका भी भान होता है किन्तु 'सुरभि सप्तशती' में कवि की नायिका बिना दर्शन और स्पर्श के ही चित्त चुरा ले गयी, उसका तनिक भान भी नहीं हुआ– "बिना दर्श औं स्पर्श के, बिन बोले कर मान/चित्त चोरी कर ले गयी, हुआ न किंचित भान।" (पृ.सं. 19)

वर्तमान समय में 'प्रेम' शब्द का बहुत अपकर्ष हुआ है। यही कारण है कि कवि केदारनाथ सिंह 'प्यार' के स्थान पर 'सड़क' शब्द लिखने की बात करते हैं– "जहाँ लिखा है प्यार-वहाँ लिख दो सड़क/कोई फर्क नहीं पड़ता।" प्रो. आदेश 'प्रेम' को काम-वासना से रहित परम आत्मीयता का स्वरूप मानते हैं– "प्रेम नहीं है वासना, प्रेम नहीं है काम/आत्मीयता का परम, प्रेम दूसरा-नाम।" (पृ.सं. 46) उन्हें यह उद्घोष इसलिए करना पड़ा है क्योंकि आज की नारियाँ प्रेम-वासना में इतनी लिप्त हो गयी हैं कि उनके लिए धर्म, सभ्यता और संस्कृति महत्त्वहीन हैं– "मात्र वासना है प्रबल, कहती जिसको प्यार/धर्म, संस्कृति, सभ्यता तजने को तैयार।।" (पृ.सं. 86) कवि चाहता है कि लोग आदर्श प्रेम के पथ पर गतिमान हों। सच्चा और आदर्श प्रेम बहुत प्रभावकारी होता है–उसमें मरुस्थल को नन्दनवन बनाने की क्षमता होती है– "पाहन को पानी करे, पानी लगाए आग/मरु को नन्दनवन करे, प्रिय! सच्चा अनुराग।" (पृ.सं. 46)

चारित्रिक और नैतिक पतन जिस तीव्रता से हो रहा है उसके कारणों की पड़ताल जरूरी है। कवि/लेखक अपने ढंग से इस पर विचार कर रहे हैं। 'सुरभि सप्तशती' में भी इस पर चिन्तन हुआ है। कवि को लगता है कि समाज में अश्लीलता बढ़ाने में टी॰वी॰ और इन्टरनेट आदि का बहुत हाथ है– "कम्प्यूटर पर देखकर, दृश्य अत्यन्त अश्लील/अच्छे-अच्छों का अपल, भंग-क्षरण हो शील।" (पृ॰सं॰ 51) जब समलैंगिकता का समर्थन किया जाए, कानूनी तौर पर विवाह होने लगे तब किसी रचनाकार का चिन्तित होना स्वाभाविक है। प्रो॰ आदेश की दृष्टि में समलैंगिकता अमानवीय एवं चारित्रिक पतन है– "मात्र अमानुषता है यह, नैतिकता का ह्रास/नारी-नारी और नर, नर संग करें विलास।" (पृ॰सं॰ 89) आज के बच्चों को बहुत कम उम्र में ही जवान कर दिया जा रहा है जिसका दुष्परिणाम यह कि सुरा-सुन्दरी के चक्कर में पड़कर वे अपना विनाश कर रहे हैं। उन्हें अल्पायु में ही रति-रंग की ओर कौन धकेल रहा है–यह एक बहस का मुद्दा हो सकता है किन्तु कवि की यह चेतावनी है– "बच्चों के सम्मुख कभी, करो नहीं रति-रंग/कभी न लाओ भूलकर, किंचित प्रौढ़ प्रसंग।" बच्चों को हम जैसा बनाना चाहेंगे–वे वैसा ही बनेंगे। इसलिए यह जरूरी है कि हम उन्हें उत्तम शिक्षा देकर उत्तम इन्सान बनाएँ– "यदि देना ही चाहते, संगति को धन-दान/उत्तम विद्या ही सदा, कीजे उन्हें प्रदान।" (पृ॰सं॰ 75) कवि को कॉन्वेन्ट शिक्षा पर भरोसा नहीं है–वह उसे भारतीयता और भारतीय संस्कृति का विनाशक मानता है– "कॉन्वेन्ट शिक्षा करे, भारतीयता नाश/मधुर गरल-सी कर रही, संस्कृति सत्यानाश।" (पृ॰सं॰ 51) आज की शिक्षा प्रणाली बच्चों को खेलने कूदने का अवसर ही कहाँ दे रही है? उनका जितना वजन है–उससे कहीं अधिक वजनी उनकी पुस्तकें हो गयी हैं। वे दिन भर विद्यालय में रहते हैं और रात को गृह-कार्य में व्यस्त। उन्हें विश्राम करने का भी समय नहीं मिल रहा है– "दिन भर विद्यालय रहें, रात गये गृह-काम',कब खेलें, कब कर सकें, बच्चे अब विश्राम।" (पृ॰सं॰ 51) जाहिर है–यह स्थिति समाप्त होनी चाहिए तभी बच्चों का तन-मन स्वस्थ रहेगा और वे महान देश के महान नागरिक बन सकेंगे। कवि की अभिलाषा है कि स्वस्थ समाज और स्वस्थ राष्ट्र का निर्माण हो। इसके लिए जरूरी है कि सभी लोग तन-मन से निरोग हों–शतायु हों। सुन्दर स्वास्थ्य तभी मिल सकता है–जब आहार-विहार में नियमितता हो– "भोजन, अवगाहन, शयन, भजन न नियमित होय/चाहे अमृत पानकर, स्वास्थ्य न संयत होय।" (पृ॰सं॰ 74)

प्रो॰ हरिशंकर आदेश ने जयललिता, ममता और मायावती को आधार बनाकर कुछ दोहों की रचना की है– "जयललिता हैं चेन्नई, ममता हैं बंगाल/उत्तर प्रदेश में चले 'माया' का भूचाल।" (पृ॰सं॰ 71) इनके कार्यों की ओर भी कवि का ध्यान है– "एक कहे निज को दलित, दले सभी का शीश/एक सफल अभिनेत्री, मोहित करे मुनीश।" (पृ॰सं॰ 71) इससे यह अन्दाजा लगाया जा सकता है कि एक प्रवासी

भारतीय को कितनी खबर है?

'सुरभि सप्तशती' में कवि की निजी अभिव्यक्तियाँ भी हैं जिनसे उसके श्रम, अध्यवसाय, सुख-दुख, यात्रा-प्रसंग आदि की जानकारी मिलती है—साथ ही विदेशों की सुख-सुविधाओं, अभावों और कठिनाइयों का पता भी चलता है– "जाते हैं ट्रिनिडाड को, अब छोटे ही यान/साँसत में रहते सदा, यात्री गण के प्राण।" (पृ.सं. 67) 'सुरभि सप्तशती' की रचना कब और किस मनः स्थिति में हुई-इसका उल्लेख कई दोहों में हुआ है। कवि ने कुछ दोहों की रचना दन्त-चिकित्सक के यहाँ आते-जाते हुए की है– "दन्त चिकित्सक के यहाँ, जाते ले अति क्लेश/सुरभि चलाती कार है, काव्य रचे 'आदेश' (पृ.सं. 81)

आज संसार जिन समस्याओं से जूझ रहा है—उनमें युद्ध और आतंक के संकट सबसे प्रबल हैं। आये दिन नये-नये हथियारों के आविष्कारों और परीक्षणों से विश्व-शान्ति को खतरा पैदा हो गया है। अतः हथियारों की होड़ समाप्त होनी चाहिए अन्यथा संसार का संहार हो जाएगा– "मानव ने निर्मित किए, अति विषाक्त हथियार/करने को उद्यत जगत, अपना ही संहार।" संसार के अधिकाँश देश आतंकवाद से त्रस्त हैं। नीति का कायदा त्यागकर अलकायदा जन-जीवन की शान्ति भंग करने में रत है—"त्याग नीति का कायदा, विकृत कर जग-कान्ति/अलकायदा हनन करे, जन-जीवन की शान्ति।" (पृ.सं. 53) इसीलिए कवि ईश्वर से प्रार्थना करता है—'सकल संकटों का करो, अब तो अपल विलोप।" जिससे "जीवन हो सुरभित सुखी, होय न किंचित-शोक।" (पृ.सं. 65) 'सुरभि सप्तशती' का यही काम्य भी है जिसमें कवि को पर्याप्त सफलता मिली है। वह हमेशा यही चाहता है "मंगलमय अनुभूति हो, सुखप्रद हो अनुमान।" (पृ.सं. 64)

शब्दाडम्बर और कृत्रिमता से रहित सहज-सरल शब्दों में रचित 'सुरभि सप्तशती' सतसई-परम्परा में अपना विशिष्ट स्थान बनाने में सक्षम है।

'जीवन का इतिहास यही है' में जीवन-बोध एवं राग-विराग

जीवन एक जटिल एवं अबूझ पहेली है फिर भी इसे सुलझाने के सतत प्रयत्न होते रहे हैं। डॉ॰ नथमल झँवर ने भी अपने ढंग से इसे जानने-समझने का प्रयास किया है—जिसका परिणाम है—उनका काव्य-संग्रह 'जीवन का इतिहास यही है'। इस संग्रह की अधिकांश कविताएँ जीवन-जगत के नाना व्यापारों को निकट से देखने एवं जाँचने-परखने का प्रमाण देती हैं। जीवन की सुख-दुखात्मक अनुभूतियों की अभिव्यंजना के साथ ही उसकी व्याख्या करती हैं और यह उपदेश भी देती हैं– "प्रेम बरसाओ यही है जिन्दगी/हँसी बिखराओ यही है जिन्दगी/खुशनुमा जीवन दिया है प्रभु ने/जग को महकाओ यही है जिन्दगी।" (पृ॰सं॰ 122) यह इसलिए जरूरी है क्योंकि "दिन गँवाया, धन के पीछे भागते/बीत सारी गयी रातें, जागते/पर बुझा पाया नहीं तृष्णा तनिक/गँवा दी सारी उमर पर क्या मिला?" (पृ॰सं॰ 28) अतः "रे! मनुज तू इसे पुष्पों सा खिला।" (पृ॰सं॰ 28) वस्तुतः इस संग्रह का प्रमुख स्वर यही है।

छन्द, मुक्त छन्द एवं गीत विधा में रचित 'जीवन का इतिहास यही है' तीन खण्डों में विभक्त है। खण्ड एक और दो में क्रमशः 42 और 29 कविताएँ तथा खण्ड तीन में 71 मुक्तक हैं। इनमें सर्वाधिक कविताएँ जीवन के रहस्यों का उद्घाटन करती हैं। कर्त्तव्याकर्तव्य का विवेक पैदा करती हैं। जीवन को खूबसूरत बनाने की प्रेरणा देती हैं। उत्कर्षापकर्ष में द्वन्द्वहीन रहना सिखाती हैं। जीवन में लय, ताल एवं अनुशासन की आवश्यकता बताती हैं। राग-रंग एवं सौन्दर्य बोध उपजाती हैं। जीवन की क्षणभंगुरता एवं संसार की नश्वरता का उल्लेख करती हैं। स्वार्थ की अपेक्षा परमार्थ करने की सलाह देती हैं। जीवन को व्यर्थ गँवाने की अपेक्षा सतत क्रियाशीलता का आह्वान करती हैं। राग से विराग एवं लोक से परलोक की ओर उम्मुखता का उपदेश देती हैं। इन्हीं भावनाओं, विचारों एवं संवेदनाओं से ऊर्जस्वित इस संग्रह से कवि के गहरे जीवन-बोध एवं रागात्मकता का परिचय मिलता है। संग्रह में कुछ कविताएँ माँ पर हैं, कुछ पिता पर और कुछ माता-पिता दोंनों पर। बेटी पर भी कविताएँ हैं।

देश के कर्णधारों, नेताओं और भारत-महिमा पर कविताएँ हैं लेकिन इस संग्रह का केन्द्रवर्ती विषय 'जीवन' है। उसी को नाना रूपों में परिभाषित, व्याख्यायित एवं बिम्बित किया गया है। उसी का इतिहास समझाया गया है। कवि का मानना है कि जीवन की अनबुझ राहों में चलते-चलते बनजारा जो विरह का गीत गाता है—वही जीवन का इतिहास है— "जीवन की अनबुझ राहों में/चलते-चलते यह बनजारा/गाता जाये गीत विरह के/जीवन का इतिहास यही है।" (पृ.सं. 71)

कविता का जन्म करुणा से हुआ जिसका स्मरण करते हुए कविवर पन्त गान को आह की उपज (आह से उपजा होगा गान) बताते हैं। डॉ. नथमल झँवर ने भी कविता/गीत की उपज का कारक तत्त्व वेदना-संवेदना ही माना है लेकिन उसके साथ जीवन का इतिहास कहने की शर्त भी जोड़ी है— "हृदय के हर तार को झकझोर दे, संगीत है वह/अश्रुओं को देख जिसके बहे अश्रु मीत है वह/वेदना-संवेदना का चरण अन्तिम जिस विधा में/और जीवन का कहे इतिहास, जाने गीत है वह।" (पृ.सं. 129) यह अकारण नहीं है कि इस संग्रह में जीवन के विविध रूप हैं बल्कि यही कवि-दृष्टि का व्यावहारिक पक्ष है। इस संग्रह का मुक्तक खण्ड इसी उद्देश्य की पूर्ति के लिए लिखा गया लगता है—तभी तो इसमें जीवन के अनेक बिम्ब हैं। कवि जिन्दगी को कभी पुष्प कहता है, कभी हृदय, कभी गीत, कभी साज, कभी चाँद, कभी सूर्य, कभी नाव, कभी लहर, कभी गन्ध, कभी चन्दन, कभी खुशबू आदि न जाने क्या-क्या? वह जिन्दगी को टूटा हुआ साज, करुणा की आवाज, पीड़ा की परछाईं और जीने की प्यास भी कहता है— "जिन्दगी टूटा हुआ साज है/जिन्दगी करुणा की आवाज है/जिन्दगी पीड़ा की है परछाईं/जीने की प्यास ही बस राज है।" (पृ.सं. 131) इसका आशय यह नहीं कि कवि जीवन से हताश अथवा निराश है अथवा उसका चिन्तन निराशावादी है। वह जीवन को ईश्वर की अमूल्य देन मानता है। पुष्प जैसा खूबसूरत मानता है— "पुष्प जैसी खूबसूरत जिन्दगी यह/कितनी खुशबू है हमारे बाग में।" (पृ.सं. 54) वह यह उद्घोष करता है कि आशा की सीढ़ी पर चढ़कर सारी खुशियाँ बटोरी जा सकती हैं— "आशाओं की सीढ़ी पर चढ़कर देखो तो/जीवन में खुशियाँ ही खुशियाँ भर जाती हैं।" (पृ.सं. 127) यह बात अलग है कि जिन्दगी सबके लिए एक समान नहीं होती। वह किसी के लिए फूल खिलाती है, किसी के लिए शूल बिछाती है, किसी के लिए पतझर बन जाती है तो किसी के लिए सावन की हरियाली— "जिन्दगी ने फूल खिलाये किसी के लिए/जिन्दगी ने शूल बिछाये किसी के लिए/जिन्दगी किसी-किसी के लिए बन गयी पतझर/सावन की हरियाली आयी किसी के लिए।" (पृ.सं. 131)

भूमण्डलीकरण और बाजारवाद के कारण भागमभाग और आपाधापी बढ़ी है। संवेदनाओं का संसार क्षीण हुआ है। कोई किसी की बात सुनने के लिए तैयार नहीं है। दूसरे के दुख-दर्द में सहभागी बनने के लिए किसी के पास समय नहीं है। सभी

लोग स्वर्ण-मृग पकड़ने के लिए आतुर हैं– "किसे समय है/कोई किसी की बात सुने/बाँटे/पीड़ा दुख-दर्द/सब दौड़ रहे हैं/स्वर्ण-मृग की/तलाश में/लगातार/बार-बार।" (पृ॰सं॰ 73) कवि मानव को मृग-मरीचिका के प्रति सावधान करता है। इस संसार को भूल भुलैया कहता है। जगत को सपना मानता है और यह सलाह देता है कि मनुष्यों! अपना अनमोल जीवन मत गँवाओ। सिर्फ तन का सुख खोजते हो जबकि यहाँ दुख ही दुख है– "मत गँवा अनमोल जीवन/जगत है सपना/खोजता है रे! यहाँ पर/सिर्फ तन का सुख/स्वार्थ की दुनिया है पगले/है यहाँ पर दुख।" (पृ॰सं॰ 66) कवि वाल्मीकि और अँगुलिमाल से कभी यह पूछा गया था कि जो तुम अपने परिजनों के लिए लूट-पाट और हिंसा कर रहे हो वे लोग क्या तुम्हारे पाप-कर्म में भागीदार होंगे? कुछ इसी तरह का प्रश्न डॉ॰ नथमल झँवर ने भी पूछा है-यद्यपि यह प्रश्न कवि का अपने मन से है लेकिन कविता में समष्टि की अभिव्यक्ति 'मैं शैली' में भी तो होती है– "हम सफर हैं जो/तेरा क्या साथ देंगे/अति हितैषी भी/तेरा दुःख बाँट लेंगे? अकेला आया/अकेला जाएगा ही/जो किया है बस/वही तो पाएगा ही।" अतः कवि चेतावनी देता है– "सम्हल जा/सुइयाँ सरकती जा रही हैं। साँझ ढलती जा रही हैं।" (पृ॰सं॰ 68) यह अकारण नहीं है कि संग्रह की कई कविताएँ अध्यात्म और भक्ति परक हैं बल्कि उनके बीज तत्त्व यहाँ मौजूद हैं। इन्हीं मनःस्थितियों में कवि का मन संसार से विरक्त होकर ईश्वर की शरण में पहुँचता है। वह प्रभु से प्रार्थना करता है– "प्रभुवर मुझको ऐसा वर दो/अब यह तन चन्दन हो जाए/लख चौरासी भटकत-भटकत/आज मनुज तन पाया मैंने/तेरी छवि दिन-रात निहारुँ/यह शक्ति दो श्याम-सलोने/त्यागूँ सारे जंजालों को/और हृदय में तुम्हें बसा लूँ/कलुषित भाव मिटे सब मेरे/मन मेरा वन्दन हो जाए।" (पृ॰सं॰ 31) समर्पण और शरणागति पर तुलसी आदि भक्त कवियों ने बहुत जोर दिया है। भक्ति कालीन कविता में आत्मालोचन, आत्म-निन्दा, आत्मग्लानि का स्वर प्रमुख रहा है। डॉ॰ नथमल झँवर की कुछ कविताओं का भी यही भाव है– "कितना था स्वारथ में डूबा, प्रभु ये तन/लगा पाया नहीं मैं, निःस्वार्थ से मन।" (पृ॰सं॰ 27) इसलिए कवि शरणागत भाव से निवेदन करता है– "मैं शरण हूँ प्रभू तार लीजे मुझे/दास मैं हूँ तुम ही एक स्वामी मेरे/पा सकूँ एक पल को दरश मैं तेरा/वरना जंजालों से मैं रहूँगा घिरे।" (पृ॰सं॰ 22)

सौन्दर्य एवं प्रेम कवियों का प्रिय विषय है। सौन्दर्य के उपादानों में नारी-सौन्दर्य सभी के आकर्षण का केन्द्र है। कभी प्राकृतिक सौन्दर्य पर रीझने वाले सुमित्रानन्दन पन्त ने आखिरकार नारी के रूप-जाल में अपने मन को बिन्धवाना शुरू कर दिया था। महाकवि केशवदास ने तो यहाँ तक लिख दिया– "देखे मुख भावै, अनदेखे ही कमलचन्द/ताते मुख मुखै सखी कमलौ न चन्द री।" (रामचन्द्रिका) डॉ॰ नथमल झँवर भी नारी-रूप के आगे चाँद के मुखड़े को फीका मानते हैं– "तुम्हीं शबनम, तुम्हीं शोला/तुम्हीं नीलम का हो टुकड़ा/तुम्हारे रूप के आगे/है फीका चाँद का मुखड़ा।"

(पृ.सं. 63) अन्यत्र कवि का कहना है– "तुम्हारे भाल की बिंदिया/तो चन्दा से नहीं है कम/तुम्हारे रूप की लाली/लता से झाँकती शबनम।" (पृ.सं. 60) नारी-सौन्दर्य का प्रभाव क्या है–इस पर भी कवि ने दृष्टि डाली है– "जहाँ पर पैर तुम रख दो/हवाएँ भी ठहर जाएँ/नजर जिस ओर तुम डालो/घटाएँ भी कहर ढाएँ/" (पृ.सं. 63) ऐसी प्राण प्रिया अगर सामने हो तो स्वर्ग का सुख भी बौना लगने लगता है। कोई भी मदहोश हुए बिना नहीं रह सकता। कवि का क्या कहना–उसकी साँस तो प्राणेश्वरी की साँस के साथ ही चलती है– "तुम्हारे सामने तो स्वर्ग का/सुख भी बहुत है कम/तुम्हारे मदभरे नयनों में/हूँ मदहोश, मैं हरदम/तुम्हारी साँस के ही साथ/मेरी साँस भी चलती/मेरे संगीत में तुम ही/मेरे गीतों में हो अविरल।" (पृ.सं. 61) जाहिर है–प्रेम का आधार है–सौन्दर्य। सौन्दर्य की प्यासी आँखों को जब रूप-राशि सदृश नारी के दर्शन होते हैं तब प्रेमाभिव्यंजना के लिए शब्द की जरूरत नहीं पड़ती, आँखें बहुत कुछ कह जाती हैं "जब तुम/मिली थी मुझे/अँबुआ के पेड़ तले/पहली बार तब/ठगा सा रह गया था/मैं/और शायद/तुम भी/तब, न मैं कुछ कह सका/न तुम कुछ कह सकी/फिर भी/बहुत कुछ/कह गये थे हम/आँखों में।" (पृ.सं. 96) प्यार का अंकुरण और विस्तार हुआ/अनुराग की लाली में चारों ओर लालिमा ही दिखाई देने लगी। प्रिय को आँखों में बसाने और दिल की धड़कनों में उसे सुनने के अलावा और कोई चारा नहीं रहा– "अब नयन के कोर में तुम हो/हर दिवस की भोर में तुम हो/और दिल की धड़कनों में भी/मेरे जीवन डोर में तुम हो।" (पृ.सं. 62)

श्रृंगार-वर्णन में संयोग की अपेक्षा वियोग पक्ष को अधिक महत्त्व दिया गया है। ऐसा माना जाता है कि 'प्रेम वियोग में ही पलता है'। वियोग की आँच में तपकर प्रेम कुन्दन बनता। यही कारण कि आलोच्य संग्रह में संयोग की अपेक्षा वियोग की कविताएँ अधिक हैं। कवि की विरहानुभूति की तीव्रता और सघनता रीतिकीलीन कवियों की याद दिला जाती है। घनानन्द के आँसू सुजान के आँगन में भले बरसें लेकिन बिसासी सुजान को कोई फर्क पड़ने वाला' नहीं है। नथमल झँवर की प्रेयसी का पाषाण ह्रदय भी नहीं पिघलता लेकिन वह उसे 'अपना' कहना नहीं छोड़ता– "दिवस बीता और बीती कितनी सदियाँ/अश्रुओं से बही जाने कितनी नदियाँ/पीर का सागर समाया ह्रदय मेरे/आँधियाँ तूफान आयी हैं घनेरे/पर ह्रदय-पाषाण तेरा नहीं पिघला/फिर भी मेरी हो, मेरी पहचान हो तुम।" (पृ.सं. 48) विरहावस्था में प्रिय अनेक रूपों में अपनी प्रिया को याद करता है। संयोग की सुखद स्मृतियों को ताजा करता है। इसी परिप्रेक्ष्य में वह अपनी मर्मान्तक पीड़ाओं, कष्टों, कसकों, व्यथाओं का उल्लेख करते हुए मिलन की आकांक्षा करता है। इस संग्रह की एक कविता है 'तेरी याद आएगी'। इसमें प्राकृतिक उपादानों के माध्यम से प्रिया को याद किया गया है– "फूल जब उग आएँगे/सरसों के पीले/बाग में छा जाएँगे/पौधे सजीले/रेशमी चादर बिछेगी/जब धरा पर/कण्ठ तब हो जाएँगे/बादल के गीले/और

जब मौसम/सुहानी चाल पर होगा/प्रिये तब-तब/बहुत तेरी याद आएगी।" (पृ.सं. 90) प्रिया जब सामने थी तब शाम सुरमई होती थी। प्रातः काल सुनहरा लगता था। ओस भीगी रात चन्दा सी रूपहली लगती थी किन्तु उसके चले जाने के बाद हवाएँ अनमनी हो गईं। फिजाएँ भी मदहोश नहीं करती– "बिन तुम्हारे/अनमनी-सी है हवाएँ/अब नहीं मदहोश/लगती ये फिजाएँ।" (पृ.सं. 92) इतना ही नहीं अब जीवन बोझ हो गया है। दुर्वह लगता है। चारों ओर सन्नाटा पसर गया है– "तेरे बिन जीवन अब कैसे गुजारूँ/मेरी ये दुनिया बस/लगती वीरान/सूना सा लगता है/जमीं-आसमान।" (पृ.सं. 89)

ज्यों-ज्यों अवस्था ढलने लगती है त्यों-त्यों यौवन-सुलभ उमंग उत्साह, चापल्य, आतुरता, प्रेम की उद्‌दामता, सांसारिक संसरणशीलता आदि भावनाएँ क्षीण होती जाती हैं और भक्ति तथा आध्यात्मिकता में रुचि बढ़ने लगती है। व्यक्ति अपने भले-बुरे कर्मों कें प्रति दृष्टिपात करने लगता है। यदि ऐसी भावनायें आलोच्य संग्रह में अभिव्यक्ति पाती हों तो कुछ अस्वाभाविक नहीं कहा जा सकता– "कितना पाप किया है, कितना पुण्य किया है/इसका हमने अब तक कहाँ हिसाब लिया है/साठ बरस की उमर बिता दी, कुछ ना पाया-पथ से विलग कराती है ये कैसी माया? समय विदाई का है स्वामी शरणागत हूँ/प्रभो क्षीर सागर तक मुझको ले जाना।" (पृ.सं. 33) ईश्वर का ध्यान कब आता है जब मनुष्य किसी आपदा-विपदा में होता है। कबीर ने सच ही कहा था– "दुख में सुमिरन सब करै, सुख में करै न कोई" लगभग उसी तर्ज पर डॉ. झँवर की आत्माभिव्यक्ति है– "भोगता जब तक रहा मैं सुखों के पल/सोचता मैं मिला, ये सब, स्वयं के बल/और जब-जब गिरा मैं पर्वत शिखर से/प्रभु तब-तब बहुत तेरी याद आयी।" (पृ.सं. 27)

जीवन संघर्षशील है। हर व्यक्ति को संघर्ष करना पड़ता है। कवि ने भी संघर्ष किया है– "संघर्षों में बीता जीवन-कभी रात भर सो न पाया।" (पृ.सं. 71) किन्तु वह हारा नहीं है। वह कर्मशील बनने की सलाह देता है। पुरुषार्थ जगाने की बात कहता है– "आस को तज, प्रबल कर पुरुषार्थ को/हृदय में तू बसा ले परमार्थ को/जिन्दगी ही तब सुहानी सी लगेगी/एक नव उल्लास तन-मन में जगेगी।" (पृ.सं. 29) उल्लास में भरकर संघर्ष करना कष्टकारी नहीं होता। संघर्ष तब कष्ट देता है जब मन भीतर से उदास, निराश एवं हताश हो। सर्वत्र अंधकार ही अंधकार हो। सूरज की एक भी किरण साथी बनने के लिए तैयार न हो। ऐसे समय में अपने भीतर आशा का संचार जीवन-संषर्घ को सफलतादायक बना देता है। इसीलिए कवि हारे हुए लोगों के भीतर आशा का दीप जलाने की बात कहता है– "अपने मन्दिर की देहरी पर/आशाओं के दीप जलाओ/जीवन से जो हार चुके हैं/उन्हें विजय का घूँट पिलाओ।" (पृ.सं. 72)

इधर माता-पिता को केन्द्र में रखकर कविताएँ लिखने की प्रवृत्ति बढ़ी है। इन

कविताओं में अपने माता-पिता के संघर्षशील, कर्मठ एवं जुझारू व्यक्तित्व को उभारने के साथ ही कवियों ने अपने बचपन की यादों को तरोताजा किया है। 'जीवन का इतिहास यही है' संग्रह में अपने माता-पिता को बहुत शिद्दत के साथ याद किया गया है। 'पावन रिश्ते के आगे' कितना अकेला, 'माँ' शीर्षक कविताएँ माँ केन्द्रित हैं जबकि 'पिता का हृदय' और 'माता-पिता' पिता केन्द्रित। माँ स्वयं कितना कष्ट उठाती है लेकिन अपनी सन्तान पर किसी तरह का आँच नहीं आने देती। स्वयं बीमार होने पर भी अपने बच्चे को तकलीफों से बचाती है– "माँ/अपने बीमार दिनों में भी/केवल मेरा ही/ध्यान रखती/अपने स्वास्थ्य की/जरा भी परवाह न की तुमने/अपने काँपते हाथों से/सहलाती मेरा माथा/छुपा लेती मुझे/अपने आँचल में/ताकि बच सकूँ सर्द हवाओं से/और खुद काँप जाती/कड़कती ठण्ड में।" (पृ.सं. 104) माँ के दिवंगत हो जाने पर पुत्र कितना अकेला हो जाता है किन्तु जब वह थी तब "हँसता था घर/खिलखिलाती थी खिड़कियाँ/मुस्कान बिखेर देती थी/दीवारें/चाँद भी उतर आता था/आँगन में।" (पृ.सं. 101) अब माँ नहीं है। केवल उसका चित्र है। वही कवि की स्मृति को तीव्र करने के लिए काफी है "माँ/आज तुम नहीं हो/तुम्हारी परछाईं भी नहीं है/पर/तुम्हारी तस्वीर तो है/तुम्हारी स्मृति तो है/बस, काफी है मेरे लिए इतना।" (पृ.सं. 103)

'बेटी-दो चित्र', 'अपने ही कोख में पाला है', 'बेटी', 'बेटी तो भाग्यशाली के ही होती है' शीर्षक कविताएँ बेटी पर हैं। इनके अलावा 'पिता का हृदय' कविता बेटी की बिदाई पर पिता के दुखी होने की कविता है– "कितना कोमल होता है/पिता का हृदय/रो पड़ता है फफक-फफक कर/बच्चों की तरह/बेटी जब होती है/विदा।" यह कविता 'अभिज्ञान शाकुन्तलम्' के कण्व ऋषि की व्यथा-कथा-'पीड्यन्ते गृहिणीः कथं नु तनया विश्लेष दुखैर्नवैः' की याद दिला जाती है। वर्तमान समय में भ्रूण-परीक्षण और कन्या-शिशु हत्या जैसी दुष्प्रवृत्ति जिस प्रकार बढ़ी है उस पर कवि को घोर आपत्ति है। वह इस तथ्य को बड़ी मजबूती के साथ लोगों के सामने रखना चाहता है कि 'बेटी तो भाग्यशाली के ही होती है' क्योंकि "कन्या तो धरती का वरदान है–वह सबका दुख हरती है–एक नहीं, दो-दो कुल का उद्धार करती है/बन्धुवर बेटी तो पूरे परिवार को सँजोती है/वह तो केवल भाग्यशाली के होती है।" (पृ.सं. 114)

आलोच्य संग्रह में 'भारत-महिमा' का गान तो है ही वीर शहीदों को भी बहुत आदर के साथ स्मरण किया गया है किन्तु देश को रसातल में ले जाने वाले नेताओं को कवि बहुत हिकारत से देखता है। वह अपनी लेखनी से कहता है– "उनके भाषणों को मत लिखो/देश को जो बेच रहे हैं/उनके लिए शब्द मत गढ़ो/जो अपनी रोटी सेंक रहे हैं/ये है सिर्फ/भार देश का।" नेताओं ने मर्यादाओं की जो लक्ष्मण रेखा पार की है–उससे वे सचमुच बोझ बन गये हैं। जबकि जनता ने उन्हें देश की

बागडोर सौंपी है ताकि देश की उन्नति हो सके। कवि देश के कर्णधारों से अभ्यर्थना करता है– "जनता ने सौंपा है तुमको, भार देश का/उनकी सारी आशाएँ केवल तुम पर है/जनता ने बैठाया तुमको सिंहासन पर/उनकी अभिलाषाएँ भी केवल तुम पर है/अगर देश की उन्नति की तुम आज ठान लो/सच कहता हूँ तुम्हें शीश पर धर लूँगा।" (पृ.सं. 41)

एक सफल गीतकार होने के लिए जो विशेषताएँ अपेक्षित हैं वे इस संग्रह के गीतों में दिखाई देती हैं। यह बात अलग है कि इसमें केवल गीत ही नहीं छन्दहीन और मुक्तक रचनाएँ भी हैं फिर भी जो गीत हैं वे डॉ. नथमल झँवर को गीतकार के रूप में प्रतिष्ठित करने के लिए काफी हैं। इसके अलावा सबसे बड़ी बात गीत को अपरिभाषित मानते हुए उसको परिभाषित करने का है जिसमें कवि काफी सफल हुआ है–"हृदय से निकले हुए उद्‌गार को हम गीत कह लें/हिमशिखर से निकलते जलधार को हम गीत कह लें/गीत परिभाषित नहीं, होता है केवल आत्मसात/और अन्तर्मन से निकले भाव को हम गीत कह लें।" (पृ.सं. 129)

वर्तमान दौर की कविता पठनीयता का जो संकट झेल रही है उससे अलग 'जीवन का इतिहास यही है' काव्य-संग्रह इसलिए पठनीय है क्योंकि इसमें गहन जीवन-बोध एवं राग-विराग की ऐसी सहज अभिव्यक्ति हुई है जिसमें न ही भाषा की कृत्रिमता है और न ही अलंकारों की बोझिलता।

'नवल हजारा' : अनुभव-वैविध्य की यथार्थ अभिव्यंजना

अपने समय और समाज को अपनी माटी की बोली में अधिक बेहतर ढंग से अभिव्यक्त करने के उद्देश्य से पंडित रामनवल मिश्र का खड़ी बोली की काव्य-यात्रा छोड़कर भोजपुरी में आना भोजपुरी साहित्य-जगत की एक महत्वपूर्ण घटना है। उन्होंने न केवल कवि-मंचों से भोजपुरी दुनिया की हलचलों, इन्द्रधनुषी छवियों तथा जीवन के षट्रागों को लोगों तक पहुँचाया है बल्कि 'सूखि गइल नेह कऽ नदी', 'सतंजा' जैसे गीत संग्रहों के बाद एक हजार दोहों का संग्रह 'नवल हजारा' से भोजपुरी, साहित्य को प्राणवान भी बनाया है। इन तीनों में अनुभव की व्यापकता और विविधता के साथ ही सघन लोकानुभूति है। जहाँ तक 'नवल हजारा' की बात है तो दोहा जैसे छोटे छंद में व्यापक लोकानुभव समेट कर मिश्र जी ने न केवल इस छंद की सामर्थ्य का बोध कराया है बल्कि भोजपुरी की शक्तिमत्ता का भी आभास कराया है। दोहा लिखने के लिए कल्पना की समाहार शक्ति और भाषा की समास-शक्ति के साथ-साथ सूक्ष्म और व्यापक लोकानुभव अपेक्षित है। ज्ञानात्मक संवेदन और संवेदनात्मक ज्ञान का होना भी आवश्यक है। जीवन-जगत के निरीक्षण परीक्षण से स्वानुभव और व्यावहारिक दृष्टि का विकास होता है। शास्त्र-ज्ञान की अपेक्षा दुनिया को निकट से देखना, सुनना, गुनना, मथना यथार्य-बोध के लिए बहुत आवश्यक होता है। पंडित रामनवल मिश्र ने इन सभी से अपने अनुभव-जगत को विस्तृत और बहुआयामी बनाया है। 'नवल हजारा' में मानवीय मूल्यों के संरक्षण की आकुलता है। परिवर्तन की कामना एवं पुरातन तथा अधुनातन के द्वन्द्वात्मक भौतिक वाद में से सार्थक और समयानुकूल चयन की सजग चेतना है। भौतिक आपाधापी एवं ह्रासोन्मुख जीवन-मूल्यों संस्कारों तथा नैतिक मान्याताओं के चलते मनुष्यता के निरन्तर गायब होते जाने की चिन्ता है। भ्रष्टाचार और शोषण के विरुद्ध एकजुटता का आह्वान है। गाँव/देहात की भलमनसाहत, सादगी, सत्य और ईमानदारी के लुप्त होते जाने और गरीबी, अभाव तथा विपन्नता बढ़ते जाने की भयावहता का यथार्थ कथन है। 'सोने की चिड़िया' कहे जाने वाले भारत देश की पुनः प्रतिष्ठा का सपना है। ये सभी प्रवृत्तियाँ 'नवल हजारा' के रचनाकार की उस चिन्ता का प्रतिफलन हैं जिसमें

संकटग्रस्त मनुष्यता को बचाने की अदम्य लालसा एवं आतुरता विद्यमान है। उस सुख-सम्पन्नता, समृद्धि और वैभव की पुनः आकांक्षा है जिसे पाकर मनुष्य, ईर्ष्या, द्वेष, घृणा और वैमनस्य से ऊपर उठ जाता है लेकिन दुर्भाग्य यह है कि वह 'सोन चिरैया' कवि को मिलती ही नहीं—लगता है उसे बाज खा गया—

"पात-पात खोजति हईं, सोन चिरइया आज।
पता नाहिं अबले लगल, लगत खा गइल बाज।।"

(पृ.सं.82)

यह उम्मीद की जा रही थी कि आजादी के बाद भारत में पुनः स्वर्णिम युग लौटेगा। स्वतंत्रता, समानता और न्याय की दृष्टि से विक्रमादित्य की यह धरती पुनः अपने अतीत को दुहरायेगी। इसी आशावादिता से प्रेरित होकर कितने लोग 'वंदेमातरम' गाते हुए फाँसी के फन्दे पर चढ़े थे, कितनों ने कालेपानी की भयावह यातना झेली थी, कितने घर उजाड़ और वीरान हुए थे तब जाकर अंग्रेजों को भारत से खदेड़ा जा सका था किन्तु उनके जाने के बाद देश इनके—उनके हाथ की गेंद बनकर रह गया है—गोरन कऽदिन लदि गइल, गइलें उहो लखेद/इनके उनके हाथ कऽ देस भइल बा गेंद"। कवि को अफसोस सिर्फ इतना ही नहीं इसबात का भी है कि जिन लोगों के त्यागों, बलिदानों और भीषण यातनाओं की पीड़ा के बाद आज हम स्वतंत्र वातावरण में साँस ले रहे हैं उन्हे ही दृश्य-पटल से ओझल कर दिया गया है जबकि धिंगडों-लुटेरों का सम्मान किया जा रहा है—

"फाँसी चढ़ि गे देस हित, दे दीहल जे जान।
ऊ बा ओझल हो गइल, धिंगरन कऽ सनमान।।
लूटले में लागल हवे, रोजे साँझि बिहान।
इ लूटि धइल जे आन के, ऊ बनि गइल महान।।"

(पृ.31)

स्वतंत्रता-संघर्ष काल में तथा उसके बाद स्वतंत्र भारत में भी नेताओं ने देश को स्वर्ग बनाने का नारा दिया था। धरती पर स्वर्ग उतारने का आश्वासन दिया था। भूखे पेट को रोटी, नंगे को वस्त्र तथा आवासहीन को आवास जैसी बुनियादी सुविधाएँ उपलब्ध करवाने का वायदा किया था। इसके लिए योजनायें-पंचवर्षीय योजनायें बनती रहीं लेकिन अंततः हुआ क्या? परिणाम क्या निकला? सब कुछ हवा-हवाई हो गया—"देस बनाइब सरग ई, देब सरग से जोर/हवा हवाई हो गइल, सजो जोजना तोर।" (पृ. 24) कवि ने इस असफलता के कारणों की पड़ताल की और पाया कि—शासन तंत्र में ही सारी खामियाँ हैं—

"सलहकार कउआ हवे, उल्लू के दरबार।
बाज भइल शासक हवे, बाटे करत बिहार।।
कठफोरनी रानी भइल, भोगि रहल बा राज।

दासी बाटे किलहँटी, एहू के बा नाज।।"

(पृ. 21)

भतृहरि ने राजनीति की तुलना वेश्या से की थी तब उनका आशय राजनीति में प्रविष्ट आचरणहीनता, चाल-चलन की भ्रष्टता और स्वार्थान्धता ही रहा होगा। वर्तमान समय की राजनीति भी उससे कुछ अलग नहीं है। पंडित रामनवल मिश्र राजनीति को खेल का अखाड़ा मानते हैं जहाँ खिलाड़ी ऐसे-ऐसे खेल और करतब दिखाते हैं जिसकी कल्पना नहीं की जा सकती। इसके खिलाड़ी स्वयं शिखर पर पहुँच जाते हैं लेकिन जनता को कुएँ में ढकेल देते हैं– 'राजनीति में होत बा, कइसन-कइसन खेल/अपने चढ़त अकास पर हमके कुँआ ढकेल।" (पृ. 41) बात अगर इतने तक ही सीमित होती तब भी गनीमत थी–शायद कवि दुखी नहीं होता लेकिन जब राजनीति का खेल अपूजनीय को पूजनीय बना देता है, अपराधी को महान बना देता है, जेल जाने वाले को सम्मान और अलंकरण दिला देता है तब उसका चिन्तित और दुखी होना स्वाभाविक है–का से का करि देत बा राजनीति कऽ खेल/पूजल उनके जात बा जाके चाहीं जेल। (पृ. 28) व्यवस्था को दूषित करने, अराजकता बढ़ाने, दूसरों का अधिकार छीनने, अन्याय और अत्याचार में लिप्त होने, नृशंसता और अमानवीयता की सीमा लाँघने में समाज के अवांछनीय तत्वों का गठजोड़ कवि को व्यथित करता है–

"नेता, अफसर, माफिया, चाई, चोर, लुटेर।
इनकर आपुस में हवे तिरसठ जइसन मेर।।"

(पृ.सं.36)

इसी से छल-प्रपंच, झूठ-फरेब, ईर्ष्या-वैमनस्य का ग्राफ निरन्तर बढ़ रहा है। कथनी और करनी में कोई ताल मेल नहीं है। आचरण हाथी का दाँत हो गया है। बेईमानों ने ईमान को ताड़ पर टाँग दिया है। कवि ने लोक प्रचलित उपमानों से वर्तमान समय की भयावाहता को प्रस्तुत करने में काफी सफलता पायी है–

"कथनी करनी में हवे, अन्तर बहुत बुझात।
लोगन कऽबा आचरण, जस हाथी कऽ दाँत।।
झूठ कपट छल करि करत जर जमीन बइमान।
ले जा टँगलसि तरकुले, लबनी भइल इमान।।

(पृ.सं. 20)

हर रचनाकार अपने समय से जूझता और मुठभेड़ करता है किन्तु जब समय अनेक जटिलताओं और कठिनाइयों का हो तब उसकी भूमिका और बड़ी हो जाती है। मिश्र जी अपने समय का यथार्थ जिस ढंग से प्रस्तुत करते हैं उससे लगता है कि उन्होंने अपने समय की गहरी छानबीन तथा सघन पड़ताल ही नहीं की है बल्कि उसके साथ चहलकदमी भी की है। इसी का परिणाम है कि उन्हें मानव चिड़िया तथा समय बाण नजर आता है– "मनई अब चिरई भइल, समय भइल बा बान।"

(पृ.सं. 7) मानव-मानव में बढ़ती दूरियाँ मनुष्यता के लिए बहुत बड़ा खतरा है। रागात्मकता के स्थान पर द्वेष, दंभ और ईर्ष्या का उपजना तथा आत्मीयता, स्नेह और बन्धुत्व का निरंन्तर छीजना कवि को चिन्तित करता है। उसे समय सरपत (एक प्रकार का तीखा खर-पतवार) की तरह महसूस होता है जो देह चीरकर नेह-स्नेह को सुखा रहा है–

"समय भइल सरपत हवे, चीरि देत बा देहि।
मनई-मनई से जरे, सूखल नेहि सनेहि।।"

(पृ.सं. 7)

यह वर्तमान समय की विसंगति और विडम्बना ही है कि झूठा, मक्कार, प्रवंचक तथा नियम कानून को धता बताने वाला माला फूल पहन रहा है–"घोटाला करिके हवे, पावत माला फूल/नियम अउर कानून के, चटा रहल हऽ धूल।" (पृ. 87) जबकि ईमानदार, सत्यवादी और न्यायप्रिय अपमानित हो रहा है। सत्य बोलना जोखिम भरा हो गया है। मिश्र जी का कहना है कि सत्य कथन की आँच से लोगों के दिल ऐसे चटक रहे हैं जैसे आँच पाकर काँच चटकता है–

"चटकि जात जस काँच हऽ पा आगी के आँच।
नाचि जात सुनि लोग हऽ कहि दिहला पर साँच।"

(पृ. 28)

भूमंडलीकरण और बाजारवाद के इस युग में अर्थ उगाहने की होड़ सी मची है। येन केन प्रकारेण धनअर्जित करना लोगों का परम लक्ष्य हो गया है। सही दिशा में सही रास्ते पर चलकर पैसा कमाने की अपेक्षा लोगों को धूर्तता, मक्कारी, हवाला-घोटाला और भ्रष्टाचार द्वारा पैसा बनाने में बहुत मजा आ रहा है–"भ्रष्टाचारी लूटि के सोने थारी खात।' (पृ. 57) मिश्र जी की नजर में भ्रष्टाचारी साँड़ की तरह हैं, बाहुबली बाघ हैं और प्रजा बेचारी निरीह असहाय गाय जैसी है–

"साँड नियर हऽछूटि के, खूब रहल बा खाय।
बाहुबलिन से सब डरे, जस बाघे से गाय।।"

(पृ. 88)

आज सत्ता की भूख सबसे बड़ी भूख है। भूख को मिटाने के लिए आदमी हर हथकंड़े अपनाने तथा किसी भी स्तर पर जाने के लिए तैयार है। मार-धाड़, हत्या-लूट खींचा-तानी किसी से भी उसको परहेज नहीं है–बस जरसी गाय रूपी कुरसी मिलनी चाहिए। जाहिर है कुर्सी रूपी कामधेनु जिसे मिल गयी उसे और क्या चाहिए?

"कुरूसी जरसी गाइ हऽहउवे बहुत दुधार।
जवना खातिर हो रहल खींचा तानी मार।।"

(पृ. 28)

आम आदमी बेहाल है। दुख दारिद्रय का जीवन जी रहा है, अन्न और रोजी की

तलाश में इधर-उधर भटक रहा है, भूख से छट पटा रहा है किन्तु दूसरी ओर कुर्सी की राजनीति करने वाले गदहे अखरोट उड़ाने में मस्त हैं—"कुरूसी कऽ राजनीति बा, दिल पर लागत चोट/मनई करत उपास बा, गदहन के अखरोट।' (पृ॰ 33) शासन के ढीलेपन के कारण भ्रष्टाचार काई की तरह पसर रहा है। ऐसे में नेताओं को रसगुल्ला छीलकर खाने की मिश्र जी की सलाह अपनी व्यंग्यात्मकता में बहुत कुछ कहती है—

"पनकत भसटाचार बा, सासन बाटे ढील।
दादा कऽका लगत बा, खा रसगुल्ला छील।"

(पृ॰ 34)

गाँव में घुसते शहर और शहर में घुसते गाँव का असर यह हुआ है कि गाँव अब वे गाँव नहीं रह गये हैं जो आत्मीयता, स्नेह, सौख्य, सहानुभूति और सौहार्द के प्रतीक माने जाते थे सहजता, सरलता और भोलेपन की मिसाल हुआ करते थे, तीजि, त्योहार, उत्सव-पर्व के पर्याय बने रहते थे, कजरी-चैती, होली-फाग के रागों से रस टपकाया करते थे। मिश्र जी पूछते हैं कि रीति, गीति और प्रीति से भरे तथा नेह-छोह बरसाने वाले वे गाँव अब कहाँ चले गये?

"रितिया, गितिया, पिरीतिया, कऽअब सूखल छाँव।
नेह-छोह बरसत रहल, कहाँ गइल ऊ गाँव।"

(पृ॰ 21)

घर में घुस आये बाजार ने गाँव की पुरानी वस्तुओं, मान्यताओं तथा रीति-रिवाजों को काफी हद तक खदेड़ बाहर किया है। मिश्र जी उन वस्तुओं को गिनाते हैं जो आधुनिकता के चलते गाँव-घर से गायब हो गयी हैं—"ढ़ेंकी, ढेंका, सिलवट, चाकी, जॉत/डोकी, डोका, कठवता, ना रहि गइल परात।" (पृ॰ 20) इतना ही नहीं चक्की ओखली आदि के खत्म हो जाने से बहुओं को काफी आराम हो गया है—चाकी, जॉता, ओखरी, कऽहो गइल उठान/ सूतहू बहुअरि मेल्हि के करवट भा ऊतान।" (वही) लेकिन इनके उपयोग से बहुएँ जो परिश्रम करती थीं, अपने शरीर का पसीना बहाती थीं, उससे वे निरोग और स्वस्थ रहती थीं। अब मिश्र जी को लगता है कि—चक्की, जॉता, ओखली के गायब हो जाने से औरतों के शरीर में धुन लग गया है, परिश्रम से वंचित हो जाने के कारण उनका शरीर रोगग्रस्त हो गया है—

"एड़ी भूभुन रंगि हवे, करति हई सुख भोग।
जँगरे लागत घून बा, पालति बाटी रोग।।"

(पृ॰ 20)

गाँव की दुर्दशा के कारणों पर मिश्र जी ने काफी गम्भीरता से विचार किया है। लोगों में बढ़ती ईर्ष्या, दुर्भावना, आलस्य, अशिक्षा, संघर्ष, वैमनस्य आदि ने गाँव की सुख-समृद्धि, स्नेह, सम्मान तथा हर्ष-उल्लास में सेधंमारी की है। गाँव की इस अवस्था के लिए मिश्र जी ने चापलूसों, चुगलखोरों, तथा माहिलों की भूमिका को भी

जिम्मेदार ठहराया है–जो आग लगा दूर बैठकर तमाशा देखते हैं–

"महिला मामा गाँव क दिहलें हवा बिगारि।
गड़ल भूत रहल जवन, दिहलें आइ उभारि।।
अफरा तफरी मचल बा, लोग रहल बा धाइ।
कुचुरा लामे बहठि के देखत आग लगाइ।।

(पृ. 15)

अच्छी कविता उपदेशात्मक नहीं सन्देशात्मक होती है लेकिन जब उपदेश जरूरी हो जाय तब कवि उपदेशक बनने से परहेज नहीं करता। मिश्र जी को गाँव के स्वास्थ्य की चिन्ता है, उसके परिष्कार और परिमार्जन की लालसा है, उसकी उन्नति और प्रगति की आकांक्षा है इसीलिए वे अनुप्रास अलंकार के अदभुत प्रयोग द्वारा चापलूसों, चुगलों, माहिलों की बातों पर विश्वास नहीं करने तथा उनके झाँसे में नहीं आने का उपदेश देते हैं–

"चापलूस चमचा चुगुल, चाई चोर चिकार।
भरले गंगा में कहें, तबो न करू इतबार।।
लोफर लम्पट लालची, लहकंठ लंठ लबार।
इनके संग न जा कतो, लीहें नोचि कपार।।"

(पृ. 16)

आज की सबसे बड़ी विडम्बना यह है कि मित्र और शत्रु की पहचान कठिन हो गयी है। मिश्र जी को लगता है कि रीति प्रीत के टूटने और गीत के मरने से ऐसी स्थिति उत्पन्न हुई है–

"रीति प्रीति टूटे लगल, मरे लगल अब गीत।
कठिन भइल पहचान बा, के दुसमन के मीत।"

(पृ. 34)

पंडित रामनवल मिश्र कृषि-संस्कृति के कवि हैं। खेती-किसानी का गहन अनुभव उन्हें न केवल ताजा और टटके बिम्ब तथा नये उपमान उपलब्ध कराता है बल्कि मौसम परखने की दृष्टि भी देता है। अपने अनुभवों के बल पर ही कवि घाघ ने कृषि-जगत के मौसम विज्ञानी के रूप में सम्मान प्राप्त किया था। उनकी कही हुई उक्तियाँ आज भी किसानों का कण्ठहार बनी हुई हैं। मिश्र जी ने भी अपने कुछ दोहों में कवि घाघ की तरह मौसम सम्बन्धी अनुमान का नुस्खा पेश किया है–

"अंडा बच्चा लेइ जब, चिउँटी ह उपराय।
होई अब बरसात हे, आगम रहलि जनाय।।
गवरइया पानी में जब, करे लगे असनान।
जानहु सूखा ह परी, खेतन जरिहें धान।।"

(पृ. 12)

ग्राम्य परिवेश में पूरी तरह रचने-बसने और धँसने का ही परिणाम है कि मिश्र जी की काव्य चारूता की वृद्धि करने वाले लगभग सभी उपमान उन की अपनी धरती और माटी-पानी की उपज हैं। यहाँ तक कि नारी-सौन्दर्य वर्णन में भी उनका अद्भुत प्रयोग हुआ है–

"उरदे के धोई नियर, चिकन बदन ह गोर।
मुखड़ा लागत चनरमा, पगपग झरत अँजोर।।
गोर गोर बहियाँ लगत, युकलिपटस क डार।
भावत गरदनवा हवे, सुघर सुराहीदार।।

(पृ. 14)

व्यंग्यात्मकता की दृष्टि से मिश्र जी के दोहों में गजब की धार है। उसमें गुदगुदाने की अपेक्षा तिलमिलाहट पैदा करने की क्षमता है। एक चरित्रहीना के सतीत्व का माखौल उड़ाने में कवि के इस दोहे की सिद्धि दर्शनीय है–

"भँवरा जिनके घर कबो, रहलें जुटत हजार।
अब बाटी सीता भइल, करिके सजो बजार।।"

(पृ. 21)

व्यक्ति-अस्मिता की तलाश नयी कविता का एक मुख्य मुद्दा रहा है। इसे व्यक्ति की स्वतंत्रता से भी जोड़कर देखा गया है। 'नवल हजारा' के कई दोहों में व्यक्ति की प्रतिष्ठा का प्रयास है। मिश्र जी का मानना है कि संसार में कोई भी उपेक्षणीय नहीं है। हर चीज की कोई न कोई उपयोगिता है। कभी धर्मवीर भारती ने 'टूटे पहिए' की उपयोगिता सिद्ध की थी। 'नवल हजारा' का रचयिता 'चिरकुट' का महत्व रेखांकित करता है–

"चिरकुट हउवे जानि के, मति द फेंक पवाँर।
दियना क बतिहर बनी, जरी करी उजियार।।"

(पृ. 18)

मिश्र जी जिस प्रकार जीवन में सहजता और सरलता के उपासक रहे हैं उसी प्रकार अभिव्यंजना में भी–

"छक्का पंजा हम भला, का जानी का होय।
सोझ कहीं, सोझे गुनी, सोझ जानि सब कोय।।"

(पृ. 38)

जाहिर है कविता में सहज कहना सरल नहीं होता जिसे यह प्रवीणता प्राप्त है वह अपनी भाषा का सिद्ध कवि है। पंडित रामनवल मिश्र इसी अर्थ में भोजपुरी के सिद्ध कवि हैं, और उनका 'नवल हजारा' अपने समय और समाज का दस्तावेज।

सृष्टि-मंच पर कठपुतलियों का नर्तन और 'सूत्रधार है मौन'

भारतीय चिन्तन-धारा का एक बहुत बड़ा अंश जीवन-जगत के रहस्योद्घाटन के प्रयत्नों से सम्बन्धित है किन्तु अभी भी इसका अनावरण नहीं हो सका है और हमारी जिज्ञासाएँ ज्यों की त्यों हैं। 'हम कौन हैं' 'कहाँ से आये हैं', 'मरकर कहाँ जाते हैं', 'हमारा प्रयोजन क्या है', 'हमारा निर्माता कौन है', 'वह कहाँ रहता है', 'हमारा निर्माण क्यों और कैसे करता है', 'वह दिखाई क्यों नहीं देता? आदि प्रश्नों से न केवल तत्त्वान्वेषी एवं दार्शनिक बल्कि साहित्यकार भी जूझते रहे हैं। इन प्रश्नों का समाधान ढूँढ़ते हुए जो रहस्यमयी अनुभूतियाँ साहित्यकारों ने प्रकट की हैं, वे साहित्य की अमूल्य धरोहर हैं। इसी शृंखला में डॉ॰ महेश 'दिवाकर' का अवदान भी सराहनीय है। भावुक एवं सहृदय रचनाकार होने के साथ ही साथ डॉ॰ 'दिवाकर' एक सजग चिन्तक भी हैं इसीलिए सृष्टि-सम्बन्धी जिज्ञासाओं और प्रश्नों ने उन्हें भी चिन्ताकुल और मननशील बनाया है—जिसका परिणाम है—उनकी काव्यकृति-'सूत्रधार है मौन'। यद्यपि इस संग्रह में जीवन-जगत, घर-परिवार, हर्ष-विषाद, आनन्द-उल्लास, उमंग-उत्साह, परिणय-मृत्यु आदि के विविध व्यापार एवं झाँकियाँ हैं फिर भी चिन्तन का केन्द्रवर्ती विषय 'हम कौन हैं' एवं 'हमारा नियन्ता कौन है' से सम्बन्धित है। इसी जिज्ञासा के शमन में कवि ने गोस्वामी तुलसीदास की भाँति ('नाचहिं नट मर्कट की नाईं, अथवा 'सबहिं नचावत राम गोसाईं') यह अनुभव किया है कि सृष्टि-मंच पर हम सब कठपुतली की भाँति अभिनय कर रहे हैं और हमें नचाने वाला ईश्वर है। वह सूत्रधार है और हम नर्तक। हमारे कार्य-व्यापार में हमारी कोई इच्छा नहीं है। सूत्रधार जैसा चाहता है—हम वैसा नाचते हैं। वह जब तक चाहता है हम तब तक नाचते हैं। हम कठपुतली हैं और परमेश्वर सूत्रधार— 'हम सब कठपुतली बने, सूत्रधार है भौन'। इस क्रिया-व्यापार में सूत्रधार मौन रहता है। कोई शब्द नहीं बोलता किन्तु सृष्टि इंगित करती रहती है— "शब्द न कोई बोलता, पता नहीं हम कौन? निखिल सृष्टि इंगित करे, सूत्रधार है मौन।" यहाँ कविवर सुमित्रा नन्दन पन्त का जिज्ञासा-भाव (न जाने तपक तड़ित में कौन, मुझे तब इंगित करता मौन) स्मरण हो

आना स्वाभाविक है क्योंकि सारी सृष्टि अपने-अपने कार्यों के निष्पादन में लीन है इसका संकेत तो मिल रहा है लेकिन जो यह सब कराने वाला है उसने मौन धारण किया हुआ है—वह अदृश्य है। इसीलिए यह शाश्वत प्रश्न डॉ॰ महेश 'दिवाकर' के चिन्तन में भी उभरता है– "कौन किसे है मारता, किसको कौन जिलाय।" (पृष्ट सं॰ 15) सृष्टि का कर्त्ता कौन है' उसका निमित्त कौन बनता है? इसका उत्तर कवि स्वयं देता है– "माता मात्र निमित्त है, तू ही दूध पिलाय।" (पृ॰सं॰ 15) जीव साधन है, निमित्त है, कठपुतली है। ईश्वर सूत्रधार है—नचाने वाला है। दूध पिलाने वाला है।

आलोच्य संग्रह में जीवन-जगत के रहस्यों को जिस सहजता और सादगी के साथ प्रस्तुत किया गया है उससे आत्मा-परमात्मा, माया-मोह, संसार आदि दर्शन शास्त्र के विषय भी सहज बोध गम्य हो गये हैं। यह ऐसा इसलिए हुआ है क्योंकि कवि ने रहस्य के भँवर-जाल में फँसाने के लिए गूढ़ोक्तियों का सहारा नहीं लिया है बल्कि सहज भावों की अभिव्यंजना के लिए अत्यन्त सरल शब्दों का चयन किया है। जाहिर है क्लिष्टता का जानबूझकर समावेश कविता को आम पाठक से दूर करने का प्रयास है। डॉ॰ महेश 'दिवाकर' ने पठनीयता को ध्यान में रखकर ही निगूढ़ तत्त्वों का सहज आख्यान प्रस्तुत किया है। संसार-सागर के बीच जीवन-नौका और उसकी पतवार की अभिव्यंजना के लिए यह दोहा कितना सरल और सहज है– "जीवन-नौका चल रही, जगत-सिन्धु मँझधार/नाथ राधिका हाथ है, साँसों की पतवार।" (पृ॰सं॰ 11) जाहिर है डॉ॰ दिवाकर कृत्रिमता और बनावट से परहेज करने वाले रचनाकार हैं। उनका मानना है कि बनावट से दूर सादगी में ही ईश्वर का निवास होता है "जहाँ बनावट का नहीं, रहता तनिक न नाम/वहाँ सादगी में बसें, मेरे स्वामी राम।" (पृ॰सं॰ 10) कर्म और व्यवहार में सहजता-सरलता का समावेश किस मनोदशा में होता है कवि ने इसका भी खुलासा किया है—जब आती है सादगी, टिके बनावट नाय/कर्म और व्यवहार में, सहज सरलता आय।" (पु॰सं॰ 11) इससे यह ध्वनित होता है कि कवि ने अपने आचरण-व्यवहार में सहजता-सरलता को समाविष्ट तो किया ही होगा उसकी काव्य-रचना में भी इनकी उपस्थिति रही होगी। तभी तो आलोच्य काव्य-संग्रह सहज भावाभिव्यंजना का अच्छा उदाहरण बन सका है।

'सूत्रधार है मौन' विविध भावों के साथ-साथ विविध काव्य-शैलियों की रचना है। इसमें दोहा, मुक्तक, गीत, कविता आदि छन्द-विधानों का सफल प्रयोग हुआ है लेकिन सर्वाधिक संख्या दोहों की है जिनमें वन्दना और भक्ति-भाव से लेकर देश-धर्म-मानवता, ऋतुओं की सौगात, राजनीति, पैसा, परिणय, परिवार, आदमी, स्वजनों का निधन, वियोग आदि को वर्ण्य-विषय बनाया गया है। यहाँ यह ध्यातव्य है कि लघुकाय होने के कारण दोहा छन्द अत्यधिक कौशल की अपेक्षा रखता है। इसके प्रयोग में वही रचनाकार सफल माना जाता है जिसमें भाषा की समास शक्ति के साथ-साथ सूक्ष्म और व्यापक लोकानुभव होता है। आलोच्य संग्रह के दोहों में

यह कौशल विद्यमान है। कुछ दोहों में सामासिक शैली का इतना अच्छा प्रयोग हुआ है कि उन्हें पढ़कर महाकवि बिहारी की याद हो आती है। जैसे–

"शीश मुकुट बिम्बा-अधर, कमल नयन, मुख चन्द
पीत वसन, उरमाल है, नमन कृष्ण श्री चन्द।।

(पृ.सं. 11)

निम्नलिखित दोहा भी भाषा की समासशक्ति का अनुपम उदाहरण है–

"कमल-नयन, मुख-चन्द्रमा, मोर-मुकुट उर माल।
पीत वसन, मुरली अधर, नमन नित्य गोपाल।।

(पृ.सं. वही)

भूमण्डलीकरण और बाजारवाद से सुविधाएँ तो बढ़ी हैं लेकिन मानव-जीवन शान्तिमय नहीं रह गया है। आपाधापी और भागमभाग में मनुष्य के पास सम्बन्धों की उष्णता महसूस करने के लिए भी समय नहीं रह गया है। अर्थ तन्त्र के प्रबल आक्रमण से स्नेह, त्याग और ममता आदि भावों की पूछ नहीं रह गयी है। स्वार्थ के अंधत्व ने परिभाषा ही बदल दी है। ऐसे परिवेश में भावुक कवि डॉ. महेश 'दिवाकर' की यह चिन्ता– "नेह, त्याग, ममता हुए, आज यहाँ सब व्यर्थ/अन्धायुग है स्वार्थ का, सबको किया अनर्थ।" (पृ.सं. 25)। स्वाभाविक है क्योंकि भारत की पहचान (दया, माया, ममता लो आज/मधुरिमा लो अगाध विश्वास-जयशंकर प्रसाद) जिन गुणों-भावनाओं के कारण है उनका लोप हो रहा है फिर भारत का विकास कैसे होगा– "प्रेम, दया और त्याग का, भारत का इतिहास। कहाँ गयी वह भावना, कैसे होय विकास।" (पृ.सं. 25)। इतना ही नहीं कवि की सबसे बड़ी चिन्ता यह है कि "बात गयी, इज्जत गयी, लूट लिया है वेश/बदल गया परिवेश जब, कहाँ बचा फिर देश।" (पृ.सं. 25)। देश की चिन्ता सभी कवियों को है और होनी भी चाहिए क्योंकि देश है तभी हमारा अस्तित्व है। यही कारण है कि देश की दुर्दशा देखकर भारतेन्दु जी का हृदय रो उठा था और उन्होंने 'भारत-दुर्दशा' नाटक लिखकर देश का स्वाभिमान जगाने का प्रयत्न किया था। सूर्यकान्त त्रिपाठी निराला ने 'जागो फिर एक बार' की रचना की थी। जयशंकर प्रसाद ने अपने गीतों में अतीत का गौरव-गान कर देशवासियों को प्रेरित-प्रोत्साहित किया था। डॉ. महेश 'दिवाकर' वर्तमान परिस्थितियों से दुखी होकर 'देश-धर्म-मानवता' पर दोहे लिखते हैं। वे उन कारणों का पता लगाते हैं जिनसे हमारे देश-धर्म और मानवता को खतरा है। कवि की दृष्टि में स्वार्थान्धता सबसे बड़ा विषाणु है– "अपने हित को साधने, नियम बने चुपचाप/देशभक्त ही देश को, आज खा रहे आप।" (पृ.सं. 25) इतना ही नहीं शब्द-अर्थ के संघर्ष में किसी को भी देश की चिन्ता नहीं है– "घोर लड़ाई चल रही, शब्द-अर्थ में रोज/किसको चिन्ता देश की, खड़े सोचते भोज।" (पृ.सं. 21) भारत सत्य और अहिंसा का देश रहा है, नीति-न्याय और ईमानदारी का देश रहा है किन्तु

भूमण्डलीकरण और बाजारवाद के कारण इन महनीय मूल्यों का आज मान-मर्दन हो गया है। ईमानदारी कोने में सिसक रही है। सदाचार आँखें मल रहा है। अहिंसा करुण चित्कार कर रही है। सत्य आसमान की वस्तु होकर रह गया है। बिकने के लिए चारों ओर झूठ बिक रहा है– "सत्य कहीं बिकता नहीं, घर-बाहर-बाजार/बिकें झूठ की ढेरियाँ, ज्यों बिकते उपहार।" (पृ.सं. 19) देश की दुर्दशा के अनेक कारणों में गुणों का अवमूल्यन भी है। जहाँ कौआ-हंस एक ही भाव बिकेंगे–वहाँ के समाज और देश-काल का अन्दाजा स्वयं लगाया जा सकता है लेकिन बात यहीं खत्म नहीं होती–दुख और निराशा की पराकाष्ठा तो तब होती है जब देखने वालों में कोई प्रतिक्रिया नहीं होती– "बिकते कौआ हंस हैं, यहाँ एक ही भाव/भले-बुरे सब देखते, कोई खाय न ताव।" (पृ.सं. 25) हमारा देश आतंकवाद का शिकार है। आये दिन होने वाले विस्फोटों में सैकड़ों निर्दोष मर रहे हैं लेकिन देश के कर्णधार शान्तिवार्ता में लीन हैं। कवि व्यंग्य करता है– "शान्ति-वार्ता चल रही है, संगीनों के बीच/इधर रक्त को सैकड़ों, बहा रहे हैं नीच।" (पृ.सं. 42) वह चाहता है कि कोई ठोस कार्यवाही हो–सीमा पार के आतंक को जड़ से कुचला जाए– "इतनी चिन्ता देश की लो सीमा का भार/दुश्मन के आतंक को, कुचलो अब तो यार।" (पृ.सं. 21)

जाति-धर्म के नाम पर, छल, प्रपंच, लूट-खसोट, हिंसा-आतंक का जो ताण्डव हो रहा है उससे कोई भी भावुक हृदय व्यथित हुए बिना नहीं रह सकता। हर आदमी शान्ति और सौहार्द चाहता है किन्तु कुछ सिरफिरे ऐसा नहीं चाहते। वे धार्मिक असहिष्णुता का बीज बोकर समाज को विघटित करने में लगे हैं। डॉ. महेश 'दिवाकर' ऐसे लोगों की खिल्ली उड़ाते हैं। कबीर की तरह लज्जित करते हैं– "जप-तप या पूजा करो, अथवा पढ़ो नमाज़/धर्म कभी कहता नहीं विघटित करो समाज।" (पृ.सं. 22) धर्म के नाम पर जो संघर्ष होते हैं, साम्प्रदायिक कलह होते हैं उनमें मरने वाले राम-रहीम, ईसा-बुद्ध नहीं होते बल्कि इन्सान मरते हैं– "राम मरे, ईसा मरे, बुद्ध मरे रहमान/धर्म नाम कुछ भी रहे, मरता है इन्सान।" यदि यह संघर्ष ऐसे ही चलता रहा तो एक दिन यह सृष्टि समाप्त हो जाएगी। कवि चिन्तातुर भाव से पूछता है– "द्वेष-धर्म के नाम पर, मिट जाएगी सृष्टि/फिर किसके कल्याण हित, तुम बदलोगे दृष्टि।" (पृ.सं. 22) दृष्टि का बदलाव जरूरी है। यह समझना जरूरी है कि संसार में कोई धर्म है तो वह है–मानव-धर्म। यह मनुष्य को जोड़ता है तोड़ता नहीं। जो मानव को बाँटने का कुचक्र रच रहे हैं कवि उन पर अपनी नाराजगी प्रकट करता है– "सारी जगती एक है, केवल मानव धर्म/तुम मानव को बाँटने, रचते रोज कुकर्म।" (पृ.सं. वही) धरती पर जो संघर्ष छिड़ा है उसमें मानवता कराह रही है इसलिए कवि धर्मक्षेत्र कुरुक्षेत्र में शंख बजाने वाले श्रीकृष्ण का आह्वान करता है ताकि मानवता की हंसिनी पंख पा सके– "जगती के कुरुक्षेत्र में, कृष्ण बजाओ शंख/मानवता की हंसिनी पा जाएगी पंख।" (पृ.सं. 20)

'मीत-प्रीत' शीर्षक रचना के कुछ दोहे सौन्दर्य-वर्णन में रीतिकालीन झलक दे जीते हैं– "किसलय जैसे ओठ हैं, सुआ सरीखी नाक/मुख-मण्डल-छवि-चाँद सी, शतदल मानों आँख।" (पृ.सं. 31) कुछ परम्परित और नवीन उपमानों का अद्भुत समन्वय प्रस्तुत करते हैं– "स्वर्ण-बदन, मुख-कमल-सा, नैन शान्ति के दूत/हिरणी जैसी चाल पर, मुग्ध सरस्वती-पूत।" (पृ.सं. वही) गौर वर्ण दुल्हन का पूजा का थाल लेकर चलने में चलती चाँदनी की कल्पना मनोहर है– "गौर-वर्ण दुल्हन चली, लेकर पूजा-थाल/मानो चलती चाँदनी, चाँद चमकता भाल।"

ऋतुओं पर कविता लिखने का चलन लगभग समाप्त हो गया है लेकिन डॉ. 'महेश दिवाकर' ने 'ऋतुओं की सौगात' का अभिनन्दन कर परम्परा का अनुपालन किया है। यह बात अलग है कि इस कृति में ऋतुराज वसन्त को उतना महत्त्व नहीं दिया गया है जितना पूर्ववर्ती कवियों ने दिया है। कवि की दृष्टि वर्षा और शरद ऋतु की मनोहरता और सुन्दरता पर भी उतना नहीं गयी है जितनी जन-जीवन पर पड़ने वाले उनके प्रभावों पर गयी है। शरद ऋतु में धुन्ध और कुहासे धरती से आकाश तक व्याप्त हो जाते हैं। कवि लिखता है– "धरती से आकाश तक, धुँआ-धुँआ सब ओर/धुँआ किया सब शीत ने, छोड़ा ओर न छोर।" (पृ.सं. 39) शीत ने सब कुछ धुँआ कर ही दिया है उसकी आग भी भयावह है। विरोधाभास के अद्भुत प्रयोग द्वारा अशोक वृक्ष को सशोक करने में शीताग्नि की भूमिका की कल्पना अनूठी है– "पता नहीं किस शोक से, बोझिल हुआ अशोक/देख शीत की अगिन को, मानो हुआ सशोक।" (पृ.सं. वही)। पतझर में पत्तों का गिरना एक स्वाभाविक क्रिया है लेकिन कवि की मनोहर कल्पना में अपार वृक्ष मिलकर कलियों का स्वागत करते प्रतीत होते हैं– "पतझर के कारण गिरे, पत्ते कई हजार/कलियों का स्वागत करें मिलकर वृक्ष अपार।" (पृ.सं. 38) आज विश्व के लिए बढ़ता प्रदूषण एक खतरा है। इससे पर्यावरण बदला है। बदले पर्यावरण में भीषण गर्मी पड़ रही है—मेघ पानी नहीं बरसाते– "बदल रहा पर्यावरण, बदल रहा ऋतु नेह/भीषण गर्मी पड़ रही, नहीं बरसता मेह (पृ.सं. 39)।

विश्व-मंच पर मानव समुदाय का अभिनय जैसा है उसी के अनुरूप कवि की वाणी है। चूँकि अभिनय स्वार्थ, घृणा, द्वेष, अहंकार, अभिमान, हिंसा, आतंक से भरा, है इसीलिए 'सूत्रधार है मौन' में विसंगतियों, विडम्बनाओं, विद्रूपताओं, कुरुपताओं, जटिलताओं, समस्याओं को खुलकर प्रकट होने का अवसर मिला है। ऐसा होना भी चाहिए क्योंकि हमारा वर्तमान इतना जटिल और भयावह है कि उसकी अभिव्यक्ति किए बिना कवि-धर्म पूरा नहीं होता। यों तो हर रचनाकार अपनी रचना में वर्तमान को ओढ़ता-बिछाता है, उससे सम्वाद करता है किन्तु इस कृति में कवि का वर्तमान कुछ ज्यादा ही मुखरित है। जैसा कि साहित्य का काम्य है– 'शिवेतर की क्षति' इसीलिए इस रचना में विसंगतियों और विडम्बनाओं को प्रकट कर स्वस्थ समाज

का सपना देखा गया है। कवि मानवतावादी है। इसीलिए वह हर वस्तु को 'मानव' की दृष्टि से देखता है। मानव का उत्थान चाहता है। उसकी कामना है कि संसार ऐसे आदमियों से भरा हो जो अपने गुणों और कर्मों से ईश्वरत्व की कोटि में आते हों किन्तु वह जिस 'आदमी' को खोजता है वह विविध धर्म और वर्ण के जंगल में छिपा बैठा है– "खोज रहा हूँ आदमी, मिला अभी तक नाय/विविध धर्म औ' वर्ण में छुपा कहीं पर जाय।" (पृ.सं. 43) इतना ही नहीं ऊँचे सोपान पर चढ़कर अहं में डूबा आदमी केवल बातें गढ़ने में लगा है– "वाह! वाह! रे आदमी! बातें गढ़ता खूब/ऊँचे चढ़ सोपान पर, गया अहं में डूब।" (पृ.सं. 81)

राजनीतिक परिवेश तो और भी प्रदूषित है। कवि इस परिवेश की अभिव्यक्ति के लिए दण्डक वन, खर-दूषण और सूर्पणखा जैसे सन्दर्भों और पात्रों का सहारा लेता है– "दण्डक वन परिवेश है, खर-दूषण-सा राज/सत्ता मद में चूर है, फिर सूर्पणखा आज।" (पृ.सं. 41) पहले राजनीति में आदर्श, मर्यादा, त्याग, समर्पण, सेवा, दया, करुणा, स्नेह-ममता, अनुशासन और उच्च चरित्र वाले व्यक्ति पदार्पण करते थे किन्तु अब राजनीति चोर, उचक्कों, डकैतों, हत्यारों, बलात्कारियों की चरागाह बन गयी है। इससे दुखी कवि वर्तमान राजनीति के जंगल तन्त्र को अभिव्यक्त करने से अपने को रोक नहीं पाता– "राजनीति के कुन्ज में, कौए खेलें खेल/भोज लोमड़ी बाँटती, गधे कराते मेल।" (पृ.सं. 85) एक अन्य दोहे में कवि ने राजनीति को बिना लगाम की घोड़ी कहा है–ऐसी घोड़ी जो लक्ष्य पर नहीं चलती–इससे नेता नाकाम हो गये हैं– "राजनीति घोड़ी सदृश, हट्टी बिना लगाम/चले नहीं जो लक्ष्य पर, नेता हुए नकाम।" (पृ.सं. वही) जब से राजनीति में वोटों की भूमिका महत्वपूर्ण हुई है तब से इसका और पतन हुआ है। नेता येन केन प्रकारेण वोट जुटाने में मशगूल हैं। उन्हें नीति अनीति, उचित-अनुचित से कोई मतलब नहीं है। उन्हें सिर्फ वोट चाहिए चाहे इसके लिए लाशों का अम्बार ही क्यों न खड़ा करना पड़े– "नेताओं का जुड़ गया, राजनीति से तार/लाशों के अम्बार में, वोटों का व्यापार।" (पृ.सं. 65) देश-धर्म के नाम पर अगर कुर्सियाँ सलामत रहें तो वह भी करने के लिए नेता गण प्रयत्नशील हैं– "देश-धर्म के नाम पर, छाया हुआ जुनून/रहें सलामत कुर्सियाँ, बना लिया कानून।" (पृ.सं. 41)

अर्थ-तन्त्र में उलझा आज का मानव निन्यानबे के चक्कर में इस तरह फँसा है कि उसे सद-असद मार्ग का विवेक ही नहीं रह गया। छल-प्रपंच, झूठ-मक्कारी, नीति-न्याय, ईमान बेच वह पैसा जोड़ने में लगा है। कवि भक्ति कालीन कवियों की तरह चेतावनी देता है–कुमार्ग वृत्ति से अर्जित धन का प्रतिफल तो भोगना ही होगा– "झूठ बोल, धोखा दिया, धन कर लिया अपार/अब प्रतिफल को भोगने हो जाओ तैयार।" (पृ.सं. 48) माना कि जीवन के उत्थान में पैसा महत्त्वपूर्ण है किन्तु वही सब कुछ है–इसका ज्ञान तो होना चाहिए– "जीवन के उत्थान में, पैसा भी

है तथ्य/हाँ पैसा सब कुछ नहीं, यह भी जीवन-सत्य।" (पृ.सं. 91) समाचार-पत्र निकालने वाले भी धन-वैभव के सिन्धु में आकण्ठ डुबे हुए हैं– "कदाचार में लिप्त हैं, आज सभी अखबार/धन वैभव के सिन्धु में डूब गये आचार।" (पृ.सं. 51) इसीलिए कवि लोगों से अखबार का बहिष्कार करने की अपील करता है ताकि वे सुधर सकें और वह प्रचण्ड शक्ति देश को प्राप्त हो जो आजादी के दिनों में प्राप्त हुई थी– "अखबारों से मिली थी, कभी शक्ति प्रचण्ड/आजादी के दौर का, ज्यों उदन्त मार्तण्ड।" (पृ.सं. 52)

संयुक्त परिवार की प्रथा समाप्त हो गयी है। बूढ़े-बुजुर्गों को वृद्धाश्रमों में शरण मिल रही है। माता-पिता का अनादर हो रहा है। भाई-बहन का प्यार धन सम्पत्ति के वितरण को लेकर कषैला हो गया है। अतः कवि का चिन्तित होना स्वाभाविक है– "माता-पिता भाई-बहन पति-पत्नी-सन्तान/कोमल रिश्तों से सखे दूर गया इन्सान।" (पृ.सं. 47) घर-आँगन-परिवार चौपट क्यों हुए? उनकी यह दुर्दशा क्यों हुई? इस पर भी कवि ने विचार किया है और इसके लिए अहंकार को जिम्मेदार माना है– "अहंकार की गोद में, पहुँच गया है प्यार/इसीलिए चौपट हुए, घर आँगन-परिवार।" (पृ.सं. 47)

'स्वास्थ्य संचेतना' के दोहे कवि के वैद्यक-ज्ञान को उजागर करते हैं। इसमें वात, पित्त, कफ के कारण और निवारण से लेकर साग-भाजी के उपयोग तक की जानकारी दी गयी है। संयम-नियम एवं आचरण-व्यवहार में सादगी अपनाने से निरोग रहने का उपदेश है– "नियमित जीवन-साधना, मानव रहे निरोग/लापरवाही की सजा, मिल जाता है रोग।" (पृ.सं. 61) हंस-हंसिनी-एकार्थ काव्य' में जीवन के विविध व्यापारों का मनोहर वर्णन हुआ है। साथ ही यह सन्देश दिया गया है– "अपने वश कुछ भी नहीं, चलता जीवन-चक्र/सब कुछ विधि के हाथ में, करो उसी पर फक्र।" (पृ.सं. 75) चूँकि जीवन क्षण भंगुर है इसलिए ऐसा कर्म करने की सलाह दी गयी है जिससे लोग सन्त कहें– "पता नहीं हो जाए कब, इस जीवन का अन्त/कर ले ऐसे कर्म तू, लोग कहें सब सन्त।" (पृ.सं. 77) 'स्फुट स्वर' के दोहे धर्म, राजनीति, माया-मोह, काम-क्रोध, लाभ-हानि हर्ष-विषाद से लेकर कवि-धर्म तक को वणर्य-विषय बनाने वाले दोहे हैं। इनमें व्यंग्य है, विरोधाभास है और मिथकीय सन्दर्भों का सार्थक प्रयोग है। इसके साथ ही जीवनानुभवों का सम्यक दृष्टान्त है– "अन्धे की लाठी भली, चले पकड़कर हाथ/दो नैनों की दोस्ती, रहे न जीवन-साथ। (पृ.सं. 28) पति-पत्नी के सम्बन्धों को कवि जीवन का संवाद कहता है– "पति-पत्नी सम्बन्ध है, जीवन का सम्वाद/एक अवतरण प्यार का, दूजा है अनुवाद।" (पृ.सं. 87) नारियों के त्याग, समर्पण, सेवा, स्नेह, ममता, दुलार पर बहुत कविताएँ लिखी गयी हैं। उनके ओज, शौर्य और वीरत्व को भी याद किया गया है। वर्तमान समय में नारी-विमर्श एक आन्दोलन का रूप ले चुका है जिसमें स्वच्छन्दता की सीमा तक स्वतन्त्रता की माँग

जोर पकड़ रही है। डॉ॰ दिवाकर किसी विमर्श में हस्तक्षेप किए बिना नारी की जो मूर्ति गढ़ते हैं—वह भारतीय नारी की मूर्ति है— "नारी मूरति त्याग की, सुषमा की है धाम/उज्जवल गाथा प्रेम की, तीरथ सी निष्काम।" (पृ.सं॰ 89)

सदियों से यह प्रश्न उठता रहा है कि कविता की उपयोगिता और सार्थकता क्या है? समाज के निर्माण और निखार में उसकी भूमिका क्या है? प्रश्नों के उत्तर दिए भी जाते रहे हैं। डॉ॰ दिवाकर ने इनका उत्तर अपने ढंग से दिया है— "कलम क्रान्ति की वाहिका, कलम शान्ति की पुंज/जब जग जाती है कलम, लगे महकने कुंज।" (पृ.सं॰ 78)

इस काव्य-रचना में दोहा छन्द के अलावा गीत और मुक्तक भी हैं। निजता, गेयता और भाव-प्रसार की दृष्टि से सफल इन गीतों में एक कचोट है, पीड़ा है, प्राचीन प्रथाओं, मान्यताओं के लुप्त हो जाने का कष्ट है—'बही नहीं पुरवइया' शीर्षक गीत में कवि का भावोच्छ्वास इसी मनः स्थिति की उपज है—

"कहो, करें क्या अब तो भैया! पनघट उजड़ गये!
दही बिलोते कंगन के स्वर, रमने चले गये।"

(पृ.सं॰ 110)

सुमित्रानन्दन पन्त ने आह से गान उपजने की बात कही है। अन्य कवियों/गीतकारों ने भी गीत की उत्पत्ति को लेकर कुछ ऐसी ही उक्तियाँ दी हैं। डॉ॰ महेश 'दिवाकर' ने निम्नलिखित मुक्तक में गीत को अविरल साधना की देन कहा है—

"प्रीत! निश्छल भावना की देन है।
जीत! निर्मल कामना की देन है।
मीत! अतिशय पुण्य से मिलते मगर
गीत! अविरल साधना की देन है।"

(पृ.सं॰ 99)

'सूत्रधार है मौन' भाव और छन्द की दृष्टि से विविध वर्णी है। इसमें परिणय है, शोक है, निधन है, मिलन है, विछोह है, दुख है, भ्रष्टाचार है, स्वार्थ है, या यों कहें कि विश्व-मंच पर अभिनीत सभी झाँकियाँ हैं, सूत्रधार भी है लेकिन वह मौन है। भाव और अभिव्यंजना की दृष्टि से यह पठनीय और संग्रहणीय काव्य-रचना है।

'बेघर बादशाह' : मनुष्यता को जीवन्त करता आख्यान

ऐसे उत्तर आधुनिक समय और समाज में जब मानवीय संवेदनायें निरन्तर क्षीण हो रही हों, जीवन-मूल्यों का ह्रास हो रहा हो, स्वार्थ का आकाश विस्तृत तथा व्यवहार कृत्रिम हो रहा हो तब प्रो॰ रामदेव शुक्ल का मनुष्यता को जीवंत करता आख्यान 'बेघर बादशाह' का पाठ उतना ही सुखद है जितना नैशान्धकार में मशाल का प्रज्ज्वलन। मानवीय मूल्यों का मूर्तिमान स्वरूप बना जो चरित्र 'बेघर बादशाह' के नायक के रूप में उपस्थित है वह कल्पना-लोक का प्राणी नहीं बल्कि हाड़-माँस का एक जीता जागता इन्सान है— जिसकी गणना देवरिया के प्रसिद्ध वकीलों में होती है लेकिन उमाशंकर पाण्डेय नाम का यह वकील अपने मुवक्किलों से मगज नहीं मारता, अन्य वकीलों की तरह झूठ साँच बोलकर पैसे वसूलने की फिराक में नहीं रहता, प्रतिभावान इतना कि अन्य वकीलों द्वारा मुकद्मा हारने की आशंका में उनके आग्रह पर उनके पक्ष में बहस कर जीत दिला देता है। इतना ही नहीं कथानायक ऐसा व्यक्ति है जो अपने आचरण व्यवहार से दूसरों को सुखी करने में तृप्ति का अनुभव करता है, ऐसा दयालु जो दान और त्याग को जीवन का लक्ष्य मानता है, ऐसा स्नेही जो सौहार्द्र और बन्धुत्व के लिए अपना सर्वस्व समर्पित करने के लिए तैयार रहता है, ऐसा सत्याग्रही जो शिष्टाचार में भी झूठ की छाया तक नहीं पड़ने देता है। जाहिर है—ऐसा व्यक्तित्व वर्तमान अर्थ केन्द्रित, संवेदन शून्य समाज में मिलना दुर्लभ है। सम्भवतः इसी उत्तर आधुनिक समाज को मानवीयता का सन्देश देने के लिए प्रो॰ शुक्ल अपने संस्मरणों के कोष में से बेघर बादशाह यानी उमाशंकर पाण्डेय का चरित्र प्रकट करते हैं जो मनुष्यता का जीवंत आख्यान बन गया है।

उमाशंकर पाण्डेय वृद्ध वकील कमलाकर चतुर्वेदी के किरायेदार हैं। इन्हें चतुर्वेदी जी 'बादशाह' कहकर संबोधित करते हैं। जाहिर है लोक में वही 'बादशाह' कहलाता है जो दिल का धनी हो। सबके सुख-दुःख में मददगार हो। समदर्शी तथा समशील हो। जो किसी पर बोझ नहीं लेकिन सबका बोझ अपने सिर पर लेने को तैयार हो। उमाशंकर पाण्डेय के निधन के बाद उन जैसे व्यक्तित्व की खोज के सन्दर्भ में कहा गया यह कथन "वैसी बुलबुल कहाँ होती है जो अपने संगीत से जगत को अनुप्राणित करती

हुई बिना घोसला बनाये चली जाय, सिर्फ इसलिए कि किसी टहनी पर भार डालना उसे गवारा न हुआ"। (पृ.सं. 142) उनके व्यक्तित्व की महानता का उद्घाटन तो करता ही है साथ ही 'बेघर बादशाह' शीर्षक की सार्थकता को भी सिद्ध करता है।

फ्लैप पर जितेन्द्र श्रीवास्तव की टिप्पणी है—"बेघर बादशाह प्रख्यात कथाकार-आलोचक रामदेव शुक्ल का नया उपन्यास है। अपने कथ्य और शिल्प में अनूठा उपन्यास।" इसी में आगे यह भी लिखा है—"यह एक नया औपन्यासिक प्रयोग है। इसमें कई विधायें एक दूसरे से गलबहियाँ कर रही हैं।" ये दोनों टिप्पणियाँ इस बात की गवाह हैं कि इस कृति का ढाँचा लीक से थोड़ा अलग है। जाहिर है बड़ा रचनाकार किसी साँचे का मोहताज नहीं होता। वह साँचा स्वयं बनाता है और जरूरत पड़ने पर अपने ही बनाये साँचे को फिर तोड़ता है। 'मैला आँचल' जब लिखा गया था तब उसमें भी उपन्यास का परम्परित साँचा टूटा था। 'बेघर बादशाह' की रचना भी अगर उपन्यास के पुराने साँचे को तोड़कर हुई है तो इस नवता का स्वागत होगा ही। रही बात आस्वादन की तो इसमें औपन्यासिक आस्वाद तो है ही संस्मरण का भी आस्वाद है और अगर 121 शीर्षकों में विभक्त कथा का स्वतंत्र पाठ हो तो उसमें लघु कहानी का सा आनन्द भी प्राप्त होगा। इस तरह यह कृति एक नया प्रयोग है और प्रयोग भी ऐसा कि इसका कथानक चलचित्र की भाँति आँखों के सामने दृश्यमान होता रहता है और पठनीयता ऐसी कि एक बैठक में पढ़ जाने का उत्साह बना रहता है।

'बेघर बादशाह' का ताना-बाना देवरिया और गोरखपुर जनपद की विभिन्न घटनाओं, आचार-विचार, संस्कृति-संस्कार, आस्था-विश्वास को लेकर बुना गया है जिसके केन्द्र में हैं—उमाशंकर पाण्डेय और युवक। कथा का आरम्भ देवरिया में नौकरी सम्बन्धी साक्षात्कार में स्थानीय एम. एल. ए., महाविद्यालय के सचिव तथा इण्टरव्यू बोर्ड के सदस्य दीप नारायण मणि त्रिपाठी को युवक द्वारा डाँट पिलाने की घटना से होता है। बदजबान और दबंग त्रिपाठी को डाँटने वाला युवक देवरिया के सम्भ्रान्त लोगों और अधिकारी वर्ग के बीच चर्चा का विषय बन जाता है। कलक्टर मित्तल द्वारा युवक की निर्भीकता और प्रतिभा की प्रशंसा सुनकर देवरिया के सबसे बड़े वकील सैयद महमूद चिश्ती ने उस युवक को देखने के लिए बुलाया और बातचीत के क्रम में वह घटना सुनायी जिसमें उमाशंकर पाण्डेय ने दीप नारायण मणि त्रिपाठी को एक बार बुरी तरह डाँटकर बार एसोसिएशन के कमरे से बाहर निकाला था। इस तरह युवक पहली बार उमाशंकर पाण्डेय का नाम सुनता है और 'बेघर बादशाह' के पहले प्रकरण का शीर्षक रखा जाता है— 'उनका नाम सुना'। बादल भाई यानी डॉ. ए.के. सान्याल, डी एम.ओ.एच. के घर युवक पाण्डेय जी को पहली बार देखता है और उपन्यास में दूसरे प्रकरण का शीर्षक होता है— 'उनको देखा'। 'उनके असाधारण होने की झलक' युवक को तीसरे प्रकरण में मिलती है। चौथे में वह 'उनकी वकालत' से परिचित होता है। पाँचवें प्रकरण में वह 'उनके घर'

पहुँच उन्हें और निकट से जानने का अवसर पाता है। इसी तरह के 121 प्रकरणों में विभक्त उपन्यास का अंतिम प्रकरण है– 'आखिरी साँस तक दूसरों की फिक्र'। इसकी पुष्टि राजनन्दन त्रिपाठी के इस कथन से भी होती है– "अपनी जरूरतों को सीमित रखना और दूसरों के सुख-दुख के लिए तैयार रहना उनका स्वभाव है। हो सकता है महीने भर के लिए सामान खरीदने के बदले हाथ में कुछ पैसा रखना चाहते हों कि कोई माँगे तो तुरंत उसकी मदद कर सकें। लोग अपने लिए संग्रह करते हैं। ये संग्रह करते ही नहीं, पर माँगने वालों के लिए कुछ पास में रहे, इसका खयाल जरूर रखते होंगे। किसी को खाली हाथ लौटा नहीं सकते। खुद किसी से कुछ माँगना नहीं चाहते।" (पृ.सं. 68) भला पाण्डेय जैसा आदमी आज कहाँ मिलेगा?

उपन्यास के कुछ प्रकरणों के शीर्षक ही लाजवाब हैं– कथ्य में, भाव-भंगिमा में और अपनी व्यंग्यात्मकता में बहुत कुछ कहने वाले– 'खरहरे की मार से 'अरबपति' 'बसाएन का कामासूतरा', 'भूसा लादो बहुत लाभ है', 'तहसीलदार तो क्या चौकीदार साहब के यहाँ भी', सोलोनम टुबरोसम का रेट', 'तबलीग के लिए निकले बूढ़ननाथ सुकुल', 'महापात्र और मछली', 'विलायत पलट का अंग्रेजी उच्चारण' आदि। 'सत्ता का मद और तलवा चाटता ठेकेदार' का मदान्ध दीप नारायण मणि त्रिपाठी और ठेकेदार जमुना सिंह जैसे लोग क्या आज के समाज में नहीं हैं? 'तलवा चाटना' एक मुहावरा है लेकिन उसका घृणित रूप दिखाई देता है–यहाँ–"मणि जी गरजे क्या जमुना सिंह? यह औकात हो गयी तुम्हारी? आगन्तुक लगभग दौड़ता हुआ उनके पैरों पर गिरा। न सिर्फ पैरों पर गिरा बल्कि मणि जी के एक पैर को दोनों हाथों में पकड़कर अपना मुँह उसके पास ले गया और जीभ से वैसे ही चाटने लगा जैसे पालतू कुत्ते मालिक के पैर चाटते हैं।" (पृ.सं. 80)। दूसरी ओर युवक है–जिसने इण्टरव्यू के समय ही दीप नारायण मणि त्रिपाठी को डाँटा था और एक बार को छोड़कर वह कभी उनका दरबार करने नहीं गया। यहाँ तक कि मणि जी के खास चमचे के द्वारा कालेज की लाइब्रेरी हेतु सप्लाई की गयी पुस्तकों को उसने इसलिए अस्वीकार कर दिया कि वे पढ़ने योग्य नहीं थीं। जब प्रिंसिपल ने कहा कि मणि जी बहुत बिगड़ रहे थे तब युवक ने बताया कि "उन किताबों में प्यारेलाल आवारा और कुशवाहाकांत जैसे सड़क छाप लेखकों की थी। उन्हें डिग्री, कालेज तो क्या किसी भी लाइब्रेरी में कैसे रखा जा सकता है? प्रिंसिपल ने समझाना चाहा– 'तुम्हारा क्या बिगड़ता है? रहने दो लाइब्रेरी में। पड़ी रहेंगी।' युवक ने कहा–मैं अपनी कलम से उन्हे स्वीकार नहीं कर सकता। आप प्रिंसिपल हैं, सीधे रखवा लीजिए।" (पृ.सं. 82) अपनी निर्भीकता, स्पष्टवादिता, सत्यवादिता और ईमानदारी के कारण ही युवक उमाशंकर पाण्डेय का साहचर्य पा सका। आज हर क्षेत्र में ब्याज कमीशनखोरी, भ्रष्टाचार, अनैतिकता, अन्याय को मिटाने के लिए ऐसे लोगों की ही जरूरत है।

जो लोग प्रो. रामदेव शुक्ल को निकट से जानते हैं उन्हें यह अनुमान लगाने में

कोई कठिनाई नहीं होगी—कि उपन्यास में जिस युवक का उल्लेख है वह कोई और नहीं बल्कि स्वयं प्रो॰ शुक्ल ही हैं। उन्होंने ही दीप नारायण मणि त्रिपाठी को फटकारा था। वे ही देवरिया के एक महाविद्यालय में प्राध्यापक नियुक्त हुए थे। बाद में उनकी नियुक्ति डॉ॰ भगवती प्रसाद सिंह ने गोरखपुर विश्वविद्यालय के हिन्दी विभाग में की थी। इस तरह लेखक ने देवरिया प्रवास के समय जो कुछ देखा—सुना और भोगा था उसी का यथार्थ वर्णन 'बेघर बादशाह' में किया है। यह लेखक की साहसिकता ही है कि उसने घटनाएँ तो घटनाएँ पात्रों के नामों को भी यथावत रहने दिया है। बुढ़न नाथ सुकुल, राजनन्दन त्रिपाठी, नन्हें चिश्ती, राम छबीला मिश्र विश्वनाथ पाण्डेय, हरिहर प्रसाद दूबे, विश्वनाथ सिंह, अभिमन्यू सिंह, रज्जाक मास्टर आदि नाम काल्पनिक नहीं बल्कि वास्तविक हैं। जो लोग देवरिया-गोरखपुर से भली भाँति परिचित हैं उन्हें ये नाम अवश्य सुनने को मिले होंगे। उपन्यास में यथाप्रसंग आये सुरतिनारायण मणि त्रिपाठी, काँग्रेस के कद्दावर नेता और केन्द्रीय मंत्री पंडित कमलापति त्रिपाठी, पूर्वांचल के धाकड़ नेता और मंत्री राजमंगल पाण्डेय और उनकी दूसरी पत्नी मालती पाण्डेय को क्या आज की पीढ़ी भूल सकी है? उपन्यास में वर्णित रूद्रपुर राज्य और उसके राजा कुँवर भारतेन्द्र सिंह क्या काल्पनिक नाम है? गोरखपुर विश्वविद्यालय के कुलपति बालकृष्ण रावं, हिन्दी विभागाध्यक्ष डॉ॰ भगवती प्रसाद सिंह, इलाहाबाद के महान व्यक्तित्व रघुपति सहाय फिराक, अमरनाथ झा, कमलेश्वर, शांति मेहरोत्रा आदि प्रसंगतः उपन्यास में आये हैं। स्मृति के बल पर घटनाओं और पात्रों की यथार्थ उपस्थिति के कारण ही 'बेघर बादशाह' संस्मरणों का पुंज बन गया है।

कोई भी रचना अपने समय और समाज की उपेक्षा कर प्राणवान नहीं हो सकती। 'बेघर बादशाह' यद्यपि चरित्र प्रधान रचना है तथापि इसमें देवरिया-गोरखपुर का समाज अपनी खूबियों और खामियों के साथ उपस्थित है। इस क्षेत्र के पंक्ति पावन ब्राह्मण किसी अन्य जाति, यहाँ तक कि अन्य ब्राह्मणों का छुआ भोजन नहीं करते। बाजार की भुनी मूँगफली खाना भी वर्जित है लेकिन उनके लिए मांस, मछली, मद्य निषिद्ध नहीं है। एक बार एक पंक्तिपावन की पत्नी युवक के घर आयी। उन्हें बाजार की भुनी मूँगफली दी जाने लगी तो उन्होंने मना किया लेकिन दुबारा आग्रह करने पर सोंधी गन्ध से विचलित उस महिला ने मूँगफली लेकर खाना शुरू कर दिया। इसी बीच उनका बेटा उन्हें लेने आ रहा था। उनके चेहरे पर आतंक पसर गया। अनुनय करके कहने लगीं— 'उसे मालूम नहीं होना चाहिए कि मैंने बाजार की भुनी मूँगफली खाई है। उन्हें बताया गया कि अपने जिस बेटे से डर रही हैं वह रोज होटल में आमलेट खाता है। उन्होंने कहा—'वह पुरुष है।' (पृ.सं॰ 88) ऐसा दोहरा चरित्र और दोहरा मापदण्ड समाज को कहाँ ले जायेगा यह सोचने की बात है। छुआ-छूत और जाति-पात का आडम्बर तथा उस पर कबीर के समान प्रहार का एक प्रसंग 'मेसी डोस के बावर्ची' वाले प्रकरण में भी आया है— 'मैंसीडोस में

जीभरकर कवाब और मछली खाने के बाद कॉफी पीकर चलते समय तारीफों के पुल बाँधने वाले वकील साहब से पाण्डेय जी ने पूछा– "मिसिर जी! जानते हैं यहाँ ये चीजें इतनी स्वादिष्ट कैसे बनती हैं? मिसिर जी ने पूछा– "कैसे बनती हैं?" पाण्डेय जी ने बताया– 'इसके सभी– कुक बशारतपुर के मेहतर हैं जो क्रिश्चियन हो गये हैं। कटलेट खाकर तृप्त हुए मिसिर जी को लगा कि उनकी जाति तो गयी। पाण्डेय जी ने मीठी झिड़की दी–'तुम्हारी जाति और तुम्हारा धर्म दिन भर झूठ बोलने और माँस, मछली खाने से नहीं जाते आदमी की जाति अलग हो तो उसके छूने और उसके हाथ का बना खाने से चले जाते हैं"। (पृ.सं. 88)

राजनीति में कथनी और करनी का अन्तर आजादी के तुरंत बाद ही दिखाई देने लगा था। देवरिया जनपद के निवासी सुरति नारायण मणि त्रिपाठी जब लखनऊ के कलक्टर थे। गोविन्द वल्लभ पंत मुख्य मंत्री थे। प्रधानमंत्री बनने के बाद पहली बार नेहरू जी लखनऊ आ रहे थे। कलक्टर मुख्यमंत्री को तैयारियों का ब्यौरा बता रहे थे। पंत जी ने पूछा– 'स्वागत द्वार बनवाये? कितने बनवाये? त्रिपाठी जी ने कहा–"सर नेहरू जी इस तरह के दिखावे के बहुत खिलाफ हैं। वे पसंन्द नहीं करेंगे।" पंत जी मुस्कराये। उन्होंने सिर हिलाते हुए कहा– 'अरे त्रिपाठी! ये सब कहने की बाते हैं। वे छप्पन वर्ष के हो रहे हैं। कम से कम छप्पन स्वागत द्वार अवश्य बनवा दो।' तुरंत छप्पन स्वागत द्वार बनवा दिये गये। नेहरू जी ने लखनऊ की उस यात्रा में प्रशासन की प्रशंसा की।" (पृ.सं 118)! सुरतिनारायण मणि त्रिपाठी से यह विवरण सुनकर पाण्डेय जी के मन में जो विरक्ति उभरी सम्भवतः उसी का यह परिणाम रहा हो कि रूद्रपुर के लोगों ने जब पाण्डेय जी से चुनाव लड़ने का निवेदन किया तब पाण्डेय जी ने कहा– "देखो आदमी की बुद्धि का कुछ ठिकाना नहीं कि कब बदल जाय। अगर कभी सुनना कि उमाशंकर पाण्डेय ने किसी से वोट माँगा है या किसी से चन्दा माँगा है तो एक काम करना। सीधे कलक्टर के यहाँ जाकर दरख्वास्त दे देना कि उमाशंकर पाण्डेय पागल हो गये हैं। उन्हें किसी पागलखाने भेजकर इलाज करवाया जाय।" (पृ.सं. 118)

पाण्डेय जी प्रशासन में भी भ्रष्टाचार और अनाचार देखते थे तभी तो ये अपने बेटे मुन्नु के आई.ए.एस. बनने के खिलाफ थे– "अभी हिन्दुस्तान की जुड़ीशियरी बची हुई है। मुझे खुशी होगी अगर वे मुंसिफी की परीक्षा में बैठें।" (पृ.सं. 119) मुन्नु जब मुंसिफ हो गये तब पाण्डेय जी ईश्वर को धन्यवाद देते हुए बोले– "चलो आई.ए.एस. होने से बच गये।" (पृ.सं. 123)

आज पाण्डेय जैसा व्यक्तित्व भले ही कल्पना-लोक का लगे लेकिन वह एक यथार्थ है और इस यथार्थ से वर्तमान पीढ़ी कुछ भी ग्रहण कर सके तो 'बेघर बादशाह' अपने उद्‌देश्य में सफल होगा। प्रस्तुति और प्रयोग की दृष्टि से यह एक बेहद पठनीय और संग्रहणीय कृति है। मुद्रण भी आकर्षक और साफ-सुथरा है।

'अयन-हिता' : मूल्यों की तलाश में भटकती जिन्दगी का यथार्थ

हिन्दी उपन्यास में 'अकहानी' जैसा कोई वाद या प्रवाद-प्रचारित हुआ हो-ऐसा पढ़ने सुनने में नहीं आया। इन्दिरा के उपन्यास 'अयन हिता' को पढ़कर लगा कि इसमें 'अकहानी' जैसी कुछ बातें हैं। अकहानी के सम्बन्ध में कहा गया था कि इसमें कथानक नहीं होता, पात्र नहीं होते, स्थितियाँ होती हैं। 'अयन-हिता' में न तो उपन्यास का फार्मूला बद्ध कथानक है और न ही फार्मूलाबद्ध पात्रों की उपस्थिति/विचारात्मक स्थितियों का प्राबल्य है। विभिन्न विचारों की अटवी में एक के बाद एक, एक दूसरे से असम्बद्ध वृक्ष हैं जिनसे होकर गुजरना कठिनता से रहित तो है लेकिन पाठक के धैर्य और साहस का परीक्षण भी हो जाता है। समीक्ष्य उपन्यास में कथा प्रसंगों और कथा-खण्डों की स्थिति तो है लेकिन कथानक का शृंखलाबद्ध-सूत्रबद्ध रूप का अभाव है। वस्तुतः यह विचार प्रधान कथाविहीन कथाकृति है। एक नया प्रयोग है। लेखिका की स्वीकारोक्ति– "यह चेखव की कहानी नहीं जो अश्व की मृत्यु से किसी के प्रेम सम्बन्धों तक कही गयी हो।" (बस इतना ही) से सहज निष्कर्ष निकाला जा सकता है कि इसमें कथानक का आदि-अवसान, आरोह-अवरोह चरम-बिन्दु आदि का वह रूप नहीं है जो अन्य उपन्यासों में अनिवार्य रूप से विद्यमान रहता है। मीता की दिनचर्या ही इसकी कथाभूमि है जिसके माध्यम से विचारों के अनेक बीज अंकुरित होते हैं। मानस में उठने वाले विचार-तरंगों की भाँति आद्यन्त-कथा-सूत्र को पकड़े रखना कठिन जरूर है लेकिन वैचारिकता का सहज और उद्याम प्रवाह तर्क की उस पृष्ठभूमि पर ले जाता है जहाँ मानव बौना नजर आता है। खण्डित लगता है। मीता ऐसे खण्डित मानव को नकारती हुई उस मानव को खोज निकालना चाहती है जो सभी तरह से पूर्ण हो—महामानव हो। पूर्णत्व की तलाश में वह रामायण-महाभारत और ऐतिहासिक पात्रों से मिलती है। उनका साक्षात्कार करती है। अतीत के पत्रों को पलटती है। भविष्य की कल्पना को परखती है लेकिन वह मानव कहीं नहीं दिखाई देता और वह उसे पहचान भी नहीं पाती "रामायण, महाभारत के पात्र चाहे तुम्हारी आकृति में सँजो पाऊँ या नहीं। पर यह सत्य है कि इन सभी पात्रों

से मैं मिल चुकी हूँ। उनका दुराव– उनका भ्रम बड़ी पास से देखा है– मैंने। हर युग का पात्र दूसरे युग में जन्म लेता है–जीता है। यही मेरी विवशता है कि मैं किसी को पहचान नहीं पाई।" (पृ॰ 84) इसका कारण यह है कि सब मुखौटा लगाये हुए हैं। छलने के सुनहरे भ्रम के शिकार हैं। सब दौड़ रहे हैं सब भाग रहे हैं। किसी को किसी की चिन्ता नहीं। किसी को किसी से मतलब नहीं। इसलिए वह कहती है– "सब कुछ सम्बद्ध है–अगर नहीं है तो बस मनुष्य का जीवन-पूर्ण असम्बद्धता का शिकार।" (पृ॰ 69)

मीता जिस पूर्ण पुरुष की कल्पना करती है, जिसके सम्बन्ध में जाग्रत स्वप्न देखती है, जिसकी प्रतीक्षा में मर-मरकर जीती है। उसका कैरेक्टर स्केच सम्पूर्ण उपन्यास में से ढूँढ़ना पड़ेगा क्योंकि मीता राम-कृष्ण युग के पात्रों या ऐतिहासिक पात्रों से जब साक्षात्कार करती है तो नाकारात्मक शैली का प्रयोग करके सिर्फ इतना कहती है कि वह पूर्ण मानव ऐसा नहीं हो सकता है– ऐसा नहीं हो सकता-उपनिषदों के "नेति-नेति" की तरह। इसी परिप्रेक्ष्य में जब वह पात्रों की चीर-फाड़ करती है तो उसमें से अमानवीयता का मवाद निकलता है। भोगवादी प्रवृत्ति, चरित्रहीनता, अनैतिकता, धर्मांधता, भ्रष्ट राजनीति, वैमनस्यता, ईर्ष्या, वर्ग-विभेद असमानता, घृणा अपसंस्कृति आदि का कुत्सित और वीभत्स रूप प्रकट होता है इसलिए मीता उन सभी को नकार कर उसकी प्रगति के लिए व्यग्र है–प्रतीक्षारता है–जो सदाचरण और नैतिकता आदि के मानदण्डों पर पूरी तरह खरा उतरता हो। उपन्यास में आद्यन्त यह पाठक को जिज्ञासा बनी रहती है कि मीता किस पूर्ण पुरुष, किस महामानव की प्रतीक्षा में आकुल व्याकुल है? उसका व्यक्तित्व कैसा है? उसकी रूप रेखा क्या है? इस उत्सुकता और जिज्ञासा का शमन उपन्यास के अन्त में हुआ है– "वैदिक काल में आर्यों के देवता इन्द्र थे, अशोक काल में बुद्ध, शकों के काल में महादेव, गुप्तों के काल में बासुदेव, और अंग्रेजों के काल के देवता का नाम था–प्रेम, मानव-प्रेम।" (पृ॰ 184) यह सत्य भी है क्यों कि अगर निश्छल और निर्मल प्रेम का वातावरण स्थापित हो जाय तो मनुष्य को और चाहिए ही क्या?

यद्यपि उपन्यास में प्रमुख चरित्र है– मीता तथापि इस कृति का नामकरण– 'अयन-हिता' को लेकर किया जाना तार्किक नहीं लगता क्योंकि सम्पूर्ण उपन्यास में इनकी उपस्थिति क्षणिक ही है। अन्यों की तुलना में ये जरूर महत्वपूर्ण हैं लेकिन इतना नहीं कि इन्हें ही कथ्य के केन्द्र में मान लिया जाय। इसके साथ ही अयन और हिता का चरित्र निर्दोष हो यह भी नहीं है। फिर नामकरण का आधार इन्हें ही क्यों माना गया है– इसका कोई ठोस तर्क लेखिका के ही पास होना चाहिए। अयन और हिता एक दूसरे को चाहते हैं। प्रेम करते हैं किन्तु परिणय-सूत्र में इसलिए नहीं बन्ध पाते क्योंकि हिता जानती है– "पुजारी जी (अयन के पिता) कभी भी मुझे अपने वंश की अकलुषित इकाई नहीं मानते।" (पृ॰ 162) छोटे कुल (यद्यपि वह

एक बहुत बड़े अंग्रेज-अफसर की बेटी है) में उत्पन्न होने के कारण हिता अपने को अयन के विवाह-योग्य नहीं मानती (कुछ सीमा तक यह स्वीकार्य है) लेकिन जब अयन की शादी किसी दूसरे के साथ हो जाती है और वह एक पुत्री का पिता बन जाता है तब भी अयन और हिता को मन्दिर के पिछवाड़े मिलाकर लेखिका किस आदर्श की स्थापना करना चाहती हैं—यह समझ में नहीं आता। इसके साथ ही यह भी ध्यातव्य है कि आज जब एक दूसरे को चाहने वाले प्रेमी-युगल में हर तरह की रूढ़ियों, जातिगत संकीर्णताओं, ऊँच-नीच की मान्यताओं को तोड़ने की आतुरता, अकुलाहट और छटपटाहट दिखाई देती है—वैसे में हिता का यह कथन— "दीदी! तुम कहो तो मैं कूएँ में कूद पड़ूँ, पर अयन जी से हमारे लग्न की बात मत करना।" (पृ॰ 128) स्वाभाविक नहीं लगता। मान लिया कि हिता आदर्श की मूर्ति है। आदर्श देवी है। शरीरी और मांसल-प्रेम से उसका कुछ लेना देना नहीं लेकिन हिता के सम्बन्ध में लेखिका की यह टिप्पणी" "एक रूपये का हार हिता दस रूपये में बेचती है।" "और" दस रुपये देने से अधिक आज की पीढ़ी कुछ नहीं कर सकेगी— वह नपुंसक हो गयी है। "तथा उसे अपनी सुन्दरता का अपरोक्ष लाभ उठाना है।" (पृ॰ वही) अवश्य विचारणीय है क्योंकि इससे किस सत्य का उद्घाटन होना है—इसे लेखिका अच्छी तरह जानती होंगी। वैसे आज की पीढ़ी दिग्भ्रमित जरूर है—लेकिन इतना नहीं कि उसे नपुंसक मान लिया जाय। बहरहाल कहीं हिता को मीता से श्रेष्ठ और बड़ा दिखाया गया है तो कहीं मीता को हिता अवतार मानती है। इस चारित्र्यिक प्रतिस्पर्द्धा का मन्तव्य भी विचारणीय है।

जीवन-मूल्यों, जीवनादर्शों, मानवीय तत्वों की तलाश में मीता बाल्मीकि, विश्वामित्र, जाबालि, दधीचि, राम, कृष्ण, रावण, दुर्योधन, अर्जुन, कर्ण, युधिष्ठिर, भीम, द्रोणाचार्य, कृपाचार्य, बुद्ध, महावीर आदि के चरित्रों को पहचानने का प्रयास करती है। आधुनिक सन्दर्भों में उनकी व्याख्या करती है। जिसमें व्यंग्यात्मकता का स्वर प्रमुख है। करोड़पति वृद्ध की नवयौवना पत्नी दाढ़ी रहित आधुनिक वेश-भूषा वाले वाल्मीकि के काव्य का विमोचन फाइव स्टार होटल में करवाती है (पृ॰ 17) पार्लियामेण्ट हाउस में भारतीय संस्कृति, भारतीय मर्यादा पर बोलने वाले विश्वामित्र का लड़का (तीन अबोध शिशुओं का पिता) किसी लड़की को लेकर भागता है (पृ॰ 18) रावण गोवा के निर्जनतट पर कानैगी पर हिप्पियों को धर्मोपदेश देता है। नारी महत्व का गुणगान करता है। पार्लियामेण्ट की एनेक्सी में खड़े राम के एक रूप ने अपनी सुसंस्कृता पत्नी को तलाक दे रखा है (पृ॰ 30) एयर कंडीशन जापानी गाड़ी टियोटा में बैठने वाले धृतराष्ट्र के बेटों की गिनती भारत के प्रमुख होर्डरों में होती है (पृ॰ 43)। कर्ण धनुष बाण के भय से लोगों के होश नहीं उड़ाता।वह तो सब पर गुलाबी लाल मदिरा का रंग चढ़ा, उसे पिलाकर, सबके होश गँवाता है (पृ॰ 52) दासी पुत्र विदुर छूरा दिखा प्रेस कान्फरेन्स बुलाने की धमकी दे, अपने तथाकथित पिता

से जायज सन्तानों की तरह बराबरी का हिस्सा रात के अन्धकार में माँगने आता है (पृ॰ 54)। आदि विसंगतियाँ और विडम्बनाएँ जीवन को किस प्रकार झकझोरती और तोड़ती हैं—इसका अन्दाजा मूल्यों की तलाश में पल-पल छीजने वाली मीता की जिन्दगी से लगाया जा सकता है। वह पल-पल टूटती है। मर-मर कर जीती है। अन्धेरे में छिपी बहुरंगी परछाइयों में आस्था ढूढ़ती है। विश्वास उपजाने के संघर्ष में व्यस्त रहती है। विद्रूपताओं से मुक्ति के लिए छटपटाती है। सुखकर की प्राप्ति के लिए अकुलाती है। असुखता बोध से मानसिक यंत्रणा में तड़फड़ाती है। वह चाहती है कि हर कहीं हर जगह निर्मलता और पवित्रता का वातावरण हो। न कहीं कटुता हो, न वैमनस्य, न शत्रुता हो, न द्वेष, न शोषण हो—न दारिद्रय, न अन्याय हो-न मालिन्य, न आडम्बर हो—न अंधता बल्कि सर्वत्र मानवीय प्रेम की लहरें तरंगायित हों। प्रेम का साम्राज्य हो इसीलिए वह कहती भी है– "इस बार हे पूर्ण पुरुष– तुम्हारा नाम होगा प्रेम, मानव-प्रेम" (पृ॰ 164) इस परिप्रेक्ष्य में मीता का चरित्र उदात्तता की उस पृष्टभूमि का स्पर्श करने लगता है—जहाँ अवतारवाद की संकल्पना को सम्पुष्टि मिलती है और हिता का यह कथन "अभी तक तो पुरुष वर्ग ने ही अवतारों का ठेका ले रखा था" पहली स्त्री हैं—अवतार की श्रेणी में आने वाली मीता दीदी।" (पृ॰ 161) अस्वाभाविक नहीं लगता क्यों कि मीता का चिन्तन, उसकी सोच, क्रान्तिदर्शिता और उद्‌बोधक व्यक्तित्व सचमुच असाधारण हैं। वस्तुतः अवतार कहते किसे हैं? अवतार और अवतारी की परिकल्पना क्या है? इन प्रश्नों का सीधा उत्तर यह है कि मनुष्य जब पशु बन जाता है तब अवतारी पुरुष यह बताने आता है कि तुम जानवर नहीं मनुष्य हो और आज जब मानव तेजी से पशुता की ओर दौड़ता जा रहा है—मैस्कलीन, मेरी जुआना, शराब, सेक्स... आदि की ओर भाग रहा है तब मीता जैसे पात्र से, विचारों से बहुत आशायें बँधती हैं। और अवतार की कल्पना को साकारता मिलती है।

वे परिस्थितियाँ ही होती हैं जिनमें लेखा भी माँ की दवा के लिए अपने को अस्सी रुपये में बेचती है। यौन शोषण का शिकार बनती है और वह अच्छी तरह जानती है कि इस दुनिया में इससे मुक्ति भी नहीं है—"दीदी। मैं इतनी पढ़ी लिखी तो हूँ नहीं कि मुझे अच्छी नौकरी मिलती। बहुत दौड़ धूप करके अगर डेढ़ सौ रुपये की मिल भी जाती तो वहाँ भी यही करना पड़ता (पृ॰ 147)। विसंगति और विडम्बना देखिये कि दूसरी ओर कीमती गाड़ियों, कीमती होटलों की भाँति कीमती लड़कियों का शौक रखने वाले अरबपति सेठ मि॰ उपनयन जी हैं जिनकी मेहरबानियाँ अपने अधीनस्थ मि॰ अखिलेश चन्द्र बजाज की पत्नी पर भी है और उन्हीं की एम॰एस॰सी॰ पास, यूनिवर्सिटी टाप पटाखा बेटी पर भी। शानदार बँगला, शानदार गाड़ी के लोभ में नारियाँ कहाँ तक गिर सकती हैं इसका उदाहरण हैं—ये माँ और बेटी। बेटी ने तो उस अरबपति वृद्ध की बाकायदा पत्नी होने का प्रमाण पत्र भी प्राप्त कर लिया है।

माँ का स्थान ले लिया है। छिः छिः की कोई जरूरत नहीं यही तो आधुनिक प्रगति है।

इस उपन्यास में एक चरित्र है– धारा चटर्जी। वह मन्दिर में फैशन के रूप में हाथ जोड़ती है। सिर ढककर देवी को प्रणाम करती है। विवाह और संतान को बन्धन मानती है– 'बन्धन में बँधकर अपनी स्वतन्त्रता समाप्त कर देना इससे बड़ी मूर्खता नहीं है।' (पृ. 130) लेकिन स्वच्छन्दता के नाम पर गाड़ी बदलने के समान पुरुष मित्र बदलना भी तो अमर्यादित है–अस्वीकार्य है। पुरुष मित्र बदलने वाली अमीर लड़कियों के समान धारा (जैसे-तैसे दो वर्ष पूर्व विवाह-बन्धन में बँध ही चुकी है–किन्तु ससुराल नहीं जाती) मन्दिर के खूबसूरत बगीचे में अपने, ब्वायफ्रेण्ड के साथ घूमने में संकोच नहीं करती। इनकी पुरुष मित्रता अंतरंग न हो ऐसा भी नहीं है। आखिर धारा जैसी स्वतंत्रता (स्वच्छन्दता) प्रिय युवतियाँ अपने आचरण से क्या सिखाना चाहती हैं–यह गौरतलब है। समाज में पल-पल बढ़ रही दुष्प्रवृत्तियों के लिए कौन जिम्मेदार है? ऐसे प्रश्न मीता के भी हो सकते हैं और हमारे आपके भी।

आराधना, उपासना, पूजा पाठ, भक्ति भाव में भी ढ़ोग ढकोसलों, आडम्बरों आदि का इतना वर्चस्व है कि आम आदमी की इनसे श्रद्धा उठती जा रही है। इसके विपरीत अन्ध श्रद्धालुओं को रिझाने के लिए नये-नये तरीके खोजे जा रहे हैं। "अब तो आरती भी शब्दों में नहीं होती, वह भी संगीत के धुनों और लयों पर थिरकती है।" (पृ. 69) पुजारी पंडे भी पैसे वालों को ही महत्त्व देते हैं। श्रीमती इलादेवी पुजारी की इसी पक्ष पात वाली मानसिकता के कारण मन्दिर आना ही छोड़ देती हैं जब कि वे निष्काम भाव से अपने आराध्य को प्रसाद चढ़ाने मन्दिर आया करती थीं। सकाम भाव से भक्ति करने वाले लोग कम नहीं है। श्रीमती मद वर्ष के तीन सौ पैसठ दिन शाम की सब्जी और शाम का दूध बन्द करके भी भगवान को नैवेद्य इस लिए चढ़ाती हैं क्यों कि उन्हें विश्वास है "जितना वह पुण्य करेंगी, अगले जन्म में उतना ही उन्हें मिलेगा। सम्भव है कार खरीदने की इच्छा अगले जन्म में अवश्य पूर्ण हो जाय। इसके विपरीत ऐसे लोगों की भी कमी नहीं है जो अपना सर्वस्व लुट जाने पर भी भगवान के प्रति आस्था और श्रद्धा नहीं छोड़ते। ऐसा ही चरित्र है-काशी का जो पति के व्यभिचार, दुराचार तथा मद्यपी प्रवृति के कारण सम्पन्न हो कर भी विपन्न हो जाती है। इकलौता बेटा बम्बई भाग जाता है। असहाय वृद्धा काशी, ईश्वर को फिर भी नहीं कोसती और श्रद्धा तथा निष्ठा के साथ "मन्दिर में बैठी रहती है। तन्मय होकर उस भगवान के गीत श्रद्धा से गाती रहती है। जिसने उसका सब कुछ छीन लिया।" (पृ. 117) बेचारी काशी पास-पड़ोस में पापड़ बेलने से लेकर शादी विवाह के अवसर पर गीत गाने तक हर कार्यों में अपने को व्यस्त रखती है लेकिन अपने बेटे का पता इसलिए नहीं लगाती क्योंकि उसे मालूम है कि आज की पीढ़ी अपने माता पिता को बोझ मान रही है। दो रोटी खिला सकने के अपने उत्तरदायित्व से मुँह मोड़ रही है। मीता काशी से पूछती है– "मौसी बेटे का

पता क्यों नहीं लगवाती? कब तक काम करवाती रहोगी? "मौसी मुस्कराती है—" तू मुझसे वायदा कर कि मेरा बेटा दो समय की रोटी मुझे देगा। मैं कहीं से भी ढूँढ लाऊँगी।" (पृ. 117) कितनी कसक और कितनी वेदना है? कहाँ जा रही है आज की यह पीढ़ी इस विषय में सभी को अवश्य सोचना है।

सेठ, साहूकार, नेता किस तरह जनता को बेवकूफ बनाने में लगे हैं—इसका खुलासा, समीक्ष्य उपान्यास में, कई स्तरों पर और कई रूपों में किया गया है। सेठ गोपाल दास और उनके बेटे के प्रसंग में राजनीतिक, लाभ, धन उगाही, काला बाजारी आदि को यथार्थ अभिव्यक्ति मिली है। इससे बड़ा दुर्भाग्य क्या होगा कि मन्दिरों का उपयोग राजनैतिक स्वार्थ-साधना के लिए होता है। सेठ जी मन्दिर में ध्वजारोहण करते हैं, दो सौ ब्राह्मणों को भोजन कराते हैं तथा सबको धोती-कुरता दक्षिणा में देते हैं लेकिन वे अच्छी तरह जानते हैं कि जितना खर्च किया है—उतना वसूलना भी है। कभी इस देश में धर्म का मूल मंत्र होता था— 'किसी से छीनों मत, किसी को मारो मत' लेकिन अब इस वाक्य को उलटा कर दिया है— 'सबको मारो-सबसे छीन लो। 'पहले धर्म का चिन्तन, अध्ययन, मनन जंगल और कन्दराओं में बैठकर किया जाता था। अब इनका स्थान एअरकण्डीशन कमरों और मल्टीस्टोरी बिल्डिंग्स ने ले लिया है। इससे बड़ी विडम्बना क्या होगी कि "धर्म के नाम पर यज्ञ की वेदियाँ बनती हैं, शुद्ध घी के डिब्बे खुलते हैं और कितने ही घरों की माँए अपने नन्हें शिशुओं को मारकर या भूत की कहानी सुनाकर सुला देती हैं। आर्थिक विसंगति ही तो है कि 'श्वानों को मिलता दूध वस्त्र, भूखे बालक अकुलाते हैं। अयन हिता' में ऐसे कितने ही प्रसंग वर्णित हैं।

इस उपन्यास में जीवन-जगत की अन्य बहुत सी असंगतियों-विसंगतियों-विद्रूपताओं की ओर पाठक का ध्यान आकृष्ट किया गया है। परिवार नियोजन की धूम है-जनसंख्या बढ़ती जा रही है। आशातीत कल कारखाने खुल रहे हैं—बेकारी की समस्या अजगर से भी भयानक होती जा रही है। आयात की शृंखलायें लम्बी होती जा रही हैं—दो समय की रोटी नहीं मिल रही है। शपथ समारोह बहुत धूम धाम से मनायें जा रहे हैं। न सौगन्ध खाने वाला अर्थ समझ रहा है और न खिलाने वाला। एक ओर धन रखने का अभाव है—दूसरी ओर विपुलता। इन्सान बिक रहा है—इन्सानियत की कब्र खुद रही है। कोई ताली बजा रहा है—कोई बजवा रहा है। कोई नाच रहा है-कोई नचा रहा है—कोई झुक रहा है। कोई झुका रहा है। छल प्रपन्च बढ़ रहा है। सरलता नष्ट हो रही है। अराजकता में वृद्धि हो रही है—

अनुशासन की महत्ता घट रही है। इन्हीं विसंगतियों से मीता का साक्षात्कार होता है। वह इनसे टकराती है। अपने आप से प्रश्न करती है और उनको ढूँढ़ती है जिसके पास उसके प्रश्नों का समाधान है। वह चाणक्य की ओर आशा भरी निगाहों से देखती है। उसे विश्वास है कि चाणक्य के आने पर शायद इस भूमि का उद्धार

हो सके। क्योंकि उन्होंने सफल शासक ही नहीं सफल प्रशासन भी दिया और वे ऐसा इसलिए कर सके क्योंकि झोपड़ी छोड़कर महल में कभी नहीं आये। इसीलिए मीता कहती है– "'आज के युग में तुम्हारी उसी एक निष्ठा की आवश्यकता है, वही लम्बी चोटी चाहिए जिसमें गाँठ बाँधी जा सके।" इसी सन्दर्भ में आज की कुर्सी पाने (हथियाने) की दौड़ पर तीखा व्यंग्य किया गया है– "राज सिंहासन पर बैठने के लिए किसी शूद्र को ढूँढना नहीं पड़ेगा।" क्यों कि तुम (चाणक्य) जब तक वहाँ पहुँचोगे, उन्हें कुर्सी पर जमा हुआ ही पाओगे।

सामाजिक, राजनैतिक, धार्मिक, आर्थिक तथा वैयक्तिक परिस्थितियों में जो असन्तुलन, बेडौलपन, असामान्यता और असमरसता की स्थितियाँ हैं–उसकी यथार्थ अभिव्यक्ति इस उपन्यास में हुई है। इसका व्यंग्य सर्वथा समर्थ, तीव्र और धारदार है जो तिलमिलाता अधिक है–गुदगुदाता कम। निहित स्वार्थों को चुनौती देता है तथा लोक की दृष्टि में उसे घृणित अथवा हास्यापद बताकर मूल्यों की पुनर्स्थापना, परिष्कार और संशोधन आदि की पृष्टभूमि तैयार करता है। अपने से साक्षात्कार कराता है और जीवन– जगत में व्याप्त मिथ्याचार, भ्रष्टाचार, पाखण्ड, असामंजस्य और अन्याय से लड़ने के लिए वैचारिक क्रान्तदर्शिता की सृष्टि करता है।

व्यंग्य शैली के अनुरूप उपन्यास की भाषा चुटीली और प्रभावोत्पादक है। साथ ही काव्यमयी भी। प्रकृति चित्रण में उपन्यास की चित्रमयी भाषा लेखिका की भाषा सामर्थ्य की प्रतीति कराने में सक्षम है। कथानक में श्रृंखलाबद्धता का अभाव होने के बावजूद भी यह भाषा का वैशिष्ट्य ही है जो पाठक को आद्यन्त बाँधे रखता है और कथा प्रवाह खण्डित नहीं लगता। वस्तुतः 'अयन हिता' कथन की भंगिमा, भाषा की प्राजंलता और वस्तु विन्यास की निजी विशेषता के कारण औपन्यासिकता की बँधी बँधाई लीक और मानदण्डों से अलग विचार–प्रधान कथा कृति है। मूल्यों की तलाश में भटकती जिन्दगी की कटु तिक्त अनुभवों, निराशा, हताशा, पीड़ा, और छटपटाहट की यथार्थ अभिव्यक्ति है। शाश्वत मूल्यों की स्थापना के प्रयास की कहानी है। इस कथाकृति का शिल्प नया है। तेवर नया है। अंदाज नया है। वस्तुतः यह एक नया प्रयोग है। इसी सन्दर्भ में यह हिन्दी उपन्यास जगत की महत्वपूर्ण उपलब्धि है और इन्दिरा एक सशक्त उपन्यासकार।

'प्रेमचन्द की कहानियों का कालक्रमानुसार अध्ययन :' एक नये प्रेमचन्द से परिचय

कथा–सम्राट मुंशी प्रेमचन्द की लगभग सम्पूर्ण कहानियाँ आज अगर हमारे सामने हैं तो उसमें डॉ॰ कमल किशोर गोयनका की सराहनीय भूमिका है। यद्यपि उनके साहित्य को खोजने और खोलने के प्रयास निरन्तर होते रहे हैं लेकिन डॉ॰ गोयनका की जिज्ञासा, गवेषणा और तपः पूत साधना ने प्रेमचन्द को जिस सम्पूर्णता के साथ उपस्थित किया है उसकी कोई तुलना नहीं है। विभिन्न कोणों से प्रेमचन्द को जाँचने-परखने तथा उनके साहित्य के अन्वेषण-अनुसंधान हेतु संकल्पित डॉ॰ गोयनका की लेखनी की नवीनतम भेंट 'प्रेमचन्द की कहानियों का कलाक्रमानुसार अध्ययन' उन सभी तथ्यों और सन्दर्भों को समेटे हुए है जो कहानी के अन्तस्तल तक पहुँचने में किसी पाठक के लिए जरूरी हो सकते हैं। प्रेमचन्द की कहानियों की संख्या, रचना-काल, प्रकाशन वर्ष, हिन्दी-उर्दू की कहानी, कहानी– लघु कहानी, प्रथम प्रकाशन आदि की दृष्टि से अब तक जो अनिश्चय और भ्रम बना हुआ था उसका निराकरण है– यह पुस्तक। यह न केवल प्रेमचन्द की कहानियों का कालक्रमानुसार अध्ययन है बल्कि उनका कहानी जगत में प्रवेश, कहानी–दर्शन और विभिन्न परिस्थितियों तथा मनोदशाओं में सृजित उनकी कहानियों के पूर्वापर सम्बन्धों के आलोक में एक रचनाकार की विकसनशीलता के उद्घाटन का सार्थक प्रयास भी है। जिन पुष्ट प्रमाणों, अभिलेखों, महत्वपूर्ण दस्तावेजों के आधार पर कहानीकार प्रेमचन्द को यहाँ उपस्थित किया गया है वहाँ नवीनता की आभा का प्रस्फुटित हो जाना स्वाभाविक है और जब लेखक यह कहता है कि– "यह अध्ययन पाठकों को एक नये प्रेमचन्द से परिचित कराएगा जिसे इससे पूर्व न तो खोजा गया था, न देखा गया था।" (भूमिका से) तब वह बड़बोलापन नहीं लगता बल्कि सद्प्रयास की सार्थकता का मुखर उल्लास प्रतीत होता है।

डॉ॰ गोयनका ने प्रेमचन्द की मूल्यान्वेषी और मूल्य समावेशी कहानी-यात्रा को भारतीयता के व्यापक परिप्रेक्ष्य में देखा-परखा है तथा यह अनुभव किया है कि

उनकी रचनात्मकता भारतीय चेतना तथा विवेकधर्मिता से अनुप्राणित है। उसमें आत्मबोध, स्वत्व तथा अस्मिता की पहचान और प्रतिष्ठा की आकांक्षा तथा सबसे जुड़ने और जोड़ने की ललक है। उसमें परम्परा का प्रवाह है तो आधुनिकता का आग्रह भी है। वह यथास्थितिवादी है तो प्रगतिशील भी है। उसमें क्रांतिकारिता भी है और समन्वयशीलता भी। वह विराटता का दर्शन है तो दर्शन की विराटता भी। इसी परिप्रे क्ष्य में वह भारतीय संस्कृति, नव्यताबोध, स्वाधीनता और मानवीय मूल्यों की व्याख्याकार तथा सम्वाहिका है। इसीलिए डॉ॰ गोयनका यह अपील करते हैं कि "यदि हम भारत को 'इंडिया' के स्थान पर 'भारत' बनाये रखना चाहते हैं तो प्रेमचन्द के कहानीसंसार की मूल आत्मा 'भारतीयता' को अपने राष्ट्रीय सांस्कृतिक जीवन का अंग बनाना होगा।" (भूमिका से)

हिन्दी की पहली कहानी और पहली आधुनिक हिन्दी कहानी को लेकर माथा-पच्ची आज भी जारी है। इसीलिए डॉ॰ गोयनका ने इस मुद्दे पर काफी गम्भीरता से विचार किया है। पुस्तक के प्रथम अध्याय 'प्रेमचन्द'-कहानीकार का 'इतिहास' में उन्होंने उन सभी आलोचकों जिन्होंने पहली कहानी के प्रश्न को सुलझाने का प्रयत्न किया है को सन्दर्भित करते हुए अपना मन्तव्य दिया है कि "हिन्दी की पहली आधुनिक कहानी के निर्धारण में सन 1915-16 में प्रकाशित 'सौत, पंचपरमेश्वर' तथा 'उसने कहा था' कहानियों में से किसी एक को चुनने से यह अधिक उचित होगा कि इसका श्रेय 'सोजे वतन' की कहानियों को दिया जाए। 'सोजे वतन' से आधुनिक कहानी का श्रीगणेश होता है और यदि इसका श्रेय हिन्दी और उर्दू की कहानियों को मिलता है तो हिन्दी के आलोचकों को सहानुभूति पूर्वक विचार करने की आवश्यकता है।" (पृ॰सं॰ 44)। उनकी इस अवधारणा की प्रबलता में अमृतराय का यह कथन अवश्य सहायक रहा होगा– "हिन्दी की आधुनिक कहानी का इतिहास गुलेरी की कहानी 'उसने कहा था' से शुरु मानना गलत है क्योंकि प्रेमचन्द की कहानियाँ– 'बड़े घर की बेटी' (दिसम्बर 1910) 'नमक का दरोगा' (1913) 'रानी सारंधा' (अगस्त-सितम्बर 1910), 'राजा हरदौल' (1911), 'आल्हा' (जनवरी 1912), अमावस्या की रात' (अप्रैल 1913) इत्यादि अनेक कहानियाँ उससे पहले प्रकाशित हो चुकी थीं। (पृ॰सं॰ 18) जाहिर है प्रेमचन्द की ये सभी कहानियाँ उर्दू की कहानियाँ हैं। अब प्रश्न यह है कि क्या उर्दू की कहानियों को हिन्दी की आधुनिक कहानी के जन्म का श्रेय दिया जा सकता है? इस प्रश्न के उत्तर में डॉ॰ गोयनका ने प्रेमचन्द का उर्दू-प्रेम, उर्दू से हिन्दी में आने के कारणों का सविस्तार उल्लेख किया है। साथ ही यह प्रश्न भी उठाया है कि "क्या प्रेमचन्द के सन्दर्भ में हिन्दी उर्दू की कहानियों का कोई भेद है या नहीं है और यदि है तो क्या हिन्दी के आलोचकों तथा शोध-कर्त्ताओं ने प्रेमचन्द संबधी अपने आलोचनात्मक एवं शोधात्मक कार्यों में उनकी केवल हिन्दी में प्रकाशित कहानियों तथा उपन्यासों का ही अध्ययन-विवेचन किया है अथवा

अपनी नीति के विरुद्ध प्रेमचन्द द्वारा केवल उर्दू में प्रकाशित रचनाओं को भी अपने अध्ययन में सम्मिलित कर लिया है? असल में इस प्रश्न के समाधान से ही प्रेमचन्द की हिन्दी उर्दू कहानियों के भेद-अभेद का निर्णय हो सकेगा और तभी हम हिन्दी की पहली आधुनिक कहानी का भी निर्णय कर सकेंगे।" (पृ.सं. 19)। हिन्दी उर्दू के भेद-अभेद वाले प्रश्न के उत्तर में डॉ गोयनका ने प्रेमचन्द की हिन्दी-उर्दू सम्बन्धी अवधारणा को विस्तार के साथ प्रस्तुत किया है। उन्होंने यह दिखाने की चेष्टा की है कि प्रेमचन्द उर्दू को मुसलमानों की तथा हिन्दी को हिन्दुओं की भाषा मानने को तैयार नहीं थे। प्रेमचन्द ने दिसम्बर 1930 के 'जमाना' में लिखा था– "उर्दू न मुसलमानों की बपौती है न हिन्दुओं की। उसके लिखने और पढ़ने का हक दोनों को हासिल है। हिन्दुओं का उसपर हक पहला है क्योंकि वह हिन्दी की एक शाखा है, हिन्दी के पानी और मिट्टी से उसकी रचना हुई और सिर्फ कुछ थोड़े से अरबी और फारसी शब्दों के दाखिल कर देने से उसकी असलियत नहीं बदल सकती।" (पृ.सं. 23) जाहिर है प्रेमचन्द के अनुसार हिन्दी और उर्दू तत्त्वतः एक ही हैं, अन्तर है तो केवल लिपि का। जहाँ तक प्रेमचन्द के उर्दू-प्रेम की बात है तो उसे दर्शाने के लिए गोयनका ने उस पत्र का उल्लेख किया है जो उन्होंने 'साकी' के एडीटर को लिखा था– "मैं उर्दू के लिए न सिर्फ जिन्दा हूँ बल्कि ज्यादा जोरों से जी रहा हूँ।" (वही पृ.सं. 28) डॉ. गोयनका मानते हैं कि प्रेमचन्द हिन्दी में आने के बाद भी उर्दू में लिखते रहे जिसका प्रमाण उनकी कहानी 'कफन' है जिसकी रचना पहले उर्दू में हुई और वह पहले उर्दू में ही 'जामिया' के दिसम्बर 1935 के अंक में छपी। अब यह प्रश्न उठना स्वाभाविक है कि जिस प्रेमचन्द ने हिन्दी-उर्दू में भेद नहीं माना, दोनों के संस्कारों एवं संवेदनाओं में कोई बुनियादी अंतर नहीं माना उन्हीं की कहानियों को हिन्दी-उर्दू के दो वर्गों में बाँटकर अध्ययन करना क्या उचित होगा? डॉ. गोयनका की शिकायत है कि "प्रेमचन्द की हिन्दी और उर्दू कहानियों को अलग-अलग भाषाओं की कहानियाँ बताकर उनमें भेद तो खूब किया गया है जबकि इन दोनों भाषाओं में प्रकाशित कहानियों को हिन्दी की एक धारा में रखने के वैज्ञानिक प्रयास नहीं हुए हैं।" (पृ.सं. 19)। काश! ऐसे प्रयत्न हुए होते तो 'सोजे वतन' से आधुनिक हिन्दी कहानी का श्रीगणेश मान लेने में कोई आपत्ति नहीं होती और इस तरह लेखक के अनुसार हिन्दी कहानी के इतिहास का एक बड़ा प्रश्न सुलझ गया होता।

प्रेमचन्द की कहानियों की संख्या को लेकर भी एक मत का अभाव रहा है। लेखक की माने तो स्वयं प्रेमचन्द ने अपनी कहानियों की संख्या 250 मानी थी। उनके समालोचकों विशेषतः डॉ. राम रतन भटनागर, डॉ. इन्द्रनाथ मदान, डॉ. लक्ष्मी नारायण लाल, डॉ. देवराज उपाध्याय, डॉ. गौतम सचदेव, डॉ. इन्द्र कुमार सिन्हा, ज़ाफर रज़ा आदि ने उनकी कहानियों की संख्या 250 से लेकर 400 के बीच तक मानी है। उनके सुपुत्र अमृतराय ने 'प्रेमचन्द कलम का सिपाही' में 224 कहानियों

की सूची दी है। इससे प्रेमचन्द के पाठकों को होने वाली असुविधाओं तथा सन्देहों का अंदाजा लगाया जा सकता है। इसलिए प्रेमचन्द की कहानियों की संख्या का निर्धारण बहुत जरूरी था जिसे इस पुस्तक के माध्यम से पूरा करने का प्रयास हुआ है। डॉ॰ कमल किशोर गोयनका ने प्रथम अध्याय के दूसरे उपखण्ड 'कहानियों की संख्या और हिन्दी उर्दू कहानी संग्रह' में अपने से पूर्ववर्ती प्रयासों की प्रामाणिक विवेचना की है और उन न्यूनताओं की ओर ध्यान आकृष्ट किया है जिनसे प्रेमचन्द की कहानियों की सही संख्या निर्धारित करने में कठिनाइयों का सामना करना पड़ा है। उन्होंने यह माना है कि "प्रेमचन्द की सम्पूर्ण कहानियों की संख्या तय करने तथा उनका हिन्दी-उर्दू कहानियों की काल क्रमानुसार सूची बनाने का कार्य किसी एक व्यक्ति के लिए सम्भव नहीं है।" (पृ.सं॰ 53) फिर भी प्रशंसा करनी चाहिए डॉ॰ गोयनका की जिनके अध्यवसाय, कठिन परिश्रम और गवेषणा वृत्ति से प्रेमचन्द की कहानियों की संख्या निश्चित हो सकी है– "प्रेमचन्द की 298 उपलब्ध कहानियाँ हैं तथा 3 अनुपलब्धकहानियों का विवरण है। इस प्रकार प्रेमचन्द की कहानियों की कुल संख्या 301 है।" (पृ.सं॰ 82) सम्पूर्ण कहानियों की काल क्रमानुसार सूची तैयार करना भी एक जटिल कार्य था क्योंकि काल क्रम से अध्ययन और समीक्षा का अभाव था। यद्यपि कुछ शोध कर्ताओं तथा समीक्षकों ने प्रेमचन्द की कहानियों की सूची तो बनाई थी लेकिन वे न तो पूर्ण थी और न ही कालक्रम की ही दृष्टि से बनाई गयी थीं। डॉ॰ कमल किशोर गोयनका ने पुस्तक के दूसरे अध्याय में 'प्रेमचन्द की कहानियों की कालक्रमानुसार सूची तैयार की है। उन्होंने यह दावा भी किया कि "प्रेमचन्द की कहानियों के कालक्रमानुसार अध्ययन का यह पहला प्रयास है। इससे पूर्व किसी आलोचक ने न तो इस दृष्टि से सोचा है और न कहानियों को कालक्रम में पढ़ने तथा परखने की ही चेष्टा की है।" (भूमिका से) इसमें सच्चाई भी है क्योंकि उन्होंने जिस वैज्ञानिक पद्धति का सहारा लिया है उसमें किसी प्रकार के भ्रम की कोई गुंजाइश नहीं होगी। इस सूची की विशेषता यह है कि वार्षिक आधार पर कहानी तालिका बनाई गयी है। प्रत्येक वर्ष की कहानियों के लिए सात कालम बनाये गये हैं –यथा-क्रम संख्या, कहानी का हिन्दी शीर्षक, कहानी का उर्दू शीर्षक, प्रथम प्रकाशन-पत्रिका/पुस्तक, प्रथम/अन्य संकलन-हिन्दी, प्रथम/अन्यसंकलन- उर्दू। यह एक श्रम-साध्य कार्य था जिसे लेखक की निष्ठा और वैज्ञानिक दृष्टि ने पूर्णता प्रदान कर प्रेमचन्द के अध्येताओं का मार्ग सुगम कर दिया है।

प्रायः रचनाकार अपने को रचना तक ही सीमित कर लेते हैं रचना का शास्त्र निर्मित नहीं करते लेकिन प्रेमचन्द कथाकार होने के साथ ही आधुनिक कहानी-शास्त्र के निर्माता भी थे। साहित्य और कहानी की परिभाषा, कहानीकार का वैशिष्ट्य, कहानी और जीवन का सम्बन्ध, कहानी का प्रयोजन, यथार्थवाद-आदर्शवाद, पाश्चात्य तथा पौर्वात्य साहित्य-चिन्तन, कहानी की सृजन प्रक्रिया, कथा-तत्व, भाषिक-विधान,

सत्यम् शिवम् सुन्दरम् की आवश्यकता आदि से सम्बन्धित प्रेमचन्द के विचारों को इस पुस्तक के तीसरे अध्याय 'प्रेमचन्द का कहानी-दर्शन में' समालोचनात्मक दृष्टि से प्रस्तुत कर डॉ॰ कमल किशोर गोयनका ने यह सिद्ध कर दिया है कि प्रेमचन्द महान कथाकार के साथ-साथ महान शास्त्रकार भी थे। उनका यह भी मानना है कि जैसा कहानी-शास्त्र प्रेमचन्द ने हिन्दी जगत को दिया है वैसा कोई अन्य नहीं दे पाया। यहाँ तक कि मार्क्सवादियों का कहानी चिन्तन भी प्रेमचन्द का विकल्प प्रस्तुत नहीं कर सका है। "प्रेमचन्द ने कहानी-शास्त्र में कथा-तत्व एवं कथा की संरचना, घटना के स्थान पर चरित्रों की महत्ता, प्रत्यक्ष अनुभव मनोविज्ञान, कथा-पात्र परिवेश का सम्मिलन, आदर्शोन्मुख यथार्थवाद, उपयोगितावाद एव मंगल भावना, सत्यं शिव सुन्दरम् के नये प्रतिमान, पीड़ित दमित-शोषित की पक्षधरता, आध्यात्मिक सामंजस्य और बोधगम्य भाषा आदि को स्थान देकर ऐसे कहानी-दर्शन का निर्माण किया जो पराधीन भारत का ही नहीं स्वाधीन भारत की हिन्दी कहानी का भी बहुचर्चित लोकप्रिय और प्रायः सर्वस्वीकृत सिद्धान्त बना दिया। स्वतंत्रता के बाद आज तक हिन्दी कहानी ने अनेक रूप बदले परन्तु कोई भी प्रेमचन्द जैसा कहानी-शास्त्र नहीं दे पाया। यहाँ तक कि मार्क्सवादियों ने भी हिन्दी कहानी को मार्क्सवादी दर्शन देने का प्रयत्न किया लेकिन वे भी प्रेमचन्द का विकल्प नहीं दे पाये और न उनमें इतना साहस ही हुआ कि वे प्रेमचन्द के कहानी-दर्शन को चुनौती दे सकें।" (पृ.सं. 223) इसके कारणों के मूल में जाकर डॉ॰ गोयनका ने पाया है कि जिस प्रकार हिन्दी कहानी के क्षेत्र में प्रेमचन्द ने नव युग का सूत्रपात किया उसी प्रकार साहित्य के पुराने निकषों और प्रतिमानों का भंजन कर नव युग के अनुकूल नये प्रतिमानों की स्थापना भी की किन्तु यह ध्यातव्य है कि उनका साहित्य चिन्तन नवीनता के साथ पुरातन से भी जुड़ा था। उन्होंने काव्य की आत्मा 'रस' के साथ 'साधारणीकरण' के सिद्धान्त को भी अपनाया था। उनके साहित्य शास्त्र में भारतीय काव्यशास्त्र का महत्वपूर्ण योगदान है फिर भी यह मानना पड़ेगा कि उनमें परम्परा के प्रति अंध भक्ति नहीं थी। डॉ॰ गोयनका लिखते हैं कि "उन्होंने पुरातन से वही ग्रहण किया जो नयी शताब्दी के लिए उपयोगी था तथा नवीन युग से भी वही स्वीकार किया जो हमारी पुरातन भारतीय चेतना से सम्पृक्त हो सकता था। प्रेमचन्द की दृष्टि निश्चय ही नवीनता की ओर थी परन्तु उनकी नवीनता पूर्णतः न तो पश्चिमी थी और न आधुनिकता की नकल थी, न अविवेकी होकर उसमें बहने का पागलपन था, परन्तु उनमें पुरातन की पवित्र 'भारतीय आत्मा' तथा श्रेष्ठ-जीवन मूल्यों को अक्षुण्ण रखने एवं आधुनिक विवेक से जीवन जीने का संकल्प था।" (पृ.सं. 197) इसी आधार पर डॉ॰ गोयनका उनके कहानी-दर्शन को हिन्दी उर्दू भाषा के सीमित क्षेत्र का दर्शन नहीं मानकर सम्पूर्ण भारत का कहानी-दर्शन मानते हैं। उनका यह दावा भी है कि ऐसा दर्शन वही दे सकता है जो राष्ट्र के सरोकारों, प्रश्नों, संघर्षों और चुनौतियों से

व्याकुल होकर राष्ट्रीय मन मस्तिष्क का चित्रण कर सकता हो। प्रेमचन्द की व्यापक दृष्टि और अखिल भारतीय परिपेक्ष्य से किसी को असहमति नहीं हो सकती है।

इस पुस्तक में प्रेमचन्द की सम्पूर्ण कहानियों का अध्ययन चार दशकों में बाँटकर किया गया है। चौथे अध्याय में प्रथम दशक यानी 'सोजे वतन' के प्रकाशन-काल सन् 1908 से 1910 तक की कहानियों का लेखा-जोखा है। लेखक का मानना है कि "यद्यपि प्रेमचन्द की कहानियों का यह आरंभिक काल है लेकिन प्रेमचन्द के कहानी– इतिहास में इसका विशेष महत्व है।" (पृ.सं. 234) इस काल-खंड की कहानियों– 'दुनिया का सबसे अनमोल रतन', 'शेख मख़मूर', 'यही मेरी मातृभूमि है', 'शोक का पुरस्कार', सांसारिक प्रेम और देश प्रेम', पाप का अग्नि कुंड 'शाप', 'शिकार', 'नेकी', 'रानी सारंधा', बड़े घर की बेटी', का सार-संक्षेप देने के बाद लेखक की यह टिप्पणी– "ये हिन्दी तथा उर्दू दोनों में ही आधुनिक कहानी का शुभारंभ करती हैं। हिन्दी में कहानी का उद्भव तथा आधुनिक कहानी के जन्म एवं प्रेमचन्द को कहानीकार के रुप में स्थापित करने का श्रेय प्रथम दशक की कहानियों को ही है।" (पु.सं. 280) काफी महत्वपूर्ण है। इससे हिन्दी कहानी के जन्म का मुद्दा सुलझाने में मदद मिल सकती है।

पाँचवें अध्याय में द्वितीय दशक (1911-20) की कहानियों को हर अध्याय की तरह वार्षिक आधार पर जाँचा-परखा गया है। इस काल-खण्ड में प्रेमचन्द की कुल 80 कहानियाँ प्रकाशित हुई थीं जिनमें 67 उर्दू में तथा ।3 हिन्दी में छपी थीं। प्रेमचन्द के सन् 1914 में हिन्दी में आने की घोषणा के बाद उर्दू में इतनी बड़ी संख्या में कहानियों का प्रकाशन किसी को भी आश्चर्य में डाल सकता है इसीलिए डॉ. गोयनका यह बताना जरुरी समझते हैं कि "वे हिन्दी में आये तो अपने कदम धीरे-धीरे रख रहे थे। इसके बावजूद उनके पहले हिन्दी कहानी-संग्रह 'सप्त सरोज' (जून 1917) ने उन्हें हिन्दी में जो प्रतिष्ठा और प्रसिद्धि दी, वह उन्हें उर्दू में नहीं मिली।" (पृ.सं. 283) कालक्रम से प्रत्येक कहानी का सारांश प्रस्तुत करने एवं उस पर महत्वपूर्ण टिप्पणी देने के बाद प्रत्येक अध्याय के अंत में जो विवेचना की गयी है वह इस अध्ययन की सबसे महत्वपूर्ण उपलब्धि है। पाँचवें अध्याय के अंत में निष्कर्ष रुपेण लेखक का यह कथन- "इस दूसरे दशक की 80 कहानियाँ एक ही ढर्रे की कहानियाँ नहीं है। इनमें जीवन के विविध रंग हैं, पात्रों के विविध रूप और चरित्र हैं, शहर और गाँव दोनों ही कहानी के रंगमंच हैं तथा इतिहास एवं व्यक्ति तथा समाज सभी रचना के स्रोत हैं।' (पृ.सं. 372) प्रेमचन्द की बहुलतावादी कहानी– दृष्टि का परिचय देता है। स्त्री-विमर्श की कहानियों की संख्या गिनाकर डॉ. गोयनका ने यह बताना चाहा है कि इस विमर्श की जड़ें तलाशनेवालों को प्रेमचन्द की उन कहानियों पर अवश्य दृष्टिपात करना चाहिए।

प्रेमचन्द की सृजनशीलता का सबसे बड़ा गवाह तीसरा दशक (1921-30) रहा

है। इस काल खण्ड में उनकी सर्वाधिक एक सौ पैंतीस कहानियाँ प्रकाशित हुईं जिनका सार-संक्षेप और आलोचकीय टिप्पणी इस पुस्तक के छठे अध्याय में प्रस्तुत है। इन कहानियों की विशेषताओं को रेखांकित करते हुए डॉ॰ गोयनका ने लिखा है– "इस दशक की 135 कहानियाँ एक प्रकार से 135 परिवारों तथा लगभग चार सौ पात्रों के जीवन की कहानियाँ हैं जो देशी-विदेशी दोनों रंगमंचों पर घटित होती हैं। इसी से यह अंदाज लगाया जा सकता है कि इन कहानियों का कितना फैला हुआ संसार है। इस विस्तृत संसार में किसी एक संवेदना, किसी एक भावभूमि अथवा किसी एक विचार की प्रमुखता नहीं है बल्कि इसमें सतरंगी इन्द्रधनुष के रंग हैं जो बार-बार बदलते हैं और जिन्दगी को हर बार नया रंग देते हैं।' (पृ॰सं॰ 543) यहाँ भी लेखक ने उन महारथी आलोचकों पर अपनी नाराजगी जाहिर की है जो प्रेमचन्द की सम्पूर्ण कहानियाँ पढ़े बगैर चार-पाँच कहानियों के आलोक में ही अपना महानतम फतवा जारी कर देते हैं। उन्होंने आज के दलित-विमर्शकारों को आइना दिखाने के उद्देश्य से प्रेमचन्द की 'मंत्र', 'मंदिर', घासवाली', सद्गति' आदि में व्याप्त दलित-चेतना का उल्लेख किया है। स्वाधीनता-संघर्ष से जुड़ी कहानियों के आलोक में जन जागरण को बड़ी उपलब्धि मानते हुए डॉ॰ गोयनका ने लिखा है कि–"प्रेमचन्द ने समाज के निम्नतम, दुर्बलतम तथा भ्रष्टतम पात्रों को गाँधी के इस राष्ट्रीय आन्दोलन के साथ जोड़कर उनका आत्मिक एवं चारित्र्यिक विकास किया है और जन जागृति को एक नयी दिशा दी है। यह इस दशक की कहानियों की बहुत बड़ी उपलब्धि है।" (पृ॰से 546) उन्होंने प्रेमचन्द की हिन्दू चेतना की प्रबलता और आलोचनात्मकता पर भी सप्रमाण प्रकाश डाला है।

चतुर्थ दशक (1931-30) की कहानियों का कालक्रमानुसार एवं आलोचनात्मक सर्वेक्षण आलोच्य पुस्तक के सातवें अध्याय में है। इस काल-खंड में प्रेमचन्द की 75 कहानियाँ प्रकाशित हुईं जिनमें 57 हिन्दी में तथा 18 उर्दू में हैं। इस तरह अंत तक वे द्विभाषी कहानीकार बने रहे। डॉ॰ गोयनका जब इन कहानियों को स्त्री, गाँव तथा दलित समाज के खानों में बाँटकर परीक्षण करते हैं तो पाते हैं कि इनमें स्त्री-विमर्श की कहानियाँ ही सबसे अधिक हैं। इनके मूल्यांकन के निष्कर्ष में वे लिखते हैं कि– "स्त्री पति परायणता तथा सेवा भाव की प्रतिमूर्ति है और इस प्रकार वह परंपरागत स्त्री-जीवन के मूल्यों का पालन करती है। उसमें आधुनिक चेतना आती है परंतु पूर्ण स्वतंत्रता के लिए अभी उसे प्रतीक्षा करनी है। प्रेमचन्द इस दशक में पत्नी को पर पुरुष से यौन सम्बन्ध रखने के विचार तक ले जाते हैं और लिव-इन-रिलेशनशिप के आधुनिक विचार पर पहली कहानी भी लिखते हैं लेकिन वे इसे स्त्री एवं परिवार के लिए घातक मानते हैं। प्रेमचन्द नयी स्त्री की कल्पना करते हैं किन्तु उसकी गरिमा की रक्षा भी करते हैं और उसे परंपरागत संस्कारों के साथ ही आधुनिक बनाते हैं।" (पु॰सं॰ 705) प्रेमचन्द की दलित जीवन की अधिकतर कहानियाँ ग्रामीण परिवेश में

ही जन्मी हैं। डॉ॰ गोयनका चाहते हैं कि इन कहानियों को समग्रता में देखकर ही ग्राम एवं दलित विमर्श के सत्य को समझा जाय अन्यथा "आधी-अधूरी कहानियों के आधार पर दिये गये सभी निष्कर्ष असत्य, भ्रामक और उनका अवमूल्यन करने वाले ही होंगे।' (पृ॰सं॰ 707) कुछ आलोचकों का मानना है कि अपनी कहानी-यात्रा के अंतिम दशक तक आते-आते प्रेमचन्द ने अपने हृदय-परिवर्तन तथा आदर्शवाद को त्यागकर क्रांतिकारी समाजवाद, वर्ग-संघर्ष तथा हिंसा से सर्वहारा की सत्ता की स्थापना का रूसी दर्शन स्वीकार लिया था। इसका जोरदार खण्डन करते हुए डॉ॰ गोयनका ने लिखा है कि– "प्रेमचन्द ने आदर्शवाद, हृदय-परिवर्तन, परिष्कार एवं उत्कर्ष की मानवीय आकांक्षा तथा देवत्व तक पहुँचाने की संकल्पना को अपने जीवन के अंत तक बनाये रखा है तथा उन्होंने एक भी ऐसी कहानी की रचना नहीं की है जिसमें मार्क्स-लेनिन का कोई भारतीय अनुयायी हिंसा के बल पर कम्यूनिस्ट शासन की स्थापना कर सका हो तथा अहिंसा पर हिंसा की तथा गाँधी पर मार्क्स की विजय दिखा सका हो।" (पृ॰सं॰ 715) 'उपसंहार' के अन्तर्गत डॉ॰ गोयनका ने कहानीकार प्रेमचन्द की उपलब्धियों एवं सीमाओं का बिन्दुवार 27 बिन्दुओं में सार-संक्षेप देकर प्रेमचन्द के कहानी– जगत में पाठकों का प्रवेश सुगम एव स्मरणीय बना दिया है।

इस तरह प्रेमचन्द की सम्पूर्ण कहानियों का कालक्रमानुसार अध्ययन-विवेचन कर सर्वथा नूतन निष्कर्ष देने, पुराने तर्क, तथ्यहीन तथा भ्रामक धारणाओं का खंडन करने, कहानीकार की रचना-दृष्टि, सर्जनात्मकता तथा कहानियों के मर्म-उद्घाटन के द्वारा एक नये प्रेमचन्द से परिचित कराने में आलोच्य पुस्तक को जो सफलता मिली है उसके लिए डॉ॰ कमल किशोर गोयनका की श्रम-साधना और अध्यवसाय को बधाई। गवेषणा और आलोचना से भरपूर इस ग्रंथ का सर्वत्र और सदैव समादर होगा।

'कितनी बार' : अनुभव की विविधता एवं प्रामाणिकता

महिला लेखन को अभी कुछ समय पहले तक रसोईघर और ड्राइंगरूम से लेकर हिल स्टेशनों और होटलों के परिवेश में प्रेम और उसके विविध आयामों तथा जीवन में सायास या अनायास आये तनावों को झेलती महिला जिन्दगी तक ही सीमित करके जाँच-परखा जाता रहा है लेकिन 'कितनी बार' संग्रह की कहानियाँ इस बँधी बँधाई मान्यता का प्रतिकार करती हैं। इस संग्रह की सबसे प्रमुख विशेषता है—इसकी विविधता। कथ्य-संयोजन, घटनाक्रम के अनुरूप पात्रगत वैविध्य और परिवेशगत यथार्थ को बखूबी अभिव्यक्ति देने वाली भाषा ने लेखिका के चिन्तन और सोच को व्यापक फलक पर उपस्थित किया है। इसीलिए सरयू शर्मा अभी तक प्रकाशित अपने मात्र इसी एक संग्रह 'कितनी बार' के द्वारा सशक्त और श्रेष्ठ कहानीकारों की श्रेणी में अपना स्थान बना लेने में सफल हो सकी हैं। इनके लेखन को टाइप्ड महिला-लेखन के वर्ग से अलग रखकर मूल्यांकित किया जा सकता है और ऐसा करने पर भौगोलिक विस्तार और विषयगत वैविध्य स्पष्ट रूप से परिलक्षित होगा। संग्रह की नौ की नौ कहानियों में प्रत्येक का कथ्य अलग है, परिवेश अलग है, और उसी के अनुरूप पात्रों का चयन है। दुहराहट कहीं नहीं है। स्थानगत अन्विति में कहीं मिजोरम की प्रकृति है तो कहीं सागर की गोद में बसा अण्डमान-निकोबार का नैसर्गिक सौन्दर्य।

संग्रह की पहली कहानी 'बीच में पड़ी चाबी' का समीर एक व्यस्ततम अधिकारी है। कभी एनुअल मीटिंग, कभी एक्जीक्यूटिव मीटिंग, और कभी किसी कान्फरेंस में व्यस्त होने के कारण अपनी पत्नी स्वाति को समय नहीं दे पाता। यहाँ तक कि बच्चे के एडमिशन के लिए, स्वाति को अस्पताल ले जाने के लिए, दवा लाने के लिए भी वह अपने पी॰ए॰ विनीत को आदेश देकर निश्चिन्त हो जाता है। उसकी व्यस्तता का आलम यह है कि खाने की मेज पर भी वह मन ही मन फाइलों के समन्दर में डूबा रहता है। स्वाति के लिए विडम्बना यह है कि जिस समीर में उसने अपनी कोमल मनोभावनाओं की प्रतिच्छाया देखी थी आज वह अपनी अलग दुनियाँ बसा उसी में खो गया है और उस दुनियाँ का कोई झरोखा है तो वह है विनीत। विनीत

यथा नाम तथा गुण की प्रतिमूर्ति है। स्वाति का हर कार्य पूरी तन्मयता और निष्ठा के साथ करता है। उसने किसी काम के लिए कहा नहीं कि विनीत ने अलादीन के जिन्न की तरह सारा कार्य सम्पन्न कर दिया। स्वाति सोचने लगती है कि विनीत जैसा आदमी पाना वरदान है लेकिन उसके मन का द्वन्द्व यह है कि "सायास अपने आपको विनीत के सम्बन्ध में सोचने से रोक लेती है।" इसी द्वन्द्वात्मक पृष्ठभूमि पर 'बीच में पड़ी चाबी' का कथानक संयोजित है और कहानी के अंत में यही द्वन्द्व चरमोत्कर्ष की अवस्था में तब पहुँचता है जब स्वाति अपने अशक्त हाथ से अपने और विनीत के बीच खाली पड़े सीट पर कार की चाबी रखकर रूमाल से अपने आँसुओं को छुपाती है। कहानी का यह द्वन्द्व जितना संयत और स्वाभाविक है उतना अन्यत्र दुर्लभ है। नारी मनोविज्ञान पर यह अपने ढंग की अद्‌भुत रचना है।

'लाख पन्नों की किताब' में किताब मात्र सात सौ पृष्ठों की है लेकिन सविता के लिए विडम्बना यह है कि पिछले महीने शुरू करने के बावजूद अभी तक सौ-पचास पृष्ठों से आगे नहीं पढ़ पाई है जबकि उसकी विवशता यह है कि उसकी समीक्षा लिखकर देने के लिए उसके पास मात्र एक सप्ताह का समय रह गया है। वह जब भी निश्चिन्त होकर पढ़ने बैठती है तभी कोई न कोई व्यवधान उत्पन्न हो जाता है और यह व्यवधान उसकी माँ जी अर्थात् सासु की ओर से आता है। ऐसा नहीं कि उनका इरादा सविता को तंग करने का है बल्कि अपनी बहू पर असीम प्यार जताने के लिए तथा अपने बुढ़ापे में आ गयी अकेलेपन की खाई को पाटने के लिए वे उसके पास आकर बैठ जाती हैं। जब बातों का सिलसिला शुरू करती हैं तब अपनी स्मृति के माध्यम से मायके, अपनी ससुराल, अपने सास-श्वसुर और पति के क्रियाकलापों का उल्लेख किये बगैर नहीं मानती। अपने समय के रश्म रिवाज और वर्तमान रश्म-रिवाजों का भी उल्लेख करती हैं। सविता उनकी बातें सुनती है और कभी नहीं सुनने के लिए पैंतरे बदलती है ताकि वह पुस्तक समाप्त कर सके लेकिन वह उन्हें मना नहीं कर पाती। अन्ततः वह सात सौ पृष्ठों की पुस्तक 'लाख पन्नों' की हो जाती है और इसी विवशता को सविता अपनी नियति मान लेती है। कहानी का कथानक घरेलू है। माँ जी के सम्वादों में सर्वत्र स्थानीय बोली का प्रयोग हुआ है जिससे सहजता और स्वाभाविकता आ गयी है। कहीं-कहीं हास्य की भी सृष्टि हुई है जिससे वातावरण गम्भीर और बोझिल न होकर सरस हो गया है।

पढ़ा-लिखा आदमी भी भाग्य, नियति और ग्रह-दशाओं के चक्कर में पड़कर किस तरह ठगी का शिकार होता है, इसी को 'ज्योतिष विद्या' कहानी में प्रस्तुत किया गया है। बालासर के तथाकथित महंत और उनके सहायक की बातों में आकर अपने पुत्रों और परिजनों पर आ रहे संकट से चिन्तित और भयभीत होना माँ जी के लिए अस्वाभाविक नहीं है क्योंकि वह तो ठहरी पुरानी पीढ़ी की। आसन्न संकट से मुक्ति के लिए महंत जी को उनका रुपया-पैसा देना भी चौंकाता नहीं है बल्कि

पाठक चौंकता तब है जब दूर्वा जैसी आधुनिक विचारों वाली महिला भी महंत जी की बातों मे आ जाती है। यह जानते हुए भी कि उसका पति गलती पर नहीं है, वह महंत जी की वशीकरण वाली बात का प्रतिरोध नहीं कर पाती। महंत के यह कहने पर कि "बेटी मैं जानता हूँ, वह आदमी देवता है, पर यह वशीकरण मंत्र का प्रभाव है।" इसलिए "तुम्हारे पति गलती पर हैं।" दूर्वा का नारी-मन अपने पति के प्रति शंकालु हो जाता है और इस वशीकरण के प्रभाव की समाप्ति के लिए वह महंत को सौ रुपये का नोट थमा देती है। माँ जी को भी इसका पता नहीं चलने देती है। लेकिन जब उसे महंत के ढोंगी होने का पता चलता है तब पश्चाताप के सिवाय वह और कर ही क्या सकती है? इसी संक्षिप्त कथानक के माध्यम से कई समस्याओं को उभारा गया है और समाधान भी प्रस्तुत किया गया है।

नारी के प्रति घृणा और प्रेम इन्हीं दो विरोधी पृष्टभूमि पर सृजित है—कहानी 'आस्था'। आने माता-पिता की सहमति के बगैर डॉ॰बोस ऋतु के रूप जाल में आबद्ध हो उससे प्रेम-विवाह करते हैं लेकिन वही ऋतु रवि खन्ना पर आसक्त हो डॉ॰ बोस का घर छोड़कर चली जाती है। दोनों बेटों (जिसमें एक मात्र तीन महीने का है) के प्रति भी उसके मन में ममता नहीं जगती। इससे डॉ॰ बोस के मन मे सम्पूर्ण नारी जाति के प्रति घोर घृणा उत्पन्न होती है। मरीज की हैसियत से उनसे मिलने आयी मीरा के कहने पर , "एक बार शान्त मन से सोचिये, आखिर प्रकृति ने ही आपको प्यारे-प्यारे दो बेटे दिए हैं।" उनकी घृणा की त्वरा का आभास होता है— "हाँ बस यही मेहरबानी की, मुझ पर, कि बेटे दिए, बेटी नहीं। वरना पता नहीं वह क्या कुछ...।" वर्षों बाद जब वे रेवा से पुनःविवाह करते हैं तब उनके मन में नारी के प्रति इतना अनुराग पैदा होता है कि उसी मीरा से यह कहना नहीं भूलते — "विश्वास करेंगी, रेवा जब माँ बनने वाली थी तो मैंने मन से चाहा बल्कि प्रार्थना की एक बेटी के लिए।" विरोध के ये ही धरातल हैं जिन पर 'आस्था कहानी का कथानक खड़ा किया गया है।

सहानुभूति और करुणावर्षण ही 'पकड़' का आधार है। अपने नौकर चन्दू की चोरी पकड़ना नलिनी जी का उद्देश्य है क्योंकि वह चावल, चीनी, मसाला, चायपत्ती से लेकर परदा तक गायब कर देता है। चोरी पकड़ने की नियति से ही वे चन्दू के क्वार्टर में जाती हैं। वहाँ अपने घर की अधिकाँश चीजों को देखती हैं और देखती हैं—उसके घर की दरिद्रता को। वहाँ से बिना कुछ कहे ही वे अपने घर लौट आती हैं और अपने पति दीनानाथ जी से चन्दू की तनखाह बढ़ाने की सिफारिश करने लगती हैं। हृदय परिवर्तन की बहुत सारी कहानियाँ पढ़ने को मिलती हैं लेकिन 'पकड़' की स्वाभाविकता और शिल्पगत कुशलता से पाठक हृदय तक अभिभूत हो उठता है—यही इस कहानी की विशेषता है।

"मोड़ लेता रास्ता" का घटना-स्थल पूर्वांचल प्रदेश है। डॉ॰ मिगी के मन में

जोरम थांगा के प्रति भी स्नेह है और मेजर अमित के प्रति भी। इन्हीं दोनों के बीच से उसका जीवन-मार्ग निर्धारित होना चाहता है किन्तु आगे चलकर वह रास्ता किस ओर मुड़ता है—यही प्रश्न डॉ॰ मिगी को उलझा देता है। फौजी अमानवीयता और क्रूरता की यह कहानी रोंगटे खड़ी करने वाली है।

इस संग्रह की शेष कहानियों 'यात्रा', 'विस्फोट', 'सीप' और 'कितनी बार' की संवेदनात्मकता में नूतनता है, यथार्थ की अभिव्यक्ति है और कथात्मक प्रवाह में प्रारम्भ से अंत तक पाठक को बाँधे रखने की क्षमता है। 'यात्रा' में वैधव्य की त्रासदी झेलने वाली रूपादी पुनर्विवाह करके अपने और अपने वातावरण को किस तरह भव्य और आकर्षक बना लेती है—इसी को व्यंग्यात्मक ढंग से प्रस्तुत किया गया है।

'विस्फोट' में प्रशासनिक क्रिया-कलापों पर बड़ा ही तीखा प्रहार है। कुछ पाने की लालसा में व्यवस्था का प्रधान अपने मातहतों को आतंकित तो करता ही है, स्वयं को भी स्वनिर्मित अशांति और आतंक के घेरे में डाल लेता है जिससे उसकी दृढ़ता प्रतिक्षण के अनिर्णय में बदलती रहती है। कथ्य-संरचना में गुदगुदाने वाला हास्य है और तिलमिलाने वाला व्यंग्य भी।

'सीप' की कथा-भूमि में अण्डमान का समुद्र तट है। इस संग्रह की अंतिम कहानी है– 'कितनी बार'। संवेदना और दृष्टि, कथ्य और शिल्प सभी दृष्टि से उत्तम और विशिष्ट। कथ्य की त्रासदी पूर्वांचल के वीरान जंगलों और वादियों तक ही सीमित न होकर आज गली कूचों तक व्याप्त है। आदमी के आदमखोर होते जाने की मर्मान्तक भयावहता का दस्तावेज़ है—यह कहानी।

हिन्दी कहानी के इतिहास में 'कितनी बार' का विशिष्ट स्थान है। संग्रह की सारी कहानियाँ पठनीय और सार्थक हैं।

'नीलाम घर' : विसंगतियों और विडम्बनाओं का दस्तावेज़

यों तो हर युग की अपनी समस्यायें होती हैं लेकिन वर्तमान समय में जिन संकटों का सामना करना पड़ रहा है उनमें निरन्तर क्षीण हो रही मानवीय संवेदना, नैतिक मूल्यों का ह्रास, अमानवीयता, पशुता, बेरोजगारी, धन लोलुपता, भ्रष्टाचार, स्वार्थ और कदाचार आदि प्रमुख हैं। विश्व बाजारवाद और भूमंडलीकरण के कारण उपजी विसंगतियों और विडम्बनाओं की सूची भी कम लम्बी नहीं है। ऐसे भयावह समय में अपने युग-जीवन का साक्षात्कार कराने वाली कृति पढ़ने को मिले तो उसका नोटिस लिया जाना स्वाभाविक है। प्रो॰ रामदेव शुक्ल की पन्द्रह कहानियों का संग्रह 'नीलाम घर' एक ऐसा संग्रह है जो अपने समय का न केवल साक्षात्कार कराता है बल्कि आम आदमी की पीड़ा को उभारकर मानवीय संवेदना और करुणा-भाव जगाने का प्रयत्न करता है। टूटे-बिखरे, हताश और निराश लोगों के मन में आशा, आस्था और उल्लास भरने की कोशिश करता है। इस संग्रह की कहानियों की विशेषता यह है कि ये वातानुकूलित कमरों में बैठकर आम आदमी की पीड़ा उभारने का दंभ भरने वाली कहानियाँ नहीं हैं। ये मसालेदार और चटखारेनुमा कहानियों से अलग मानव मात्र के प्रति सहानुभूति और संवेदना उपजाने वाली कहानियाँ हैं। विभिन्न विमर्शों (दलित और स्त्री) के नाम पर यथार्थ चित्रण के प्रयत्न में नग्नता और फूहड़ता परोसने वाली कहानियों से अलग ये संयम और मर्यादा के उपकूलों में प्रवाहित जन-जीवन की चिन्ता-धारा वाली कहानियाँ हैं। कल्पना की उड़ान भरने की अपेक्षा युग-जीवन की जटिलताओं, विसंगतियों और विडम्बनाओं को यथार्थ के धरातल पर उभारकर उनसे मुक्ति की कामना की कहानियाँ हैं। पठनीयता के संकट-काल में भी ये सम्प्रेषण की क्षमता से सम्पन्न कहानियाँ हैं। अपनी इन्हीं विशेषताओं के कारण ये कहानियाँ यदि कुछ अलग झलकती हैं तो उनकी सराहना अवश्य होनी चाहिए।

इस संग्रह का समर्पण (अपनी योग्यता के बावजूद नीलाम घर के महारथियों के हाथों वंचित किये जा रहे योग्य युवकों के नाम) ही वर्तमान समय की विसंगतियों और विडम्बनाओं को उभारने वाला है। यह न केवल कहानीकार के मन की पीड़ा और आक्रोश को व्यंजित करता है बल्कि व्यवस्था की उन खामियों की ओर संकेत भी करता है जिनके कारण योग्य और प्रतिभावान दर-दर भटक रहे हैं तथा अयोग्य

अपने तिकड़मों से मलाई खा रहे हैं। 'नीलाम घर' जैसी कहानी अनायास नहीं जन्मती। जब नीति, नैतिकता, सिद्धान्त और जीवन-मूल्य सब कुछ नीलाम हो रहे हों तब उपजती हैं–ऐसी कहानियाँ। विवेक जैसा टॉपर विद्यार्थी विश्वविद्यालय के इण्टरव्यू में अपने को सर्वोत्तम सिद्ध करने के बावजूद भी इसलिए चयनित नहीं हो पाता क्योंकि न्याय प्रिय कुलपति के सामने अपनी बहन की बेटी के भावी पति की नियुक्ति की मजबूरी है। डिग्री कालेजों में लेक्चरर पद हेतु इण्टरव्यू लेटर विवेक को बहुत बाद में मिलता है जबकि इस पद के लिए सर्वथा अयोग्य लल्लू लछमिनिया के बल पर अपना इण्टरव्यू लेटर सबसे पहले निकलवा लेता है। विवेक को लगता है कि लल्लू नौकरी भी पा जाएगा और वह योग्य होने के बावजूद लक्ष्मी की कृपा के बिना चयनित नहीं हो सकेगा तब गुरुजी का यह आश्वासन, "देखो लछमिनिया कुछ भी करा सकती है, यह बात ठीक है। मगर तुम्हारी मेरिट और तुम्हारे परफार्मेंस के कारण तुम्हारा चयन न हो, ऐसा वह भी नहीं करा सकती और एक बात यह जान लो कि सारे गलत नियुक्तियाँ करने वाले भी उन गलत नियुक्तियों को वैध और सही ठहराने के लिए दस पाँच योग्य अभ्यर्थियों का चयन करते ही हैं। तुम्हारा तो यह हाल है कि अगर एक भी सही नियुक्ति होगी, तो वह तुम्हारी ही होगी।" कोरा आश्वासन साबित होता है क्योंकि चयन-सूची में विवेक का कहीं नाम नहीं आता है यहाँ तक कि प्रतीक्षा सूची में भी नहीं। लछमिनिया के बल पर लल्लू बाजी मारने में सफल हो जाता है। यह देख-सुन गुरुजी तिलमिलाते हैं व्यवस्था के विरुद्ध संघर्ष करने के उद्देश्य से अपने शिष्य मंत्री से फरियाद भी करते हैं लेकिन कहीं कुछ बदलता हुआ नजर नहीं आता है। प्रतिभा का माखौल तो तब उड़ता है जब कहानी के अंत में लल्लू गुरुजी से कहता है, "मैंने ज्वाइन कर लिया है आप तो जानते हैं पढ़ाने का काम मुझसे नहीं होगा। क्लास खाली न रहे, इसका इंतजाम करने का जिम्मा मेरा। ऐसा और विषयों में भी हो रहा है। दो हजार रुपये महीने पर लोग पढ़ाते हैं। आप कहेंगे तो विवेक को मैं तीन हजार रुपये महीने दे दूँगा। एक बात और हो सकती है। हम लोगों ने जो कालेज खोला है, अगर विवेक उसमें भी अपना विषय पढ़ाए तो दो हजार वहाँ से भी उन्हें मिल जाएँगे। उसमें उनके लिए स्थायी व्यवस्था भी हो जाएगी।" (पृ.सं. 26) योग्यता के उपहास के साथ-साथ शिक्षा-जगत में व्याप्त भ्रष्टाचार का इससे बड़ा उदाहरण और क्या हो सकता है?

संग्रह की दूसरी कहानी 'एटी एम' सेवा निवृत्त चौधरी साहब के एटी एम बनते जाने की कहानी है। एटी एम चाहने की जिद पर अड़े पोते रिंकू से उनकी दादी का यह कथन– "अच्छा बेटे, यह बताओ, जब तुम्हारे दादा जी हर समय तुम्हारी जरुरतें पूरी करते रहते हैं, तब उन्हीं को एटी एम क्यों नहीं समझ लेते?" उस कटु यथार्थ की ओर संकेत करता है जहाँ सेवा निवृत्त बूढ़ा बाप एटी एम मशीन के अलावा और कुछ नहीं रह गया है। कहानी में पोते रिंकू से लेकर चौधरी जी के दोनों बेटे और बहुएँ किसी न किसी बहाने उनसे रुपये ऐंठने की फिराक में रहते हैं। कहानी का अन्त

आदर्शवाद में हुआ है। श्रीमती चौधरी को एटी एम मशीन (बच्चे जब जितना माँगे, चुपचाप दे दो, न उन्हें रोको, न उनसे कोई सवाल करो) बनना पसन्द नहीं है। वे अपने पति से पूछती हैं– "आत्मकेन्द्रित अच्छा गृहस्थ बनकर आपको क्या मिला? समाज को क्या मिला?" और अन्त में निर्णायक स्वर में कहती हैं– "गाँव चलते हैं। अब भी वहाँ ऐसे बच्चे हैं जिनके लिए कुछ किया जा सकता है। एक-एक कापी किताब के लिए तरसते उन बच्चों को थोड़ी बहुत सुविधा देकर उनको पढ़ाया लिखाया जा सकता है।" (पृ.सं. 34) 'माटी बाबा का गाँव' आदर्शवादी कहानी है। इसका नायक माटी बाबा धरती रूपी बरतन में खाना खाता है, धरती पर सोता है इसीलिए इसका नाम माटी बाबा पड़ा है। वह बिना काम किये किसी के यहाँ खाना नहीं खाता। सबकी मदद करना उसका ध्येय है। अन्याय के विरुद्ध लड़ना उसकी प्रवृत्ति। वह अनब्याही माँ और उसके बच्चे का अधिकार दिलाता है। वह अपने कार्यों से जिस आदर्श की स्थापना करता है उसके किस्से गाँव में आज भी प्रचलित हैं। लोगों को उस गाँव का पुराना नाम याद नहीं लेकिन सब उसे 'माटी बाबा का गाँव' कहते हैं। इससे जाहिर है कि व्यक्ति से अधिक महत्त्वपूर्ण उसका व्यक्तित्व होता है। वह व्यक्तित्व जो व्यक्ति के नाश हो जाने पर भी अमर रहता है–माटी बाबा की तरह।

'वर्मा और उनके साहब' शीर्षक कहानी में वर्मा की चतुराई और खिलन्दड़ापन साहब को किस तरह बेचारा बना देती है इसका हास्यमय वर्णन केवल परिहास का विषय नहीं है बल्कि साहब और उसके मातहत के बीच के सम्बन्धों में आयी गिरावट की चिन्ता का विषय भी है। वर्मा नये आये साहब का क्वार्टर आदि खोजने में मदद के बहाने उन्हें भयभीत करने के साथ-साथ उपहास का पात्र भी बनाता जाता है। हार थक कर साहब को वर्मा से यह कहना पड़ता है– "अब यहाँ नहीं आऊँगा। कहीं और ट्रांसफर करा लूँगा।" पृ.सं. 50) साहब की इस विवशता के पीछे उनका कुसूर सिर्फ इतना है कि उन्होंने आते ही वर्मा से कड़क आवाज में बातें की थी और कहीं अच्छा क्वार्टर मिलने तक दफ्तर में ही वर्मा के साथ रहने की इच्छा प्रकट की थी। हास्य-व्यंग्य के माध्यम से बहुत कुछ कहने वाली यह कहानी अपने उद्देश्य में सफल है।

'लेखक की रसोई में बाघ' रचना-प्रक्रिया के साथ-साथ महान रचनाकार बनने और पुरस्कार झटकने के तिकड़मों को व्यंग्यात्मक धरातल पर उपस्थित करने वाली कहानी है। सरकारी पुरस्कार किस तरह बँट रहे हैं–इस पर भी कहानीकार ने बड़ा तीखा व्यंग्य किया है– "लेखक ने भोजन कर लिया तो अजनबी ने अखबार खोलकर उसके सामने कर दिया। लेखक की आँखें फैल गईं। उस साल का सरकारी पुरस्कार उसी को मिला था, उस पर जो, उसकी सबसे कमजोर रचना थी। अगले ही क्षण उसके मन में विरोधी तर्क उभर आया कि इस रचना की वे विशेषताएँ वह स्वयं न समझ सका होगा, जिनको निर्णायकों ने महत्व दिया होगा। इतना बड़ा पुरस्कार मिला है, तो रचना में श्रेष्ठता अवश्य होगी।" (पृ.सं. 52) इससे बड़ी विडम्बना और क्या होगी कि अगले वर्ष उसे और बड़ा पुरस्कार मिलता है–वह भी उस रचना

पर जिससे वह ज्यादा असंतुष्ट था—इस पर "पहले वाला तर्क उसके मन में और गहराई से उतर गया। वह यह मानने लगा कि वह इतना महान लेखक हो गया है कि अपनी ही रचनाओं का उचित मूल्यांकन नहीं कर पा रहा है।" इससे वर्तमान समय की उस विसंगति की ओर ध्यान जाना स्वाभाविक है कि सरकारी पुरस्कारों के लिए रचना का श्रेष्ठ होना जरूरी नहीं है। पुरस्कार पाने के कुछ और ही आधार हैं।

'सहयात्री' पचासी वर्षीय स्वतंत्रता-संग्राम सेनानी की उस पीड़ा की कहानी है जिसमें वह सरकार प्रदत्त वातानुकूलित रेल-यात्रा पास के साथ सहयात्री रखने की सुविधा का दुरुपयोग निकम्मे नाती-पोतों की कमाई के लिए करते हैं। पहले तो पोते ने स्वतंत्रता-संग्राम-सेनानी प्रमाण-पत्र के आधार पर नौकरी पाने की कोशिश की जब उसमें सफल नहीं हुआ तो बाबा जी के साथ किसी न किसी को सहयात्री बनाकर दिल्ली, लखनऊ भेजने लगा। चूँकि बाबा जी को ए.सी. में यात्रा करते समय अपने साथ सहयात्री रखने की सुविधा प्राप्त थी अतः पोता हर महीने किसी न किसी को सहयात्री बनाने की जिद करता— "हर बार वही बात कि इनको सहयात्री बनाकर दिल्ली या लखनऊ लेते जाइए। कुछ सख्ती से पूछने पर पता चला कि मेरा पोता ऐसे लोगों से किराया पहले ही ले लेता है। उनसे कहता है कि आप सेकेण्ड क्लास के किराये में मेरे बाबा के साथ ए.सी. में आराम से यात्रा कीजिए।" (पृ.सं. 58) कहानी विडम्बना के चरम पर तब पहुँचती है जब एक बार ऐसा कृत्य करने से मना करने पर घर से धक्का देकर निकाले गये बाबा कभी घर वापस नहीं लौटने के संकल्प के साथ वातानुकूलित डिब्बे में चढ़कर अनिर्दिष्ट जगह जाते समय अपनी आप बीती जिस अपरिचित युवक से सुना रहे थे—बिना टिकट यात्रा करने वाला वह युवक टी.टी. द्वारा टिकट माँगे जाने पर अपने को बाबा का 'सहयात्री' कहता है।

'पागल' कहानी बेकार भटकते अपने इकलौते पुत्र को अपनी जगह रेलवे में नौकरी दिलाने के लिए डॉक्टर द्वारा खुद को पागल घोषित करवा दिये जाने वाले बाप के प्रायश्चित की कहानी है। नौकरी मिल जाने पर बेटा न केवल बाप की पेंशन हड़पता है बल्कि उसे ताला बन्द कमरे में कैद भी कर देता है। एक दिन मौका पाकर वह बाप अपने पड़ोसी से प्रायश्चित करता हुआ कहता है— "मैं दो-तीन साल बाद रिटायर होता। उसके बाद वह नौकरी किसी योग्य बच्चे को मिलती। मैंने धूर्तता करके उस बच्चे का अधिकार छीनकर अपने बेटे को दे दिया। यह पाप नहीं है? फिर मुझमें और उन नर पशुओं में फर्क क्या रह गया, जो अपनी कुर्सी अपने बेटे के नाम लिख जाने के लिए देश तक का सौदा कर लेते हैं। मेरा बेटा बिल्कुल ठीक कर रहा है। मेरे लिए यही सजा ठीक है कि मैं पागल न होते हुए भी पागल की तरह तालाबन्द कोठरी में कैद रहूँ और घुटकर मरूँ।" इस 64) उधर बेटा इस संशय और भय में जीता है कि अगर भेद खुल गया तो बाप-बेटे दोनों को सजा हो जाएगी। उसका पागलपन यह है कि वह हर किसी को सरकारी जासूस समझने लगता है जो उसको पकड़वाने आया है।

'मानव जहाँ बैल घोड़ा है' और 'रिक्शेवाले की वापसी' शीर्षक कहानियाँ रिक्शेवालों की व्यथा-कथा कहती हैं। इन कहानियों में रिक्शेवालों के साथ घटित रोजमर्रा की घटनाओं का बड़ा ही मार्मिक वर्णन हुआ है। जो घटना उनके साथ अक्सर घटती है उसका खुलासा करते हुए गनेस कहता है– "कहो सुकई भाई, सब साले मिलकर रिक्शावाले को ही मारने में मजा क्यों लेते हैं?" (पृ.सं. 73) इन कहानियों में रिक्शेवालों को निर्भीक और बदला लेने वाला दिखाकर लेखक ने उनके भीतर की क्रान्ति-चेतना को उजागर किया है।

'बैल बाजार' और 'सूची पूरी हो गयी' कहानियों में लड़की के विवाह से सम्बन्धित समस्याओं विशेषतः दहेज की समस्या को बिल्कुल अलग अन्दाज में प्रस्तुत किया गया है। उत्तर भारत में बहुत तेजी से फल-फूल रहे अपहरण उद्योग को मार्मिकता के साथ प्रस्तुत करने वाली कहानी है– 'अपहरण'। धन पशु बनने की ख्वाहिश में लोग अपने माता-पिता के लिए तो क्या अपनी औलाद के लिए भी समय नहीं निकाल पा रहे हैं–इसी विडम्बना को यथार्थ के धरातल पर उभारने वाली कहानी है– 'अनचाहा"। इस कहानी का वैभव अपने माता-पिता के प्यार के अभाव में मानसिक रोगी बन जाता है। जाहिर है बच्चे के पालन-पोषण का आधार केवल धन नहीं हो सकता, उसके लिए माता-पिता के नरम और कोमल हाथों का स्पर्श भी जरूरी होता है। वैभव के दादा से वैभव के डॉक्टर का यह कथन– "आपके पोते वैभव की तरह बहुत से बच्चे ऐसे होते हैं, जिनके माँ-बाप के पास धन तो होता है, वह प्यार नहीं होता जो वे बच्चे को दे पाते। उनके भाग्य में प्यार का वह अमृत भी नहीं होता जो बच्चों से माँ-बाप को मिलता है।" धन पशु मान लें तो कोई बच्चा वैभव नहीं बनेगा।

साहित्य-जगत में अपनी पहचान बनाने के लिए आतुर महिलाओं को शिखर पर पहुँचाने का लोभ देकर उनका शोषण करने वाले सम्पादक की वासना भरी गिद्ध-दृष्टि को व्यंजित करने वाली मार्मिक कहानी है– 'केया'। कहानी की नायिका केया को अपनी अंकशायिनी बनाने के लिए आतुर सम्पादक उसको प्रलोभित करने के लिए जो कुछ कहता है उससे साहित्य जगत में व्याप्त व्यभिचार की न केवल कलई खुलती है बल्कि ऐसे सम्पादकों और रचनाकारों के प्रति घृणा भी होती है। साहित्य सम्राट के सम्पादक का यह कथन– "केया मैं बता चुका हूँ कि सुन्दर युवतियों की देह मेरे लिए अलभ्य नहीं है। कभी नहीं रही। जब तुम दिल्ली आओगी तो देख सकोगी कि कैसी-कैसी सुन्दरियाँ 'साहित्य सम्राट' में छपने के लिए क्या-क्या करने को तैयार रहती हैं।" (पृ.सं. 125) छपने-छपाने के नाम पर व्याप्त भ्रष्टाचार का कच्चा चिट्ठा है।

इस प्रकार वर्तमान समय की विसंगतियों और विडम्बनाओं को उभारने वाला संग्रह 'नीलाम घर' अपने उद्देश्य में सफल होने के साथ-साथ पठनीय और संग्रहणीय भी है।

'संत रविदास की रामकहानी'–एक अनुपम जीवन-गाथा

'स्वयं' के बारे में हमारे ऋषियों, मुनियों, संतों तथा महात्माओं के 'मौन' से उनकी प्रामाणिक जीवनी की अनुपलब्धता उनके जीवन को रहस्यमय बनाती रही है। किसी महापुरुष के अवदान की सम्यक समझ के लिए उनके जीवन में भी झाँकना जरूरी होता है क्योंकि महान कार्यों की प्रेरणाभूमि में जीवन की छोटी-बड़ी घटनायें हुआ करती हैं। जीवन से जूझकर, संघर्षो को जीतकर तथा अनुभवों से सीखकर ही कोई उच्चासन पर विराजमान होने की क्षमता अर्जित करता है इसीलिए संतों महात्माओं के जीवन की रहस्यमयता से पर्दा उठाने के प्रयास समय-समय पर होते रहते हैं किन्तु उनकी 'स्वयं' के प्रति उदासीनता के चलते अन्तः बाह्य साक्ष्यों पर निर्भरता के कारण विश्वसनीयता और प्रामाणिकता की गुंजाइश फिर भी रह जाती है। 'संत रविदास की रामकहानी' उसी विश्वसनीयता और प्रामाणिकता की तलाश का प्रतिफलन है जिसे डॉ. देवेन्द्र दीपक की अद्भुत विश्लेषण क्षमता, तार्किकता, जाग्रत इतिहास-बोध, अनुसंधान की श्रमशीलता, अध्यवसाय, निष्ठा और रहस्योद्घाटक की लालसा के फलस्वरूप रविदास की अनुपम जीवन-गाथा होने का गौरव प्राप्त है। ऐसी गाथा–जिसमें संत रविदास का जीवन-संघर्ष है,दर्शन है, अध्यात्म है, समाजोत्थान का चिन्तन है, समरसता का मंत्र है, चमत्कार है, रूढ़ियों का तिरस्कार है और संतत्व की वह भाव-धारा है जिसमें अवगाहन करता हुआ 'लोक' अपने को धन्य समझता है। इनकी अभिव्यक्ति के लिए डॉ. देवेन्द्र दीपक के पास सहज, सरल और हृदय ग्राह्य भाषा है जो आद्योपान्त पाठक के मन में उत्सुकता और अभिरूचि बनाये रखने में मददगार है।

'संत रविदास की रामकहानी' मात्र जीवन-गाथा नहीं है। आज से पाँच शताब्दी पूर्व की भारतीय संस्कृति, वर्ण-व्यवस्था, घृणा-द्वेष, आक्रमण-अत्याचार, दंभ-अभिमान, आडम्बर-अंधविश्वास, अस्पृश्यता-अपमान की सजीव झाँकी भी है। 'बेगमपुरा' के बहाने 'रामराज्य' की कल्पना भी है–जहाँ जीवन की सुन्दरता है, सामाजिक समरसता है, नैतिक मूल्यों की पराकाष्ठा है, सत्य है–ईमानदारी है, अनुशासन है–मर्यादा है, स्वतंत्रता है– स्वाभिमान है, स्नेह है–सौहार्द्र है और है आत्मिक तथा सामाजिक

उत्थान का मंगल मंत्र। जिस प्रकार 'रामराज्य' तुलसी का स्वप्नलोक है उसी प्रकार 'बेगमपुरा' संत रविदास का। उनके 'बेगमपुरा में किसी को कोई दुख नहीं है। दुःख किसी को तब हो, जब कोई दुख देकर कोई सुख का अनुभव करता हो। दैहिक, दैविक, भौतिक यहाँ किसी को कोई संताप नहीं है।" (पृ. संख्या 165)

'संत रविदास की रामकहानी' लिखते हुए डॉ. देवेन्द्र दीपक की दृष्टि कबीर पर भी गयी है। दोनों के अवदानों की उन्होंने तुलना भी की है लेकिन उन्हें सर्वाधिक कष्ट इस बात का रहा है कि– "कबीरदास के जीवन को कई लोगों ने कथा-रूप में ढाला, लेकिन रविदास पर काम नहीं हुआ।" (पृ.सं. 13) जबकि "अनेक दृष्टियों से रविदास का व्यक्तित्व और कृतित्व महत्वपूर्ण है। कथ्य और कहन की दृष्टि से न केवल उनका काव्य विलक्षण है वरन् उनका पूरा जीवन भी चुनौतियों और संघर्षों की गाथा है।" (पृ.सं. 9) दरअसल "उनके साथ वही हुआ, जो आधुनिक युग में हिन्दी कवि सियाराम शरण गुप्त के साथ हुआ। मैथिलीशरण गुप्त के सामने वह मानो पहाड़ की ओट हो गये। कबीरदास की चर्चा इतनी हुई कि अन्य संत कवियों की पहचान अधूरी रही।" (पृ.सं. वही) सम्भवतः इसी स्थिति ने डॉ. दीपक को संत रविदास की अधूरी पहचान को पूर्णता प्रदान करने के लिए प्रेरित किया हो जिसका परिणाम है–यह रामकहानी। इस रामकहानी को कहने में कई तरह की कठिनाइयाँ थीं। पहली तो पूर्व निर्मित पथ का अभाव और "दूसरी समस्या थी रविदास के जीवन के विषय में मत वैभिन्य की। किसी भी बात पर कोई एक राय नहीं। जन्म-मृत्यु, पिता-माता, गुरु, पुत्र-पत्नी सबको लेकर मतभेद। उनके निर्गुणवादी सगुणवादी स्वरूप को लेकर मतभेद। पूरा जीवन जनश्रुतियों से भरा। जनश्रुतियों के भी कई-कई रूप। यहाँ तक कि रविदास रामायणों में भी भिन्नताएँ।" (पृ.सं. 14) फिर डॉ. दीपक के मन में एक विचार कौंधा– "मतभेदों के बीच जो कुछ सर्वमान्य दिख पड़े, उसे ही मान्य करना चाहिए।" (पृ.सं. 14) रास्ता मिल गया। दिशाएँ खुलने लगीं। अब लेखक के सामने फिर प्रश्न? रविदास के जीवन के कितने प्रसंगों पर कलम चलाई जाय। उन्होंने कुछ ही प्रसंगों को चुना। खासकर उन्हें जो "प्रतिनिधि हैं और रविदास जी के आध्यात्मिक वैभव और सामाजिक उन्नयन को व्यक्त करते हैं।" (पृ.सं. 15) इन्हीं की अभिव्यक्ति में तैयार हो गयी रविदास के जीवन-दर्शन पर आधारित प्रथम औपन्यासिक कृति–'संत रविदास की राम कहानी'।

'बाबा' और 'बचुआ' के वार्तालाप के माध्यम से इस औपन्यासिक कृति का ताना-बाना बुना गया है। बाबा हैं– रविदास और बचुआ-स्वयं लेखक। बचुआ 'आह्वान' करता है– रविदास को अपनी रामकहानी सुनाने के लिए और 'बाबा' 'लो सुनो' कहकर अपनी 'आप बीती' सुनाने लगते हैं। उसके बाद 'हमारा सच-चमड़ा' 'वंश', 'पुत्र-लालसा', 'सफल प्रसव के लिए', 'जन्म', 'चटसाल', 'विवाह', 'लोना', 'दीक्षा', 'गुरुदेव', 'कुलीनता', 'साधु-साधो', 'फल कारन फूलै वनराई', 'विमर्श',

'पारस', 'मुख-कमान', 'कठौती में गंगा', 'प्रहलाद चरित्र', 'चर्चा', 'भेंट', 'हरिदास', 'अन्तः सम्बन्ध', 'झालीं', 'सालिग्राम', 'चित्तोड़', 'बेगमपुरा' शीर्षकों में कहानी कही जाती है। 'बचुआ' बीच-बीच में प्रश्न पूछकर इस कहानी को और जीवंत बना देता है। आंरभ में 'मनोगत' है कहानी की भूमिका अथवा संत रविदास का माहात्म्य। रविदास के अनुपम व्यक्तित्व और कृतित्व का सार-संक्षेप इसी अध्याय में है और वह पीड़ा भी है जिससे इस राम कहानी का जन्म हुआ।

इस औपन्यासिक रचना में कथा का प्रवाह पाठक-मन को बहा ले जाने की सामर्थ्य तो रखता ही है रसीली, चुटीली और व्यंग्यमयी उक्तियाँ ठहरकर सोचने-समझने का अवकाश भी देती हैं। मध्यकालीन जीवन संस्कृति और संस्कार इसी बिन्दु पर नवीन अर्थ लेकर उपस्थित होते हैं और कभी-कभी वर्तमान विसंगतियों और विडम्बनाओं की कलई खोलते हैं। समाज में पुत्र और पुत्री का स्थान क्या है? शास्त्रों में उन्हें कहाँ जगह दी गयी है इस पर बड़ी ही तीखी प्रतिक्रिया मिलती है रविदास के इस कथन में– "भगवान कृष्ण का हवाला देकर उसे (माँ) बता दिया कि जो मनुष्य एकाग्रचित्त होकर 'पुत्रदा' एकादशी का व्रत करते हैं वे इस लोक में पुत्र पाकर मृत्यु के पश्चात् स्वर्ग को प्राप्त करते हैं। मुझे अचरज होता है शास्त्र ने पुत्रदा एकादशी का व्रत तो सुझा दिया किसी एकादशी को पुत्रीदा एकादशी भी कह देते।" (पृ.सं. 39) आज भी बहुत कुछ बदला नहीं है। "युगों से चली आती मानसिकता यकायक समाप्त नहीं हो पाती। पहनी हुई कमीज को उतारने या उतरी हुई कमीज को खूँटी पर टाँगने जैसा यह काम नहीं है। गहरे आत्मबोध से ही बराबरी का अहसास पैदा होता है। रविदास जी ने समाज में इस आत्मबोध को जगाने का प्रयास किया।" (पृ.सं. 11)

रविदास का अपना जीवन कम चुनौती भरा नहीं था। पग-पग पर संघर्ष। अपमान, उपेक्षा और तिरस्कार। अभाव, गरीबी, अशिक्षा। ऊँच-नीच का भेद, अस्पृश्यता लेकिन इन सबका सामना करते हुए वे 'रवि' के समान दीप्तिमान हुए। उन्होंने मानव-मानव में अभेद का 'दर्शन' दिया। वर्ग और वर्णभेद को मानवकृत अभिशाप माना। अस्पृश्यता को समाज का कलंक कहा। अमीरी-गरीबी को बुराइयों की जड़ के रूप में देखा। श्रम को ईश्वर माना। दीनता और हीनता में फर्क किया– "दीनता जेब की होती है। उनका कारण बहुत कुछ आदमी खुद है। हीनता मन की होती है।" (पृ.सं. 27) बड़ा या छोटा कर्म से हुआ जाता है। श्रेष्ठता के मानदण्ड गुण होते हैं। क्षुद्रता कुलीन-अकुलीन का भेद खोलती है। श्रद्धा सत्कर्म से अर्जित होती है। वस्तुतः ये ही रविदास के जीवन और कर्म के मूल मंत्र थे जिनकी स्थापना के लिए उन्होंने आजीवन संघर्ष किया। उनकी यह संघर्ष-गाथा 'संत रविदास की रामकहानी' में जीवन्तता के साथ उभरी है। डॉ. देवेन्द्र दीपक का यह कौशल है जो कठिन अनुभवों, कटु तिक्त प्रसंगों, को भी सहजता का आवरण प्रदान कर देता है। जीवन-संघर्ष कथा-रस में घुलकर सरस बन जाता है।

रविदास के जीवन प्रसंगों में जो स्थान 'चमड़े' का है वही स्थान कबीर के यहाँ 'कपड़े' का है। दोनों ने उनके माध्यम से जीवन और समाज सम्बन्धी बहुत सी बातें प्रतीकों में कही हैं। दोनों की वाणियाँ उनके जीवन के यथार्थ को प्रदर्शित करती हैं साथ ही 'चमड़े' अथवा कपड़े के प्रतीकों से जीवन की गुत्थियाँ सुलझाती हैं अथवा समाज पर व्यंग्य करती हैं। दर्शन और अध्यात्म के रहस्यों के उद्‌घाटन में भी उनसे काफी मदद मिलती है। डॉ॰ देवेन्द्र दीपक रविदास की राम कहानी में 'हमारा सच-चमड़ा' शीर्षक एक अध्याय ही लिखते हैं जिसमें रविदास का कथन है– "बचुआ, बड़ा आसान है यह कहना कि हम गन्दे हैं। हमारे घर गन्दे हैं। हमारी बस्ती गन्दी है। लेकिन यह तो देखो कि हमारा धंधा ही गन्दगी और बदबू भरा है। हमारा धंधा बदबू से शुरू होता है। बदबू ही हमारे धंधे की सच्चाई है।" (पृ.सं॰ 33) आगे चर्म कला की उपयोगिता बताते हुए कहते हैं– "समाज के पाँव की पनही बनायी हमने। आपके कुएँ के लिए चरसा बनाये हमने। आपके घोड़े के लिए जीन और लगाम हमने बनाई। मसक हमने बनायी। चाबुक भी हमने बनाये।" (पृ.सं॰ 34) लेकिन "तरह तरह की सेवा लेने वाले समाज ने अपने इन सेवकों का आदर नहीं किया। आदर करना तो दूर, अनादर किया।" (पृ.सं.34) वे समाज को चेतावनी देते हैं– "बचुआ! देख लेना, एक दिन समाज को इस निरादर का दंड भोगना पड़ेगा। इस घुन का निराकरण किए बिना समाज की सेहत ठीक नहीं होगी।' (पृ॰ सं॰ 34) रविदास को समाज की कितनी चिन्ता है इसे उनके पदों और साखियों से समझा जा सकता है। डॉ॰ देवेन्द्र दीपक उन्हीं के साक्ष्य पर रविदास की कहानी कहते हैं और यह महसूस करते हैं कि जाति-पात, छुआछूत, आडम्बर, अन्याय, मिथ्या वचन आदि के विरुद्ध आवाज उठा कर कबीर समाज 'सुधारक' की संज्ञा पा जाते हैं जबकि उन्हीं मुद्‌दों को उठाने वाले रविदास कबीर की ओट हो जाते हैं।

व्यक्ति और समाज के सम्बन्धों पर बहुत कुछ लिखा गया है। डॉ॰ दीपक रविदास की वाणी के माध्यम से इस सम्बन्ध की प्रस्तुति जिस रूप में करते हैं वह न केवल सहज बोधगम्य है बल्कि हृदय ग्राह्य भी है– "बचुआ नाल और नाभि का रिश्ता तो देखो खाती-पीती है माँ लेकिन इसी नाल के सहारे पोषण होता है– बच्चे का। यह नाल शक्ति धारा है, रसवाहिका है। व्यक्ति और समाज का रिश्ता भी नाभि और नाल जैसा होना चाहिए। खाए व्यक्ति लेकिन लाभ मिले समाज को।" (पृ.सं॰ 46) सामाजिक उन्नयन रविदास के चिन्तन का एक प्रमुख पक्ष रहा है जिसे इस समीक्ष्य कृति में काफी विस्तार मिला है। अपने गुरु रामानन्द की भाँति वे भी सभी प्रकार की हिंसा से मुक्ति को समाज की उन्नति का आवश्यक अंग मानते थे। उनकी दृष्टि में छुआछूत भी एक प्रकार की हिंसा है। परपीड़न है। परपीड़न पाप है और इस पाप से मुक्त हुए बिना समाज की उन्नति नहीं हो सकती। वे श्रमशीलता को ईश्वरत्व का पर्याय मानते थे।

रविदास के आध्यात्मिक वैभव की पराकाष्ठा को व्यक्त करने वाले कई प्रसंग इस राम कहानी में हैं। 'कठौती में गंगा' उनकी सिद्धि का आख्यान है। चमत्कारों का उल्लेख भी हुआ है किन्तु उनमें प्रवंचना की गन्ध नहीं है। 'झाली' और 'चितौड़' शीर्षक अध्यायों में रविदास के व्यक्तित्व का प्रसार है। व्यक्तित्व की प्रतिष्ठा का आख्यान है। निःस्वार्थ सेवा और शक्ति का गौरव गान है। समाज के लिए सन्देश और उपदेश भी है–जाति नहीं, कुल नहीं, धन नहीं, सबसे बड़ा है–सत्कर्म। रविदास की पत्नी लोना उनके सत्कर्म की सच्ची सहयोगिनी बनकर इस कृति में उपस्थित हुई हैं।

डॉ॰ देवेन्द्र दीपक रविदास के माध्यम से जीवन की सार्थकता का प्रश्न भी उठाते हैं– समाधान भी देते हैं– "आदमी याचक बनकर नहीं दाता बनकर सार्थक होता है... देना केवल पैसे का ही नहीं होता। निर्धन भी दाता बन सकता है। वह भावना दे सकता है, थके हुए को सहारा दे सकता है ... अशक्त को सेवा दे सकता है। बहुत कुछ है आदमी के पास देने को। बस क्या दे सकता है, अपने भीतर खोजने वाली वह दृष्टि चाहिए।" (पृ॰सं॰ 70) जिसने इस दृष्टि को खोज लिया वह महामानव बन गया। संत शिरोमणि बन गया। रविदास इसी अर्थ में संत शिरोमणि हैं। संत का हृदय नवनीत के समान होता है। वह स्वयं गरलपान करता है लेकिन समाज को अमृत-दान देता है।

'संत रविदास की रामकहानी' की भाषा में जादुई आकर्षण है। इन्द्रधनुषी मोहकता है। सूक्तियों में गूढ़ात्मक प्रभावात्मकता है। चूँकि डॉ॰ देवेन्द्र दीपक एक कवि हैं इसलिए इस कृति में काव्य छटा बिखरी पड़ी है और इसी बल पर यह अनुपम जीवन-गाथा कविता का सा रस देती है। रविदास के अध्येताओं के लिए ही नहीं बल्कि समाज और अध्यात्म की उन्नति चाहने वालों के लिए भी यह एक महत्वपूर्ण कृति है।

'उठो अहल्या' : पौराणिक सन्दर्भ–समकालीन विमर्श

समकालीनता की अभिव्यक्ति के लिए रचनाकार कभी-कभी अतीत की ओर भी झाँकता है। समानान्तर घटनाओं-प्रसंगों का सहारा लेकर युगीन विसंगतियों/विडम्बनाओं की अभिव्यक्ति करता है। ऐतिहासिक/पौराणिक सन्दर्भों का कल्पना द्वारा संयोजन कर नवीन चिन्तन और नव्य भाव-बोध पैदा करता है। यही कारण है कि वर्तमान अहल्याओं की वेदना से द्रवीभूत डॉ॰ सुरेन्द्र दुबे ने भी अपने 'उठो अहल्या' नाटक के माध्यम से शास्त्र एवं लोक प्रख्यात 'अहल्या' की कथा का पुनराख्यान कर समकालीनता को प्रस्तुत करने का प्रयास किया है जिसे उन्होंने स्वयं स्वीकारा भी है– "यह कथा रूप पूर्णतः समकालीन है। इतिहास की काया में समकालीन आत्मा।" (अपनी ओर से)। यद्यपि इस नाटक में समकालीनता की अभिव्यक्ति का मुख्य स्वर नारी-जागरण है जिसे वर्तमान स्त्री-विमर्श का परिणाम भी माना जा सकता है लेकिन इसके अलावा कुछ ऐसे संकेत बिन्दु हैं जो युगीन परिस्थितियों, समस्याओं, दबावों, आवेगों का भी खुलासा करते हैं। प्रभुता का मद, शासक की निरंकुशता, आतंकी प्रशिक्षण शिविर आदि मुख्य कथा की तीव्रता एवं गतिशीलता में सहायक तो हैं ही अपने वर्तमान की भी झलक देते हैं। जाहिर है कोई भी रचना उस नदी के समान होती है जो एक दिशा में प्रवाहित होती हुई भी अपने अगल-बगल के झाड़-झंखाड़, जल स्रोत आदि से संबद्ध रहती है। यह बात 'उठो अहल्या' नाटक पर भी लागू होती है। नारी की दुर्दशा नाटककार को दुखी एवं चिन्तित करती है तो उसे पतिता बनाने वाले दंभी प्रभुओं की लम्पटता, छल-कपट, अमानवीयता, निरंकुशता भी विचलित किए बिना नहीं रहती। आतंकवाद एवं बढ़ते आतंकी प्रशिक्षण शिविर भी कम चिन्ता नहीं उपजाते। इन सबका संकेत 'अहल्या' की पौराणिक कथा में देकर नाटककार ने अपनी सर्जनात्मक क्षमता का परिचय दिया है।

पौराणिक महिला पात्रों में अहल्या की लोक-व्याप्ति सबसे अधिक है–उसमें भी उसका वह पक्ष जो उसके पाषाण होने एवं राम के चरण-स्पर्श से उद्धार पाने से सम्बन्धित है। डॉ॰ सुरेन्द्र दुबे ने इस प्रख्यात कथा को नवीन अर्थ-सन्दर्भ दिया है। युगानुरूप नवीन चिन्तन भरा है। इसके लिए उन्होंने वाल्मीकि रामायण, महाभारत,

पद्म पुराण, अध्यात्म रामायण, स्कन्दपुराण, कम्ब रामायण, रामचरित मानस, विष्णु पुराण, जैमिनीय ब्राह्मण आदि ग्रन्थों में अहल्या से सम्बन्धित बिखरे कथा-सूत्रों एवं लोक-व्याप्त जनश्रुतियों का कल्पना के सहारे इस तरह संयोजन किया है कि वह वास्तविक लगता है। सच प्रतीत होता है। रचनाकार की सफलता इसी में होती है कि उसकी कल्पना कल्पना न लगकर सत्य का आभास कराने वाली हो। यथार्थ लगने वाली हो। इसमें डॉ॰ दुबे को सफलता मिली है। गौतम ऋषि के शाप से अहल्या के पाषाण हो जाने की कथा लोक व्याप्त है। इसमें यत् किंचित परिवर्तन भी प्रातिभ-कौशल की अपेक्षा रखता है। अपनी सर्जनात्मक क्षमता के बल पर नाटककार ने अहल्या को पाषाण नहीं पाषाणवत दिखाकर नवीनता की सृष्टि की है। किसी अप्रत्याशित घटना के घटित हो जाने पर मनुष्य के काठ मार जाने, जड़ हो जाने, पत्थर हो जाने की बातें अक्सर देखने सुनने को मिलती हैं। फिर तो गौतम ऋषि का शाप, आश्रमवासियों के समक्ष चरित्र पर लांछन, 'कुलटा' और 'पतिता' का संबोधन अहल्या के लिए वज्रपात के समान है। ऐसी परिस्थिति में उसका पत्थरा जाना स्वाभाविक ही है जिसकी ओर संकेत करती हुई सुलभा का यह कहना, "देखती नहीं अहल्या को... वह धीरे-धीरे पत्थर बनती जा रही है। न कहीं आना न जाना दिन-रात अपने कक्ष में बैठी पथराई आँखों से आकाश की ओर निहारती रहती है।" (पृ॰सं॰ 33) उसकी अवस्था का कारुणिक निदर्शन है। अहल्या की इस दशा का उल्लेख विश्वामित्र के कथनों– "वह जीते जी पत्थर बन जाती है" "यह समाज है जिसने तुम्हें पत्थर बनाकर छोड़ा है" में भी हुआ है। नाटककार की यह नवीन दृष्टि स्त्री-विमर्श की ओर क्रमशः कदम बढ़ाने की वह जमीन है जिस पर खड़ा होकर उसने 'अहल्या' तथा अहल्याओं' के उठने एवं जाग्रत होने का आह्वान किया है।

समकालीन हिन्दी साहित्य के मुख्य मुद्दों में एक मुद्दा स्त्री-विमर्श का है। आज जिस तीव्रता से स्त्री की भाग्य रेखा बदलने के लिए विमर्शकारों की संख्या बढ़ रही है, वक्ष के पल्लुओं को जला डालने के लिए कविताएँ लिखी जा रही हैं, सन्तानोत्पत्ति को उत्पादन मानकर वेतन निर्धारित करने की वकालत की जा रही है, स्वतंत्रता के नाम पर देह की स्वतंत्रता की माँग उठ रही है उनसे स्त्री जाति का कितना भला होगा–यह कहना कठिन है किन्तु 'उठो अहल्या' नाटक का स्त्री-विमर्श अतिवादिता से दूर स्त्री हित-चिन्तन का विमर्श है। अपनी भाग्य रेखा बदलने के लिए स्वयं उठने का सुझाव है। अहल्या जब कहती है– "हम स्त्रियों की भाग्य की रेखाएँ ही विधाता ने जाने किस कुटिल लिपि से लिख दी" तब राम का यह कथन स्त्री आत्म-प्रबोध एवं आत्मोद्धार का महामंत्र लगता है– "नहीं माँ! नहीं, उठो। बदल दो भाग्य की रेखाओं को... जब भी कोई स्त्री निर्भय होकर उठ खड़ी होगी... चुनौती देती हुई समाज को, पुरुष समाज को उस समय उसकी भाग्य की रेखाएँ खुद-ब-खुद बदल जाएँगी।" (पृ॰सं॰ 44) यहाँ यह प्रश्न उठता है कि पुरुष

समाज को चुनौती देने की जरूरत क्यों पड़ी? पुरुष वर्ग का स्त्री के प्रति अपराध क्या है? इसका उत्तर घोषा के इस कथन में है– "सभी पुरुषों के मन के अन्ध गह्वर में एक बर्बर पशु वास करता है... जब तब फुफकारता है और कभी अपने नग्न रूप में प्रकट भी हो जाता है... शोषण और भोग का यंत्र बनाकर रख दिया है हमें...।" (पृ.सं. 35) यही है वह अपराध जिसके विरुद्ध नारी को लामबंद होने की जरूरत है। उठने और जाग्रत होने की जरूरत है क्योंकि "युगों-युगों से स्त्री जाति पर तरह-तरह के अंकुश लगाने के बाद भी पुरुष दर्प तुष्ट नहीं हुआ... आज वह स्त्री के तन-मन पर अपने विलास की छुरी से असंख्य घाव करता जा रहा है।" (पृ.सं. 39) विडम्बना देखिए कि कामुक और विलासी पुरुष स्त्री के साथ दुराचार करता है लेकिन इसकी सजा भोगती है स्त्री। "पुरुष स्त्री पर लांछन लगाकर खुद सम्मान का पात्र बना समाज में घूमता है" जबकि "श्रीमंतों के विलास से पीड़ित स्त्रियाँ पतिता घोषित कर दी जाती हैं और तब समाज तो दूर उसके परिजन भी उसे स्वीकारने में संकोच करते हैं।" (पृ.सं. 38) अब यहाँ एक प्रश्न फिर उठता है कि ऐसे दुराचारी पुरुष वर्ग का दुराचरण रोकने के लिए कोई विधान नहीं है क्या? लक्ष्मण पूछते हैं– "कंचन-कामिनी को चरम सत्य मानने वाले सत्ताधीशों और उनके अनुचरों के उद्धत विलास पर किसी का अंकुश नहीं? क्या वे न्याय की परिधि से बाहर हैं? क्या माताओं और बहनों का मौन आर्तनाद कोई नहीं सुनेगा?" (पृ.सं. 38) राम उत्तर देते हैं– 'नहीं लक्ष्मण नहीं। कोई नहीं सुनेगा। उसे स्वयं ही जाग्रत होना होगा... स्वयं जाग्रत।" (पृ.सं.39) यह है–समकालीन स्त्री-विमर्श। अहल्या के माध्यम से सम्पूण नारी जाति को जगाने का प्रयत्न। आत्मोद्धार के लिए अपने स्वत्व को पहचानने की सीख। अपने अधिकारों के प्रति सचेष्ट एवं जागरुक रहने का परामर्श। फिर इतना सुन्दर विमर्शकार, जब 'अपनी ओर से' यह लिखता है– "सम्भव है स्त्री विमर्श के ध्वजवाहकों को मेरा यह विनम्र प्रयास अतिक्रमण लगे" तब यह प्रश्न उठना स्वाभाविक है कि ऐसा क्यों? क्या इस विमर्श का झंडा कुछ ही हाथों तक रहकर अपना लक्ष्य पा लेगा? यह तो समय ही बताएगा लेकिन होना यह चाहिए कि विमर्श चाहे पुरुष वर्ग से आये हों या स्त्री वर्ग से यदि वे स्त्री के हित में हैं तो उनका स्वागत होना चाहिए।

सदियों से स्त्री के साथ अत्याचार हुआ है। उसे दबाया और कुचला गया है। उसकी इच्छाओं का मान-मर्दन हुआ है। उसको समर्पित करने के लिए विवश किया गया है–कभी कल से, कभी बल से और कभी छल से। अहल्या इन्द्र द्वारा छली ही तो गयी है। अन्य पुरुष भी अपने बुद्धि-कौशल अथवा स्नेह का लेप लगाकर स्त्री को समर्पण के लिए विवश करते हैं। इस सत्य का खुलासा करती हुई घोषा सुलभा से कहती है– "ये (पुरुष) कहते हैं, 'कर दो समर्पित अपने आपको तुम्हारे योग-क्षेम का वहन हम करेंगे।" (पु.सं. 35) दुख इसी बात का है कि स्त्री ने "अपने स्वत्व

को पुरुषार्पित कर दिया है"। इसका परिणाम यह हुआ कि पुरुष अपना उल्लू सीधा करने लगा। अपना उल्टा-सीधा निर्णय उस पर थोपने लगा। अब नारी जागरुक हो गयी है। जाग्रत घोषा इसीलिए पूछती है– "आखिर कब तक हम पुरुष वर्ग को अपना स्वामी मानकर उनके हर गलत-सही निर्णय–को शिरोधार्य करती रहेंगी?" (पृ.सं. 34) इस प्रश्न का उत्तर भी उसी के पास है–समाधान और विकल्प भी है– "शान्त रहने से काम नहीं चलेगा...हमें ढूँढ़ना होगा अपना स्वत्व, अपनी शक्ति.. .और अपने सपने...।" (पृ.सं. 35) शक्ति या स्वत्व बाहर ढूँढ़ने से नहीं मिलेंगे। उन्हें अपने भीतर ढूँढ़ना होगा। आत्मबल और आत्मप्रकाश का संधान करना होगा। इसी सत्य के आलोक में राम अहल्या से कहते हैं– "उठो! अपने भीतर ही प्रकाश का संधान करो माँ, अपने भीतर ही फूट पड़ेंगे अजस्र स्रोत शक्ति के।" (पृ.सं. 47) उठो, जागो– 'उत्तिष्ठत जाग्रत प्राप्य वरान्निबोधत' हमारा आर्ष वाक्य रहा है। इसे आत्मसात करते हुए नाटककार ने पत्थराई अहल्या (अहल्याओं) को उठने और जागने का महामंत्र दिया है।

इन्द्र की विलास-पीड़िता है–अहल्या। उसकी कामुकता की शिकार। अपराधी इन्द्र है लेकिन लांछिता और तिरस्कृता होती है–अहल्या एक स्त्री। इन्द्र पाप करने के बाद भी सम्मान पाता है, समाज उसके अपराध की अनदेखी करता है लेकिन अहल्या (स्त्री) को उसका पति चरित्रहीन कहता है, समाज उसे बहिष्कृत करता है। इन्द्र के भय से समाज चुप है, उसकी शक्ति के भय से सब कंपित हैं लेकिन अहल्या (स्त्री) के आचरण की बखिया उधेड़ी जाती है, समाज उसकी निन्दा करता है। इससे यह स्पष्ट है कि 'समरथ को नहिं दोष गोसाईं'। इसी सामर्थ्य के बल पर आज के इन्द्र न जाने कितनी ही अहल्याओं का जीवन नरक बनाकर स्वयं सम्मान पाते घूम रहे हैं। समाज को जैसे लकवा मार गया हो। सब चुप्पी साधे हुए हैं। दूसरी ओर अहल्या दण्ड भोग रही है, उस पाप के लिए जो उसने किया ही नहीं। ऐसे नपुंसक समाज की भर्त्सना जरूरी है। राम धिक्कारते हुए अहल्या से कहते हैं– "कौन नहीं था तुम्हारे पास माँ...कौन नहीं था? दो-दो पुत्र थे, पति गौतम थे, भरा-पूरा आश्रम था...ऋषि, मुनि, संन्यासी–बटुक–सब तो थे और एक सिर्फ एक सत्ता और शक्ति का नियामक तुम्हें अपमानित करके चला गया और सब चुप रहे...और चुप भी नहीं, उल्टे तुम्हें ही लांछित करते रहे।...धिक्कार है उस समाज पर जो धन, सत्ता और शक्ति पर कुण्डली मारकर बैठे ऐसे विषधरों का फन नहीं कुचलता।...अपनी ही माताओं-बहनों की रक्षा नहीं कर पाता...धिक्कार है।" (पृ.सं. 43) वज्रपाणि इन्द्र से भयभीत और आतंकित अथवा सत्ता और धन बल से डरे हुए लोगों को लक्ष्मण भी धिक्कारते हैं– "मुझे तो इन पर शर्म आती है। कोई पुरुष अपने सत्ताबल, धनबल या बाहुबल में मत्त स्त्री के साथ दुराचार करता है और हम डरकर चुप रहते हैं। बड़ी खतरनाक है यह चुप्पी...समाज की चुप्पी।" (पृ.सं. 46) यह चुप्पी कैसे टूटेगी?

कौन तोड़ेगा यह मौन? इस प्रश्न का उत्तर राम के पास है– "इस चुप्पी को तोड़ेगी हमारी माँ...माताएँ।" कैसे तोड़ेंगी? तो "अपनी लघुता की कुंठा से मुक्त होकर, जीवन के राग-छन्द में पुनः सक्रिय होकर" (पृ.सं. 47) मान लिया कि चुप्पी टूट गयी। नारी जाग्रत हो उठी। उसमें विरोध की भावना भी आ गयी। फिर आगे क्या करना होगा? अपराधी को दण्डित करना होगा क्योंकि "जब-जब सत्ता के मद में चूर कोई राजा या राजपुत्र अपनी ही प्रजा का घर्षण करता है तो उसे दण्ड मिलता ही है...मिलना ही चाहिए।" (पृ.सं. 5) इसीलिए नाटक के अंत में मानो शपथ लेती हुई अहल्या कहती है– "मैं अहल्या...मेनका पुत्री अहल्या पापी को दण्ड दूँगी...इन्द्र को दण्ड दूँगी।" इस स्वर के साथ सुलभा, घोषा और अन्य स्त्री स्वर एक साथ उद्घोष करते हैं– "कोटि-कोटि स्त्रियों के भीतर की अहल्या उठो!...इन्द्र को दण्ड दो...पापी को दण्ड दो।" (पृ.सं. 47) इस तरह पौराणिक अहल्या करोड़ों अहल्याओं का प्रतिनिधित्व करती हुई वर्तमान से जुड़ जाती है। पुरुष वर्चस्व के प्रति उसका प्रतिकार भाव स्त्रियों के लिए मार्गदर्शन का काम करता है। इस प्रकार नाटक का स्त्री-विमर्श आलोकवाह बन जाता है।

समय के प्रवाह में स्त्री 'वस्तु' बना दी गयी। उसकी इच्छा-अनिच्छा का कुछ भी ध्यान नहीं। पुरुष ने जैसे चाहा उसका उपभोग किया। विवाह के नाम पर भी उसके साथ छल किया गया। कभी उसे सौत बनना पड़ा तो कभी रखैल और कभी किसी वृद्ध की वासना-पूर्ति के लिए उसकी पत्नी। इस नाटक में अहल्या के माध्यम से नारी की इस दुर्दशा पर भी फोकस किया गया है। जब गौतम कहते हैं– "निर्लज्ज मेरी रक्तहीन शिथिल भुजाओं में तुम्हें सुख नहीं मिला तो अपने जार को बुलाने लगी पापी!" (पृ.सं. 29) तब अहल्या का क्रोध भड़क उठता है– "सुनो, आश्रमवासियों सुनो! अपने पिता की आयु के पुरुष के साथ ब्याह दी गयी, मैं चुप रही...जिस आयु में स्त्री पति की भुजाओं में आलिंगन का सुख पाती है मैं यज्ञ की समिधा एकत्र करती रही...चुप रही और आज...आज यह लांछन? ... (पृ.सं. 29) वह यहीं नहीं रुकती। वह आगे गौतम से पूछती है– "क्या स्त्री पाषाण होती है? वस्तु होती है?" (पृ.सं. 30) जाहिर है यह हमारे समाज की बहुत बड़ी समस्या है जिस पर नाटककार की दृष्टि गयी है। इस जड़ता को तोड़ने के लिए उसने प्रतिकार भी करवाया है।

अहल्या के परिचय के माध्यम से नाटककार ने नवजात शिशु की समस्या की ओर भी ध्यान आकृष्ट किया है। अहल्या कौन? वृहदश्व और मेनका की संतान जो जन्म लेते ही ब्रह्मा को सौंप दी गयी। ब्रह्मा ने गौतम को सौंप दिया। बाद में वही गौतम उसके पति हुए। उस घटनाक्रम को अहल्या जिस टोन में कहती है– "एक स्त्री पुरुष ने अपने विलास के परिणाम स्वरूप मुझे जन्म दिया और ब्रह्मा को सौंप कर मुक्त हो गये। (गौतम की ओर संकेत करके) ब्रह्मा ने इन्हें सौंपा और मुक्त हो

गये और ये मेरे पति !" (पु.सं. 30) उससे विवाह-पूर्व अथवा विवाहेतर सम्बन्धों के कारण आज बढ़ती नाजायज शिशुओं की संख्या और समस्या के मूल में बढ़ती विलासिता का (प्रच्छन्न ही सही) संकेत अवश्य मिलता है। इसके साथ ही पालनहार के पति बन जाने की विसंगति का भी खुलासा होता है।

'उठो अहल्या' नाटक के केन्द्र में स्त्री-मुक्ति की भावना है फिर भी युगीन विसंगतियों और विडम्बनाओं को उभरने का अवसर मिला है। शासक, सत्ता और सम्पत्तिशाली लोगों का आचरण सदैव आलोचना का विषय रहा है। हर युग का शासक अपने को विधान, व्यवस्था और मूल्यों से ऊपर मानकर आचरण करता है। वह विधान और मूल्य रक्षण के स्थान पर उन्हें तोड़ने में ही अपनी महानता समझता है। इन्द्र ऐसा ही शासक है–दुराचरण के लिए ख्यात, स्वेच्छाचारिता के लिए प्रसिद्ध । उसी के माध्यम से मरुत एक शाश्वत सत्य की ओर संकेत करता है– "स्वर्ग पर शासन करने के लिए जो भी इन्द्र बनता है, वही निरंकुश, दुराचारी और नृशंस हो जाता है। सत्ता और सम्पत्ति शासक को दुर्दमनीय बना देती है।" (पृ.सं. 3)। यह अहल्या के युग के लिए जितना सत्य है उतना ही सत्य इस युग के लिए भी है।

सम्पूर्ण विश्व आतंकवाद की समस्या से जूझ रहा है। इसकी छाया इन्द्र के कथन में भी देखी जा सकती है– "अप्रत्यक्ष युद्ध की आतंकी गतिविधियों के माध्यम से मानव जाति के जन-धन का संहार तो कर ही रहे हैं।" (पृ.सं. 7) गौतम का कहना है– "घने अरण्य और कन्दराओं में उनके प्रशिक्षण शिविर भी हैं।" (पृ.सं. 7) सम्भव है वर्तमान आतंकी परिदृश्य से उद्वेलित नाटककार ने पौराणिक प्रसंगों के माध्यम से समकालीन पीड़ा व्यक्त की हो।

नाटक दृश्य काव्य है। उसकी सफलता-असफलता का दारोमदार अभिनयशीलता पर आधृत होता है। 'उठो अहल्या' नाटक अभिनय क्षमता से परिपूर्ण है। युगानुरूप तत्सम भाषा से नाट्य-कथा में स्वाभाविकता आयी है। सम्वादों में जीवन्तता और ओजस्विता है। रंगमंचीय निर्देश नाट्य प्रस्तुति में सहायक हैं।

ऐसे समय में जब साहित्य की अन्य विधाओं की तुलना में नाटक कम लिखे जा रहे हों डॉ. सुरेन्द्र दुबे ने 'उठो अहल्या' नाटक लिखकर न केवल हिन्दी नाट्य-विधा को समृद्ध किया है बल्कि पौराणिकता के माध्यम से अपने युग के यथार्थ को भी प्रकट किया है।

पूर्वांचलीय राज्यों के साहित्यकारों का हिन्दी को योगदान

आज जब शोध कार्य येन केन प्रकारेण उपाधि प्राप्त करने का एक औपचारिक कर्त्तव्य मात्र रह गया है तब ऐसे समय में निष्ठा, लगन, परिश्रम और अध्यवसाय के साथ डॉ॰ हरेराम पाठक द्वारा किया गया डी॰लिट॰ संबधी अनुसंधान कार्य का प्रकाशित होकर पाठकों तक पहुँचना शोध-क्षेत्र में परिव्याप्त जड़ता को तोड़ने की दिशा में एक महत्त्वपूर्ण प्रयास माना जा सकता है। 'पूर्वांचलीय राज्यों के साहित्यकारों का हिन्दी को योगदान' विषयक अपने शोध-कार्य में डॉ॰ पाठक ने न केवल शोध-पद्धतियों को आत्मसात किया है बल्कि अपने असम प्रवास के सुदीर्घ अनुभवों को गवेषणा के साथ समाविष्ट कर अपने शोध-कार्य को जटिल होने से तो बचाया ही है उसे व्यावहारिक एवं प्रामाणिक भी बनाया है। उन्होंने किसी पूर्वाग्रह अथवा दुराग्रह के ब्यूह में फँसे बिना पूर्वांचल के आठ राज्यों में हिन्दी की पृष्ठभूमि एवं उसकी वर्तमान स्थिति को जिस सहजता से प्रस्तुत किया है उससे इन राज्यों में हिन्दी की छवि दर्पण की भाँति साफ झलकती है। यह पुस्तक की एक बड़ी उपलब्धि है। इससे पूर्वोत्तर के राज्यों में हिन्दी की दशा और दिशा पर साफ तस्वीर वाली पुस्तक की कमी पूरी होती है। यह इन राज्यों में हिन्दी का न केवल एक सर्वेक्षण है बल्कि साहित्य का अद्यतन समाकलन भी है।

इस पुस्तक का एक वैशिष्ट्य यह है कि इसमें लेखक की प्रश्नाकुलता उसे समाधान पाने के लिए विवश करती रहती है। उसके मन में अनेक सवाल उभरते रहते हैं जैसे यह कि "हिन्दी साहित्येहास के लेखन में इस क्षेत्र की साहित्यिक उपलब्धियों को शामिल क्यों नहीं किया गया?" उनका मानना है कि "यदि हिन्दी साहित्य को राष्ट्रीय स्तर पर प्रतिष्ठित करना है तो हिन्दी भाषी क्षेत्रों मे हो रहे हिन्दी लेखन के अतिरिक्त गैर हिन्दी भाषी क्षेत्रों के हिन्दी लेखन को भी समेटना और उसे ऐतिहासिक महत्त्व देना आवश्यक है।" (प्राक्कथन) असम में शंकर देव से लेकर उन्नीसवी शताब्दी तक ब्रजबुलि भाषा (हिन्दी की एक बोली) में साहित्य सृजन हुआ है इस पर डॉ॰ पाठक का प्रश्न है– "लगातार छह सौ वर्षों तक एक गैर हिन्दी भाषी प्रदेश में ब्रजबुलि भाषा (हिन्दी) में रचना धर्मिता का होना हमें यह

सोचने पर मजबूर कर देता है कि क्या असम को गैर हिन्दी भाषी प्रदेश कहना उचित है?" (पृ.सं. 3) इसके साथ ही एक प्रश्न यह भी कि "क्या भारतवर्ष को हिन्दी एवं गैर हिन्दी क्षेत्रों में विभाजित कर हम हिन्दी को राजभाषा अथवा राष्ट्रभाषा के पद पर गौरवपूर्वक प्रतिष्ठित कर सकते हैं?" जाहिर है ये सभी प्रश्न किसी भी हिन्दी समर्थक विचारक को चिन्तन के लिए विवश कर सकते हैं। इन प्रश्नों से डॉ. पाठक की हिन्दी निष्ठा का भी पता चलता है। वे जहाँ एक ओर पूर्वोत्तर के राज्यों में हिन्दी की जड़ों को तलाशते हैं वहीं दूसरी ओर अपनी पूरी विवेचना में हिन्दी की पक्षधरता को भी उद्घाटित करते चलते हैं।

डॉ. पाठक ने इस पुस्तक में अपनी तार्किक क्षमता का भी परिचय दिया है। किसी निष्कर्ष पर पहुँचने के पहले उनका बौद्धिक-व्यायाम देखने लायक है। वे सरहपा को हिन्दी का पहला कवि मानने के लिए आचार्य रामचन्द्र शुक्ल से भी भिड़ने को आतुर दिखाई देते हैं– "उनके (शुक्ल जी) मत से सिद्धों में सरहपा (वि.सं. 690) सबसे पुराने हैं एवं उनकी रचनाओं में प्राकृताभास हिन्दी के रूप मिलते हैं। इतना स्वीकार करने के बाद भी शुक्ल जी सरह को हिन्दी का आदि कवि नहीं मानते क्योंकि उनकी रचनायें 'साम्प्रदायिक' हैं और जीवन की सामान्य सरणियों से उनका कोई सम्बन्ध नहीं है।' परन्तु आज जबकि यह प्रमाणित हो चुका है कि सरह की रचनायें साम्प्रदायिक नहीं हैं और सामान्य जीवन सरणियों से उनका सम्बन्ध रहा है, तब उन्हें असम का प्रथम हिन्दी कवि मानने में संकोच नहीं करना चाहिए।' (पूर्व पीठिका, पृ.सं. 1) इसी पुस्तक के अष्टम अध्याय में डॉ. पाठक निष्कर्ष स्वरूप फिर यही बात दुहराते हैं– "सातवीं शताब्दी के उत्तरार्ध (सरहपा का काल) से लेकर अब तक पूर्वांचलीय राज्यों में हिन्दी लेखन का कार्य किसी न किसी रूप में अबाध गति से होता रहा है। पूर्वी अपभ्रंश (पुरानी हिन्दी) के प्रचार-प्रसार में सिद्ध एवं नाथ योगियों की अहम् भूमिका रही है। .... उनकी रचनाओं को सांप्रदायिक कहकर उन्हें साहित्य से ही खारिज कर दिया गया। वे साहित्यिक थे अथवा असाहित्यिक यह विचारणीय मुद्दा नहीं है, विचारणीय यह है कि लोक भाषा को अपनी अभिव्यक्ति का माध्यम बनाकर क्या इन महानुभावों ने जनसाधारण की भाषा को प्रतिष्ठापित करने का प्रयास नहीं किया।" (पृ.सं. 283) इसी में वे आगे लिखते हैं– "शायद इन्हीं का खोला हुआ वह द्वार है जिससे होकर भारतीय जन-मानस में हिन्दी का प्रवेश हुआ।" इस प्रकार डॉ. पाठक हिन्दी के प्रति असम के अवदान को बड़ी महत्ता के साथ स्मरण करते हैं। वे रामचन्द्र शुक्ल आदि विद्वानों को उद्धृत करते हुए यह सिद्ध करते है कि सरहपा कामरूप जिले (असम) के रानी (राणी) गाँव के निवासी थे तथा इनके अतिरिक्त लुइपा, दारिकपा, कारूपा, कुक्कुरिपा, तांतिया, महीधरपा आदि सिद्धाचार्य असम के ही निवासी प्रमाणित हुए हैं। इन सिद्धाचार्यों ने केवल भाषा एवं साहित्य को ही नहीं बल्कि तत्कालीन समाज एवं धर्म को भी गहरायी तक प्रभावित

किया था। अपने प्रथम अध्याय में डॉ॰ पाठक ने सरहपा पर विस्तृत सामग्री तो दी ही है उन्हें हिन्दी का पहला कवि मानने का अपना मंतव्य फिर दुहराया है– "असम निवासी सरहपा को हिन्दी का प्रथम कवि मानना चाहिए एवं सिद्धों की कर्म स्थली असम को हिन्दी साहित्य लेखन का आरम्भिक क्षेत्र।" (पृ.सं॰ 15) हमें यह स्मरण रखना चाहिए कि हिन्दी के कई मूर्धन्य साहित्येतिहासकारों ने भी सरहपा को हिन्दी का आदि कवि सिद्ध करने के पक्ष में तर्क दिया है।

पूर्व पीठिका एवं निष्कर्ष वाले अध्याय को छोड़कर इसमें कुल सात अध्याय हैं। 'पूर्व पीठिका' में पूर्वांचल के आठ राज्यों में हिन्दी की दशा और दिशा का संक्षिप्त आकलन है। निष्कर्ष वाले अध्याय में शोधात्मक परिणामों का सार संक्षेप तो है ही पूर्वांचलीय राज्यों में राजभाषा हिन्दी की स्थापना के विभिन्न आयामों की चर्चा भी है।

इस ग्रंथ का पहला अध्याय सर्वाधिक महत्त्व और विस्तार लिये हुए है। 'असम के रचनाकारों का हिन्दी साहित्य को योगदान' शीर्षक इस अध्याय में डॉ॰पाठक ने विक्रम की सातवीं शताब्दी के अन्तिम चरण से लेकर असम में लिखे जाने वाले अद्यतन साहित्य का समाकलन प्रस्तुत किया है। सिद्धाचार्यों से लेकर बीसवीं शताब्दी तक के हिन्दी रचनाकारों की रचनाधर्मिता को एक साथ प्रस्तुत करते हुए उन्होंने अपनी इतिहास-दृष्टि का परिचय तो दिया ही है साहित्यआस्वादन की अपनी समझ को भी उभारा है। इस अध्याय को तीन उपशीर्षकों में बाँटा गया है– विक्रम की सातवीं शताब्दी से लेकर चौदहवीं शताब्दी तक का साहित्य, मध्यकाल (भक्तिकाल) अर्थात पन्द्रहवीं से उन्नीसवी शती तक का साहित्य और जागरण काल (आधुनिक काल) यानी सन् उन्नीस सौ उन्नीस से अब तक। सिद्धाचार्यों की साहित्यिक देन का उल्लेख करने के साथ ही साथ सिद्ध साहित्य की प्रमुख प्रवृत्तियों को भी उभारा गया है। मध्यकाल के सर्वाधिक महत्त्वपूर्ण कवि नाटककार शंकर देव की रचना धर्मिता पर डॉ॰ पाठक ने विस्तृत दृष्टि डाली है। उन्होंने इस तथ्य को उजागर किया है कि असमिया साहित्य में यही युग स्वर्णयुग था। शंकरदेव से पहले का साहित्य तंत्र-मंत्र, योग सिद्धि आदि के द्वारा अशिक्षित जन समुदाय को प्रभावित करने वाला साहित्य रहा है। उनमें भक्ति भावना के बहाने घोर कामुकता एवं अश्लीलता की प्रधानता रही है। ऐसे समय में साहित्य क्षितिज पर शंकरदेव का अवतरण डॉ॰ पाठक को नया सवेरा जैसा लगता है– "यह कहना गलत नहीं होगा कि ऐसी रचनाओं की प्रतिक्रिया के फलस्वरूप शंकरदेव अपनी धारदार रचनाधर्मिता के साथ साहित्यिक रंगमंच पर अवतरित हुए। उनके साहित्यिक मंच पर अवतरित होते ही सस्ती लोकप्रियता से अनुरंजित कामुकतापूर्ण रचनायें निष्प्रभ होने लगीं और साहित्य जगत में एक नया सवेरा छा गया।" (पृ.सं॰ 34) शंकरदेव भारतीय आधुनिक नाट्यशास्त्र के जनक माने जाते हैं। उनके नाटकों में संस्कृत नाट्य परम्परा का पूर्ण अनुकरण नहीं हुआ है बल्कि उसमें स्थानीय गीति-नाट्य शैली का समावेश हुआ है। शंकरदेव की

प्रेरणा से माधवदेव ने जो साहित्य सृजित किया है उनमें नाटकों के अलावा वरगीतों का विशेष महत्त्व है। शंकर और माधव दोनों के वरगीतों का मुख्य प्रतिपाद्य भक्ति भावना है फिर भी दोनों के वरगीतों में कथ्य और प्रस्तुति की दृष्टि से काफी अन्तर है। डॉ॰ पाठक ने इन दोनों महापुरुषों के कृतित्व पर विस्तार से प्रकाश डाला है। साथ ही इनका तुलनात्मक अध्ययन भी प्रस्तुत किया है। इतना ही नहीं उन्होंने माधव देव कृत 'झुमुरा' नाटकों के प्रसंग में 'झुमुरा' की उत्पत्तिपरक व्याख्या भी की है। गोपालदेव आता, रामचरण ठाकुर, भूषण द्विज, दैत्यारि ठाकुर, श्रीराम आता, रामानंद द्विज, हरिकांत, दीनगोपाल, कैवल्यानन्द, महीन्द्र द्विज, लक्ष्मीनाथ, विश्वंभर द्विज, यज्ञारामखारधरिया फुकन आदि रचनाकारों पर भी शोधपरक सामग्री इस अध्याय में प्रस्तुत की गयी है। जागरणकाल को असम में खड़ी बोली हिन्दी के विकासात्मक स्वरूप की दृष्टि से मूल्यांकित किया गया है। इसमें हिन्दी भाषा और साहित्य दोनों के प्रचार-प्रसार की विभिन्न गतिविधियों का उल्लेख है। इसी प्रसंग में असम राष्ट्रभाषा प्रचार समिति तथा पत्र-पत्रिकाओं के योगदानों का स्मरण है। हिन्दी में अनुदित श्रेष्ठ असमिया एवं बंगला कृतियों का लेखा जोखा देकर डॉ॰ पाठक ने असम में हिन्दी की समृद्धि की ओर संकेत किया है। जागरण काल के हिन्दी साहित्कारों की एक लंबी सूची उनके व्यक्तित्व एवं कृतित्व के साथ प्रस्तुत कर उन्होंने यह दर्शाया है कि असम में हिन्दी व्यापक पैमाने पर फल फूल रही है और इसका भविष्य बहुत उज्ज्वल है। सम्भवतः इन्हीं उपलब्धियों के कारण डॉ॰ पाठक ने आरम्भ में ही यह प्रश्न पूछा था कि "क्या असम को गैर हिन्दी भाषी प्रदेश कहना उचित है?" (पूर्व पीठिका पृ.सं॰ 3)। मणिपुर में हिन्दी का विकास द्वितीय अध्याय में दर्शाया गया है। डॉ॰ पाठक ने विभिन्न ऐतिहासिक साक्ष्यों तथा स्त्रोतों के आधार पर अपना अभिमत स्थिर करते हुए यह लिखा है कि मणिपुर में हिन्दी का प्रवेश कोई आकस्मिक घटना नहीं है बल्कि वह विभिन्न परिस्थितियों एवं कारणों की उपज है। उनका मानना है कि गुजरात, राजस्थान, उत्तर प्रदेश, बिहार आदि के पलायित हिन्दुओं ने मणिपुर में हिन्दी भाषा को पल्लवित-पुष्पित किया। 'बामन कुन्थोक' नामक हस्तलिखित ग्रंथ को उद्‌धृत करते हुए उन्होंने लिखा है– "बाहर से आने वाले ब्राह्मणों ने यहाँ की कन्याओं से विवाह किये और यहीं के निवासी बन गये। ये ब्राह्मण गुजरात, ब्रज, वृंदावन, कन्नौज, मथुरा, मिथिला आदि स्थानों से आये थे। मणिपुर में हिन्दी की विभाषायें ब्रज, अवधी, मैथिली, इन्हीं लोगों के साथ आयी थीं। अतः मणिपुर में हिन्दी की ऐतिहासिक यात्रा का आरंभ इसी समय से माना जाना चाहिए।" (पृ.सं॰ 135) इसके साक्ष्य में उन्होंने मणिपुरी लोगों के नाम के साथ सामान्यतः 'अरिबम' एवं 'अनौबम' शब्द जुड़ने का उल्लेख किया है जिसका अर्थ क्रमशः 'प्राचीन' तथा 'नया' है। हिन्दी प्रचारक संस्थाओं में मणिपुरी हिन्दी परिषद के अवदान को विशेष महत्त्व के साथ याद किया गया है। उन साहित्य सेवकों एवं भाषा प्रचारकों पर भी

विहंगम दृष्टि डाली गयी है जिन्होंने मणिपुर में हिन्दी का अलख जगाने में यत्किंचित योगदान दिया है। डॉ॰ पाठक ने मणिपुर में हिन्दी की समस्याओं पर भी ध्यान केन्द्रित किया है। उन्होंने कुछ व्यावहारिक सुझाव भी दिये हैं जिनके अनुपालन से हिन्दी का द्रुतगामी विकास हो सकता है।

मेघालय एवं मिजोरम में हिन्दी की स्थिति का जायजा लेते हुए एक कटु सत्य की ओर संकेत किया गया है– "विभिन्न संस्थाओं द्वारा मेघालय में हिन्दी प्रचार-कार्य करने के बावजूद भी वहाँ की हिन्दी संतोषजनक नहीं कही जा सकती।" (पृ.से 206) इसका कारण अंग्रेजी का राजभाषा होना है। इन राज्यों में क्षेत्रीय भाषाओं को भी वह सम्मान नहीं है जो अंग्रेजी को। फिर भी यह संतोष का विषय है कि मेघालय में हिन्दी सम्पर्क भाषा बन रही है। यहाँ के लोग बाजार, डाकघर, कार्यालय, खेल के मैदान, पुस्तक मेला, बस स्टैण्ड, अस्पताल आदि में हिन्दी में बातें करते हैं। मिजोरम में हिन्दी की स्थिति के प्रति भी यही संतोष भाव देखा जा सकता है। 'नागालैण्ड में राजभाषा हिन्दी' शीर्षक अपने चतुर्थ अध्याय में डॉ॰ पाठक ने एक यथार्थ कथन किया है– "हिन्दी को न केन्द्रीय एवं राज्य सरकारें बचा रही हैं न हिन्दी के मूर्धन्य साहित्यकार ही। हिन्दी बच रही है अपनी स्वाभाविक सरलता एवं धारण क्षमता के कारण।" (पृ॰ संख्या 237)

यह सच है कि अपनी सहजता, सरलता, स्पष्टता आदि गुणों के कारण हिन्दी ने हिन्दीतर भाषी राज्यों में न केवल प्रवेश किया है बल्कि अपनी जड़ें भी मजबूत की हैं। इस कार्य में चलचित्र, दूरदर्शन, रेडियो, समाचार-पत्रों की भूमिका सर्वाधिक रही है। डॉ॰ पाठक लिखते हैं "नागालैण्ड के वे जनजाति जो हिन्दी न तो बोल पाते हैं, न समझ पाते हैं वे भी हिन्दी चलचित्रों को बड़ी ही तन्मयता के साथ देखते हैं। हिन्दी चलचित्रों का यही जादू यहाँ के सभी लोगों के सिर चढ़कर बोलने लगा है। परिणाम यह हुआ है कि हिन्दी न समझने और बोलने वाले भी आज अच्छी तरह समझने एवं बोलने लगे हैं। हिन्दी फिल्मों के गीत आज सबके होठों पर थिरकने लगे हैं –चाहे वह शहर में रहने वाला व्यक्ति हो या दूर-दराज के पहाड़ी एवं जंगली इलाके में रहने वाला व्यक्ति।" (पृ.सं॰ 240)

नागालैण्ड में नवीन भाषा 'नगामीज' के उदय पर भी काफी सामग्री इस पुस्तक में है। असमी, नागा, हिन्दी, अंग्रेजी तथा अन्य भाषाओं के सम्मिश्रण से उत्पन्न 'नगामीज' नागालैण्ड में सम्पर्क भाषा के रूप में व्यवहृत होती है। इसकी उत्पत्ति के कारणों पर विचार करते हुए डॉ॰ पाठक का कहना है– "नागालैण्ड में जितनी जन जातियाँ हैं उतनी भाषायें हैं। भाषा की बहुलता के कारण कोई भी ऐसी भाषा नागालैण्ड में नहीं दिखाई देती है जो सभी जनजातियों के बीच समान रूप से बोली एवं समझी जाती हो। इससे विभिन्न भाषा-भाषियों के बीच आपसी सम्पर्क बनाये रखने एव आदान-प्रदान करने में कठिनाई होने लगीं। इन कठिनाइयों को दूर करने

के लिए ही नागालैण्ड में नगामीज जैसी भाषा का उदय हुआ।" (पृ.सं. 234) संतोष की बात यह है कि इस नगामीज भाषा में सर्वाधिक शब्द असमिया के हैं और उसके बाद हिन्दी के।

अरूणाचल प्रदेश में हिन्दी का विकासात्मक इतिवृत्त देते हुए डॉ. पाठक ने अपना ध्यान हिन्दी लेखकों पर अधिक केन्द्रित किया है। असम राष्ट्र भाषा प्रचार समिति के प्रयासों, हिन्दी पत्रकारिता के योगदानों की चर्चा में भी इन लेखकों का स्मरण हुआ है। अरूणाचल के सरकारी एवं गैर सरकारी कार्यालयों में हिन्दी प्रदेश से आये कर्मचारी कार्यरत हैं। फलस्वरूप यहाँ के कार्यालयों की सम्पर्क भाषा हिन्दी है। त्रिपुरा और सिक्किम में हिन्दी की स्थिति पर विचार करते हुए डॉ. पाठक ने 'पूर्वांचल प्रदेश में हिन्दी भाषा और साहित्य' की लेखिका डॉ. सी. ई. जीनी के इस कथन को उद्धृत किया है– "भारत की मुख्य धारा से अपने को पूरी तरह जोड़ने की अभिलाषा जैसे जैसे तीव्र होती जा रही है वैसे-वैसे यहाँ हिन्दी और नागरी लिपि का प्रचलन बढ़ता जा रहा है। (पृ.सं. 288) इस कथन का यथार्थ वर्तमान जीवन-सन्दर्भों पर आधृत है। आज जब भौगोलीकरण एवं बाजारवाद में ग्राहक की संख्या के अनुसार उन्हीं की भाषा में बहुराष्ट्रीय कम्पनियाँ अपना सामान बेचने के लिए विवश हो रही हैं तब ऐसे समय सन्दर्भ में पूरब और दक्षिण के लोगों को जीवन में हिन्दी की अनिवार्यता की समझ स्वाभाविक है।

इस पुस्तक में यथातथ्य कथन के साथ-साथ हिन्दी के विकास मार्ग में आने वाली बाधाओं/कठिनाइयों को दूर करने के उपायों पर भी विचार किया गया है। पूर्वांचलीय राज्यों में हिन्दी के भविष्य को सजाने-सँवारने एवं मुख्य मार्ग पर सरपट दौड़ाने के उद्‌देश्य से जो दस सूत्रीय प्रारूप/समाधान/सुझाव डॉ. पाठक द्वारा प्रस्तुत किये गये हैं उनके क्रियान्वयन से हिन्दी अवश्य द्रुत गामी होगी। हिन्दी सेवकों/प्रचारकों/भाषाविदों एवं साहित्य-जिज्ञासुओं के लिए यह एक महत्त्वपूर्ण एवं संग्रहणीय पुस्तक है।

'धरीक्षण मिश्र रचनावली' : भोजपुरी का पहला अलंकार-दर्पण

ऐसे समय में जब शास्त्रीयता संकटापन्न हो, शास्त्र-चिन्तन रुचि का विषय न रह गया हो तब अलंकार-शास्त्र की परम्परा को समृद्ध करने की दिशा में पं॰ धरीक्षण मिश्र द्वारा भोजपुरी में रचित 'अलंकार-दर्पण' का प्रकाशन एक सुखद घटना है। न केवल भोजपुरी बल्कि हिन्दी जगत में इसका नोटिस लिया जाना स्वाभाविक है। शायद यही कारण है कि सम्पादक डॉ॰ वेदप्रकाश पाण्डेय ने 'धरीक्षण मिश्र रचनावली' के प्रथम खंड में 'अलंकार-दर्पण' को प्रकाशित करना उचित समझा है। यह जहाँ भोजपुरी का प्रथम अलंकार शास्त्र होने के गौरव से मंडित है वहीं आत्म-प्रचार, गुटबन्दी और खेमे से दूर 'कुटिया' की सारस्वत साधना की ताकत का परिचायक भी है। संस्कृत आचार्य भामह से लेकर हिन्दी के अद्यतन आचार्यों की अलंकार दृष्टि, चिन्तन और विवेचन को आत्मसात करने वाले साहित्य मनीषी पं॰ धरीक्षण मिश्र ने परम्परा का अनुगमन करते हुए भी कुछ नवीन अलंकारों की उद्‌भावना कर मौलिक चिन्तन का परिचय दिया है। नवोन्मेष शालिनी प्रतिभा और सर्जना शक्ति के समुचित उपयोग ने जहाँ इस ग्रन्थ को एक उत्कर्ष प्रदान किया है वहीं भोजपुरी की भाषिक क्षमता को प्रमाणित किया है। इसके साथ ही अलंकारों के उदाहरणों में जिन सामाजिक, राजनीतिक, आर्थिक एवं युगीन परिस्थितियों, विसंगतियों, विडम्बनाओं और विद्रूपताओं को प्रकट किया गया है, उससे यह ग्रन्थ भोजपुरी भाषी समाज का दर्पण बन गया है। जीवन के विविध सन्दर्भों को समाहित करने के कारण इसका महत्व स्वयं सिद्ध है।

'अलंकार-दर्पण' में मूलतः 58 जैसे अन्योक्ति, अनिर्णीत, अपह्नुति, असंगति, या असंगत, अर्थान्तर न्यास, अतिशयोक्ति, असम्भव, अनुप्रास, अतद्‌गुण, आक्षेप, उत्प्रेक्षा, उल्लेख, उपमा, एकावली, कारणमाला, क्रम, काव्यार्थापत्ति, तुल्ययोगिता, तद्‌गुण, दृष्टान्त, दीपक, निरुक्ति, निदर्शना, परिकरांकुर, परिसंख्या, पिहित, प्रतिषेध, प्रत्यनीक, प्रतीप, प्रहर्षण, परिवृत्ति, प्रौढ़ोक्ति, भ्रान्तिमान, मुक्तपद ग्राह्य कुण्डलित यमक, मुद्रा,

मिथ्याध्यवसित, यमक, रूपक, ललित, लेश, लोकोक्ति, विपरीत, विषादन, विशेषोक्ति, विचित्र, विभावना, विषम विधि, व्यतिरेक, व्याघात, श्लेष, सन्देह, समासोक्ति, सार, समाधि (समाहित) स्मरण, हेतु (काव्यलिंग), क्षेपक और अनेक भेदोपभेद सहित लगभग 140 अलंकारों के लक्षण और उदाहरण भोजपुरी में दिए गये हैं। मिश्र जी द्वारा रचित अलंकारों को शब्द और अर्थ के अनुक्रम में न रखकर वर्णों के क्रम में रखने में सम्पादक को जो भी सुविधा मिली हो लेकिन क्रम के अभ्यासी पाठकों को पहले नम्बर पर 'अन्योक्ति', नवें पर 'अनुप्रास', अड़तीसवें पर 'यमक' तथा बावनवें नम्बर पर 'श्लेष' अलंकार पढ़ने में असुविधा अवश्य होती है।

मिश्र जी ने ग्रन्थ के आरम्भ में 'अलंकार के आवश्यकता' शीर्षक सार छन्द में "नव युग में गहना के महत्व दिन पर ऊठल जात हवे/पर हमरा केशव के बतिया गहनावाली न भुलात हवे।" लिखकर आज की अलंकारहीन कविता को आड़े हाथों लिया है। इसके साथ ही यह स्मरण भी दिलाया है कि, "भूषन बिनु न बिराजई कविता वनिता मित्त।" इतना ही नहीं वे एक ऐसे नीर-क्षीर विवेकी कलाकार की कामना करते हैं जो उन्हें गहना (अलंकार) के गुण-दोष की परख करा सके–

"चाहत बानी नीमन सोनार केहु कलाकार तनि मिलि जाइत।
आ गहना के गुण-दोष सजी कृपया हमरा के बतलाइत।।"

यह बात अलग है कि उनके सामने संस्कृत और हिन्दी के अलंकार शास्त्रियों की एक लम्बी परम्परा रही है जिनसे उन्होंने बहुत कुछ लिया है, सीखा है और अपनी दृष्टि को साफ किया है। इसका प्रमाण उनका कृतज्ञता-ज्ञापन है जो 'अलंकार के आवश्यकता' में वशंस्थ छन्द में लिखा गया है–

"रसाल जी भूषण दीन दास जी तथा कन्हैया जयदेव भानु जी
समेत केशो दुई अष्टमूर्ति के कृतज्ञ हो के जय राम बोलि के।।"

उन्होंने इसी में आगे नया मिसाल लेकर भोजपुरी में अलंकार लिखने की अपनी साध व्यक्त की है

"किला हवाई अबजाति बा बने प्रयास आ साध हमार बा इहे।
लिखीं अलकार नया मिसाल ले प्रयुक्त भाषा करि भोजपूरिए।।"

मिश्र जी द्वारा निरूपित लगभग 140 अलंकारों में कुछ ऐसे हैं– (परिवृत्ति, प्रतिषेध, पिहित, मिथ्याध्यवसित, रसनोपमा, श्लेषोपमा, ललित आदि) जिनका संस्कृत के आचार्यों ने उल्लेख किया है किन्तु हिन्दी के आचार्यों ने नहीं। मिश्र जी ने दो ऐसे अलंकारों की योजना की है जिनका निरूपण न तो संस्कृत के अलंकार शास्त्रों में हुआ है और न ही हिन्दी के अलंकार ग्रन्थों में। वे अलंकार हैं–'अनिर्णीत' और क्षेपक। मिश्र जी ने इन दोनों अलंकारों का उदाहरण तो दिया है किन्तु लक्षण नहीं। सम्भव है वे इनके लक्षण के बारे में स्वयं स्पष्ट न हों। 'अनिर्णीत' अलंकार के तीन उदाहरण दिए गये हैं–उनमें से यहाँ एक प्रस्तुत है–

राखत अर्थ पुरान ना नेता आ उस्ताद।
नया अर्थ राखत दुऔ सन् सैंतालिस बाद।
सन् सैंतालिस बाद शब्द नेता ना भावत।
सुनते नेता शब्द नाक जनता सिकुरावत।
'उस्तादी हम देब छुड़ा' रिस में जन भाखत
नेता आ उस्ताद अर्थ औरे अब राखत।।

(पृ.सं. 32)

इसी तरह 'परिसंख्या' और 'दीपक' अलंकार के भेदों के उदाहरण दिए गये हैं किन्तु लक्षण नहीं। 'अलंकार-दर्पण' में कई अलंकार ऐसे हैं जिनके एक ही लक्षण दिए गये हैं तथा कुछ के अनेक लक्षण निरूपित हैं। कुछ लक्षणों के स्रोतों का उल्लेख है जबकि अधिक का नहीं है। उदाहरण के लिए 'अपह्नुति' अलंकार का निम्नलिखित लक्षण देते हुए मिश्र जी 'चन्द्रालोकानुसार' लिखना नहीं भूले हैं–

"जहवाँ साँच हटाई के झूठे बात कहात।
अलंकार अपह्नुति तब उहवाँ मानल जात।"

इसके आगे मिश्र जी ने इसी अलंकार के तीन लक्षण और दिए हैं। उनकी विशेषता यह है कि उनमें भेदोपभेदों का भी उल्लेख हो गया है–

"साँच बात के जहाँ छिपा के बदला में कुछ झूठ कहाला।
अलंकार अपह्नुति नाम के एगो उहवाँ मानल जाला।
'ना' निषेधवाचक से एकर पाँच भेद पहिचानल जाला।
मिस या ब्याज शब्द रहला से कैतव नामक भेद चिन्हाला।
छव गो भेद कविन का द्वारा यद्यपि मानल जाला।
किन्तु भ्रान्ति में झूठ न कहि के साँचे बात कहाला।
एसे एगो अलंकार ई अलग स्वतंत्र बुझाला।"

(पृ.सं. 33)

'अलंकार-दर्पण' में अपह्नुति, अतिशयोक्ति, उत्पेक्षा, उपमा, दीपक और रूपक भेद-प्रभेद सहित काफी विस्तार से वर्णित हैं। 'दीपक' अलंकार के नौ भेदों के निरूपण में संस्कृत और हिन्दी की दोनों ही परम्पराएँ शामिल हैं। 'दीपक' अलंकार का लक्षण देते हुए मिश्र जी लिखते हैं–

"क्रिया एक कारण कई कारक बहु कृति एक।
दीपक के लक्षण इहे जेकर भेद अनेक।।

इसी अलंकार के उदाहरण में मिश्र जी ने यती और नयी कविता के सन्दर्भ में सार्थक बातें कही हैं–

'किछू अर्थ के संग्रह ना कबहूँ करें और सजी रस के परित्यागें,
अनलंकृत होके रहें, सगरे विषयो से सुदूर निरन्तर भागें,

यदि कानन में चलि जाय त आगे बढ़े न कबे उहवें अनुरागें,
सब बन्धन से मिले मुक्ति इहे विधि से यती आ कविता नयी माँगें।

(पृ.सं. 146)

'असंगति' या 'असंगत' अलंकार के भेद निरूपण में 'पहली असंगति अलंकार' 'दूसरी असंगति अलंकार' और 'तीसरी असंगति अलंकार' लिखा गया है—कोई नामकरण नहीं है। यही स्थिति 'उल्लेख', 'निदर्शना' और 'प्रतीप' आदि अलंकारों की भी है।

मिश्र जी अलंकारों की व्याप्ति, गहराई और प्रभावात्मकता से पूर्ण परिचित थे इसीलिए उनके द्वारा दिए गये लक्षण स्पष्ट और बोधगम्य हैं—जैसे अतिशयोक्ति अलंकार का निम्नलिखित लक्षण—

"जहाँ लबारी बिनु आधार। करे लोक सीमा के पार।
अतिशयोक्ति ऊ मानल जात। ओकर भेद होत छव सात।
एहि में एक मिलत अपवाद। ऊ चाहीं राखे के याद।
जहवाँ 'भेदक' भेद सुहात। ओइमें ना कुछ झूठ कहात।

'अलंकार-दर्पण' में एक अलंकार के लिए कई उदाहरण दिए गये हैं। उन उदाहरणों की विशेषता यह है कि वे जीवन के विभिन्न सन्दर्भों को समाहित किए हुए हैं। 'परिवृत्ति' अलंकार का निम्नलिखित उदाहरण मतदान के बदले बहुत कुछ गँवाने का बड़ा ही मार्मिक वर्णन है—

"प्रति पाँचवा वर्ष चुनाव का खर्च में लाख करोड़ लगावत बानीं।
महँगाई चुनाव का बाद बढ़े तब ओकर बोझ उठावत बानीं।
कुरुसी पै चढ़ा अपना धन से कुछ के हम राज भोगावत बानी।
मतदान के पा अधिकार एगो एतना बदला में गँवावत बानी।।"

(पृ.सं. 195)

मिश्र जी मूलतः व्यंग्य कवि हैं इसीलिए उनके उदाहरणों में विसंगतियों और विडम्बनाओं की भरमार है। 'यमक' के लिए दिए गये सात उदाहरणों में से निम्नलिखित उदाहरण कविता के क्षेत्र में प्रविष्ट अराजकता एवं कवियों की लोभी वृत्ति का यथार्थ चित्रण है—

"कविता न कहें कबे अर्थ बिना पर अर्थ बिना कविता कहि जालें।
सहि पावें स्वच्छन्द के बन्धन ना पै स्वच्छन्द के बन्धन के सहि जालें।
जब भाव बा ऊँच त भाव भी ऊँच होई जनता मन में भ्रम पालें।
समलंकृत मंच करें समलंकृत आनन इंजिन के उपमा लें।।"

(पृष्ठ सं. 207)

'यमक' के ही निम्नलिखित उदाहरण में पुरुष की लंपटता, आचरण-भ्रष्टता, कामुकता और गिद्ध-दृष्टि का बहुत ही यथार्थ वर्णन हुआ है—

"नर के नरके समुझें भरकें फरके फरके फरके से पुकारें।
पर नारि मिले परना समुझें पर ना कहि के परना करि डारें
पतरा जो मिले पतरा जो मिले त एकादशी से षोडसी ले निहारें।
एकमी दुजिया तिजिया छठिया सतिमी कवनो मिलि जा न उबारे।"

(पृ.सं. 208)

तिलक में बेटिहा पक्ष को खूब खिलाया पिलाया जाता है ताकि उससे अधिक वसूला जा सके-इसका बड़ा ही व्यंग्यात्मक चित्र खींचा गया है–एकधर्मा मालोपमा के निम्नलिखित उदाहरण में–

"बध का बेरिया बलि का पसु के जस नीमन बस्तु खियावल जाला।
जइसे केहु के खिया मादक बस्तु सुबस्तु ओके हथियावल जाला
जइसे कुछ देके अँकोर सजी दुधवा पसु के ठोपियावल जाला
तइसे बेटिहा के खिया के भली तरे तिलक में डेकरावल जाला"

(पृ.सं. 120)

एकावली अलंकार का यह उदाहरण भोजपुरी-भाषी समाज का नग्न चित्र खींचने में समर्थ है–

"खूँटी ऊँखि कैसे बा बवाल होत फागुन में
जैसे बे छपैले कविताई भैल भार बा।
कैसे बे छपैले कविताई भैल भार बाटे
लड़की सयान जैसे घर में कुँवार बा।
लड़की सयान बाटे घर में कुँवार कैसे।
बी.ए. पास बेटा जैसे घर में बेकार बा?
बी.ए. पास बेटा कैसे घर में बेकार बाटे
मुर्दा के जैसे केहु न उठौनिहार बा।।"

(पृ.सं.125)

'धरीक्षण मिश्र रचनावली' के प्रथम खण्ड के रूप में प्रकाशित 'अलंकार-दर्पण' अलंकार-चिन्तकों और साहित्यानुरागियों के लिए तो अमूल्य निधि है ही-भोजपुरी की भी अमूल्य निधि है। इसमें वर्णित अलंकार-विवेचन लुप्त होती काव्यशास्त्रीय परम्परा को जहाँ पुनर्जीवन देता है। वहीं रस, छन्द, अलंकारहीन कविता को शास्त्रीयता से परहेज नहीं करने की सीख भी देता है। उदाहरणों के माध्यम से मिश्र जी ने जीवन-जगत का जो चित्र खींचा है उससे यह ग्रन्थ न केवल 'अलंकार-दर्पण' बल्कि भोजपुरी भाषी समाज का भी 'दर्पण' बन गया है।

हिन्दी की जातीय चेतना के विस्तार की आकांक्षा में 'हिन्दी जाति'

'अपनी भाषा' के माध्यम से हिन्दी और भारतीय भाषाओं के बीच समानता के सूत्र तलाशने, उनके बीच सेतु कायम करने, उन्हें अंग्रजी के वर्चस्व के विरुद्ध एकजुट करने की दिशा में सतत प्रयत्नशील और संघर्षशील डॉ॰ अमरनाथ की सबसे बड़ी चिन्ता हिन्दी की बोलियों के बीच आपसी एकता की रक्षा और उनके बिखराव-विखंडन को रोकने की है क्योंकि उन्हें आशंका है कि मैथिली की तरह अन्य बोलियाँ भी अगर अलग हो गईं तो हिन्दी की दुर्दशा और बढ़ेगी। हिन्दी जाति के सम्मुख समस्याओं का घटाटोप होगा। आज जब भारत की आधी जनता हिन्दी बोलती है तब उसकी इतनीं उपेक्षा है। अशिक्षा और पिछड़ापन उसकी पहचान है। देश-विदेश में रोटी के लिए श्रम बेचना, दर-दर की ठोकरें खाना, अपमानित होना उसकी नियति है किन्तु जब बोलियों की जनसंख्या वाला उसका आधार खिसक जायेगा तब हिन्दी की क्या स्थिति होगी? इसे डॉ॰ अमर नाथ जैसा संवेदनशील व्यक्ति ही अच्छी तरह समझ सकता है। हिन्दी जाति की दुर्दशा के कारणों की पड़ताल करने और उनका समाधान प्रस्तुत करने की आन्तरिक विवशता ने ही डॉ॰ अमरनाथ से 'हिन्दी जाति' नामक पुस्तिका का लेखन करवाया है। हिन्दी जाति के अप्रतिम प्रवक्ता डॉ॰ रामविलास शर्मा की स्मृति को समर्पित इस पुस्तिका की 'भूमिका' में डॉ॰ अमरनाथ ने यह स्वीकार किया है कि "पुस्तिका हिन्दी जाति के सबसे गम्भीर चिन्तक डॉ॰ शर्मा की अवधारणा को आम जनता तक पहुँचाने की दिशा में एक छोटा सा प्रयास है।" कहना न होगा कि डॉ॰ रामविलास शर्मा ने हिन्दी जाति का निर्माण, जातीय एकता का गठन, जातीय एकीकरण में आगत बाधाओं तथा उनसे मुक्ति के उपायों पर जो चिन्तन-मनन किया है वह निश्चित रूप से हिन्दी के लिए एक महान अवदान है। उस अवदान को अपने चिन्तन में शामिल कर डॉ॰ अमरनाथ ने अगर हिन्दी की जातीय चेतना के विस्तार की आकांक्षा से प्रेरित होकर 'हिन्दी जाति' का लेखन किया है तो यह पुस्तिका न केवल अपने उद्देश्य में सफल होगी बल्कि हिन्दी समाज के लिए प्रेरणा का आधार भी बनेगी।

'भूमिका' और 'उपसंहार' के अलावे कुल ग्यारह अध्यायों में विभक्त इस पुस्तिका के पहले अध्याय में 'जाति का स्वरूप और उसका गठन' विचारणीय विषय है। इसमें अंग्रेजी के 'नेशन' और हिन्दी के 'जाति' शब्द पर विचार करते हुए यह दर्शाया गया है कि ये दोनों शब्द समानार्थी हैं और इनमें राजनीतिक स्वायत्तता के अलावा अन्य कोई फर्क नहीं है। यद्यपि 'नेशन' से किसी भौगोलिक क्षेत्र विशेष का बोध होता है परन्तु 'जाति' से भूगोल और निवास करने वाले दोनों का अर्थ व्यंजित होता है। इस दृष्टि से भारतीय प्रदेशों में रहने वाली तमिल, बंगाली, पंजाबी, असमी, उड़िया आदि जातियाँ 'नेशन' हैं। यह स्पष्टीकरण इसलिए जरूरी है कि सामान्य पाठक या श्रोता 'जाति' शब्द का अर्थ बिरादरी यानी 'कास्ट' के रूप में ग्रहण करने के इतने अभ्यस्त हो चुके हैं कि उन के लिए यह शब्द व्यापक सन्दर्भ लेकर उपस्थित नहीं होता। अतः 'कास्ट से ऊपर उठे बिना जातीयता की अवधारणा को नहीं समझा जा सकता। 'जाति' और 'नेशन' एक ही सिक्के के दो पहलू हैं। भारत एक बहुजातीय राष्ट्र है और इसमें तमिल, बंगाली, पंजाबी, असमी, उड़िया आदि जातियाँ 'नेशन' हैं। हिन्दी बोलने वाले की भी एक जाति है और इसका अपना एक क्षेत्र है। वह भाषा का जातीय क्षेत्र है। जातीयता के गठन के लिए डॉ॰ रामविलास शर्मा ने जिन चार तत्त्वों-सामान्य भाषा, सामान्य प्रदेश, सामान्य संस्कृति और सामान्य आर्थिक जीवन को जरूरी माना है उन पर क्रमशः विचार करते हुए डॉ॰ अमरनाथ ने यह निष्कर्ष निकाला है कि एक सामान्य भाषा बोलने वाले, सामान्य संस्कृति वाले और एक क्षेत्र विशेष में बसने वाले मानव समुदाय को 'जाति' कहते हैं।

'हिन्दी जाति अवधारणा और इतिवृत्त' वाले अध्याय में डॉ॰ अमर नाथ एक महत्वपूर्ण बात यह कहते हैं कि "आज 'जाति' शब्द हम जिस अर्थ में प्रयुक्त कर रहे हैं यह अर्थ अठारहवीं सदी से अधिक पुराना नहीं है किन्तु जाति के निर्माण की प्रक्रिया सदियों पुरानी है।" (पृ.सं॰ 28) जातियों का निर्माण कैसे हुआ इसे बताने के लिए वे डॉ॰ रामविलास शर्मा का सहारा लेते हैं– "जाति हमेशा सामंती व्यवस्था के जनों (गणों) से मिलकर बनती है। अनेक जनपदों के मेल से जातीय प्रदेश का निर्माण होता है। गणों से जन, जनों से जाति, मनुष्य अपने विकास क्रम में निरन्तर छोटी से बड़ी फिर और बड़ी इकाइयों में संगठित होता जाता है।" (उद्धृत वही, 28) जाति का सम्बन्ध भाषा के गठन और विकास से है। इस प्रक्रिया में पूँजीवाद और व्यापार के प्रसार का योगदान अनिवार्य रूप से शामिल रहता है। जन से महाजाति तक की विकास यात्रा में भिन्न बोलियाँ बोलने बाले एक दूसरे के जब निकट आते हैं तब उनमें आपसी विचार विनिमय के लिए जिस भाषा का अभ्युदय होता है यही जातीय भाषा कहलाती है। हिन्दी जाति का विकास भी इसी परिप्रेक्ष्य में हुआ है। डॉ॰ अमरनाथ इस विकास को अपेक्षाकृत अधिक विस्तार के साथ प्रस्तुत करते हैं। वे यह मानते हैं कि जातीय भाषा के विकास में तीन महत्त्वपूर्ण कारण होते हैं–राजनीतिक

संरक्षण, व्यापारिक और सांस्कृतिक संबध। जहाँ तक राजनीतिक संरक्षण की बात है तो इससे किसी को असहमति नहीं होगी कि हिन्दी क्षेत्र के अनेक दरबारों में सदियों से हिन्दी फल फूल रही थी। लेखक ने इसे जोर देकर कहा है कि– 'जहाँगीर, शाहजहाँ, अकबर और औरंगजेब से लेकर (राजाओं का क्रम ठीक से लिखा जाना चाहिए था) पंजाब के महाराजा रणजीत सिंह तक के यहाँ शासन के काम काज में हिन्दी के प्रयोग के प्रमाण मिलते हैं।' (वही पृ॰सं॰ 31)

जिस हिन्दी जाति के पास समृद्ध सांस्कृतिक विरासत हो, वाल्मीकि, व्यास, कालिदास, भारवि, भवभूति, माघ, वाण की महान संवेदनात्मक थाती हो, पाणिनि का भाषा चिन्तन हो, अशोक, विक्रमादित्य, अकबर की महानता हो, कबीर, सूर, तुलसी, मीरा, रहीम, रसखान का संतत्व और कवित्व हो, पाटलिपुत्र, काशी-मथुरा, आगरा, दिल्ली जैसे सांस्कृतिक और व्यापारिक नगर हों वही हिन्दी जाति अगर आज उपेक्षा और अपमान का शिकार हो, दीनता हीनता की ग्रन्थि से ग्रस्त हो, दुर्दशा और दलन से हताश हो तो किसी भी संवेदनशील हृदय में सहानुभूति और आक्रोश का भाव पैदा होना स्वाभाविक है। डॉ॰ अमरनाथ का तेवर इसीलिए तल्ख है। उन्होंने हिन्दी जाति की दुर्दशा को तटस्थ होकर नहीं बल्कि स्वयं को शामिल करके देखा और भोगा है। हिन्दी भाषी होने का दंश झेला है। यही कारण है कि जब वे हिन्दी जाति की दुर्दशा का उल्लेख करते हैं तो मर्मान्तक पीड़ा होती है। मिथ और यथार्थ के परिप्रेक्ष्य में हिन्दी जाति का पिछड़ापन बेचैन करता है। डॉ॰ अमरनाथ कलकत्ता को उदाहरण बनाकर अपनी बात कहते हुए देश और देश के बाहर की हिन्दी जाति का जो यथार्थ प्रकट करते हैं वह अति संवेदनहीन के मन में भी संवेदना जगाने के लिए पर्याप्त है– "कोलकाता का बड़ा बाजार जो आस-पास के कई राज्यों की प्रमुख मंडी है– में रात-दिन खटने वाले आधे से अधिक हिन्दी भाषी हैं। मुटिया, ठेले वाले, रिक्शे वाले, वैन चलाने वाले सभी हिन्दी भाषी हैं। .....ये यहाँ इक्कीसवीं सदी में दसवीं-बारहवीं सदी का जीवन जीते हैं। लाखों की संख्या में फुटपाथों पर सोते हैं या खोलियों में रात बिताते हैं। हाथ रिक्शा में घोड़े बनकर जुते इन मनुष्यों में से अनेक के पास प्लास्टिक के जूते चप्पल तक नसीब नहीं है।" (हिन्दी जाति पृ॰सं॰ 40) श्रम और अभाव का विरोधाभास तो फिर भी सह्य है किन्तु निष्ठा और लगन के साथ काम करने के बाद चोर उचक्का कहलाना नितान्त असह्य है फिर भी हिन्दी भाषी इसे सहने के लिए विवश हैं और यही विवशता डॉ॰ अमरनाथ को अखरती है– "कोलकाता के रईसों के आलीशान घरों, दूकानों, आफिसों और बड़े-बड़े गोदामों तक की रखवाली ये हिन्दुस्तानी पूरी निष्ठा से करते हैं। किन्तु बंगला में बनने वाली फिल्मों और धारावाहिकों में चोर-उचक्के हिन्दी ही बोलते दिखाई देते हैं।" (वही)। इतना ही नहीं वोट बैंक की राजनीति करने वाले इनसे नारे तो लगवाते हैं किन्तु चुनाव लड़ने के लिए टिकट नहीं देते–" कोलकाता

जैसे महानगर की आधी से अधिक आबादी हिन्दी भाषियों की है। आस-पास के शहरों में भी हिन्दी भाषियों की बहुत बड़ी संख्या है किन्तु चाहे वामफ्रंट हो या तृणमूल काँग्रेस—दोनों ने चुनाव के वक्त हिन्दी भाषियों को टिकट देने में कोताही बरती है ....हिन्दी भाषियों से सिर्फ नारे लगवाये जाते हैं, उनसे काम लिया जाता है उन्हें चुनाव लड़ने के लिए टिकट नहीं दिये जाते।" (यही पृ॰सं॰ 42) कोलकाता तो एक उदाहरण है। हिन्दी भाषियों की यह दशा मुम्बई हो या चेन्नई, बंगलौर हो या नागपुर, चण्डीगढ़ हो या लुधियाना हर जगह एक जैसी ही है। पूर्वोत्तर भारत में तो यह स्थिति और भी खराब है— "मणिपुर विश्वविद्यालय में मेरे एक मित्र को वहाँ के स्थानीय लोगों ने इतना प्रताड़ित किया कि उन्हें बीच में ही नौकरी छोड़कर भाग आना पड़ा जबकि वहाँ रहते हुए उन्होंने मणिपुरी भाषा और साहित्य का गम्भीर अध्ययन किया और हिन्दी तथा मणिपुरी के बीच सेतु निर्मित करने का अतुलनीय कार्य किया था। (वही-पृ॰सं॰ 43)।

आखिर हिन्दी जाति ही क्यों आत्महीनता से ग्रस्त, स्वाभिमान से रहित और पिछड़ेपन की शिकार है? इसके कारणों पर विचार करते हुए डॉ॰ अमरनाथ ने सबसे बड़ा कारण जातीय चेतना का अभाव माना है। यह अभाव क्यों है इसकी पड़ताल करते हुए उन्होंने सबसे पहले 'ईस्ट इण्डिया कम्पनी की हिन्दी नीति को जिम्मेदार ठहराया है। उसके बाद सन् 1857 का स्वतंत्रता संग्राम और उसके परिणामों का हवाला दिया है। बहुकेन्द्रियता और असंतुलित विकास को भी एक बहुत बड़ा कारण माना है। आचार्य रामचन्द्र शुक्ल ने लिखा था "किसी जाति को अशक्त करने का सबसे सरल उपाय उसकी भाषा को नष्ट करना है।" अंग्रेजों की नीति हिन्दी को कमजोर करने की रही है। उन्होंने हिन्दी के जातीय क्षेत्र में सामान्य भाषा का मुद्दा उलझा कर रखा। 'बाँटो और राज करो' की नीति के चलते वे हिन्दू-मुस्लिम दो नेशन हैं के सिद्धान्त को आगे बढ़ाने में लगे रहे। डॉ॰ अमरनाथ का मानना है कि "गिलक्राइस्ट ने हिन्दवी का सम्बन्ध हिन्दुओं से और हिन्दुस्तानी का मुसलमानों से जोड़कर भाषा और मजहब का जो रिश्ता जोड़ा उसके कालान्तर में भयानक परिणाम हुए। भाषा के क्षेत्र में साम्प्रदायिकता पनपी जिसके घातक परिणाम देश को भुगतने पड़े और आज भी पड़ रहे हैं। भाषायी साम्प्रदायिकता की इस आग से हिन्दी जाति आज तक झुलस रही है।" (वही पृ॰सं॰ 51) यद्यपि ईस्ट इंडिया कंपनी हिन्दुओं मुसलमानों में अलगाव का बीज बोती रही किन्तु सन् सत्तावन के संग्राम में इन दोनों जातियों ने एकता और बलिदान का जो उदाहरण प्रस्तुत किया उससे अंग्रेजों के कान खड़े होना स्वाभाविक था। परिणामतः "1857 से 1947 तक यानी लगभग 90 वर्षों तक के अपने शासन काल में अग्रेजों ने हिन्दी जाति के विकास को हर तरह से रोकने, उन्हें दबाने, साम्प्रदायिकता और भाषा के आधार पर उन्हें विभाजित करने की नीति अपनायी। उनके प्रति घृणा का प्रचार किया। 'काऊबेल्ट' (गोबर

पट्टी) कहकर उनकी उपेक्षा की। उनकी भाषा और संस्कृति को खण्ड-खण्ड करके देखने की प्रवृति विकसित की।" (वही पृ॰सं॰ 58) बहुकेन्द्रियता और असन्तुलित विकास ने भी हिन्दी जाति को एक नहीं रहने दिया है। वह दस राज्यों में बाँट दी गयी है और आगे भी बँटने की प्रक्रिया जारी है। अलग-अलग कई प्रान्तों में बँटे होने के कारण जातीय चेतना का सबसे ज्यादा अभाव हिन्दी क्षेत्र में ही दिखाई देता है। इस क्षेत्र के कुछ केन्द्र औद्योगिक तथा व्यापारिक दृष्टि से विकसित हैं जबकि एक बड़ा भूभाग विपन्न और पिछड़ा हुआ है। यही कारण है कि इस क्षेत्र के लोग रोजी-रोटी की चिन्ता में बाहर जाकर नारकीय जीवन जीने के लिए अभिशप्त हैं।

हिन्दी-उर्दू मसला भाषायी राजनीति का सियासी खेल है जिसे खेलने में सर्वाधिक दिलचस्पी अंग्रेजों ने ली और उनके जाने के बाद इसे राजनीति के खिलाड़ी खेल रहे हैं। उनका उद्‌देश्य शासन को बनाये रखना था और इनका उद्‌देश्य वोट बैंक बनाये रखना है। सत्य यह है कि कुछ अपवादों को छोड़कर हिन्दी-उर्दू में कोई फर्क नहीं है। भारतेन्दु बाबू हरिश्चन्द्र ने इनके एकत्व को ध्यान में रखकर लिखा है– "हिन्दी और उर्दू में अन्तर क्या है? हम बिना संकोच के कह सकते हैं कि भाषाओं में कुछ अन्तर नहीं है क्योंकि व्याकरण की विभक्तियाँ और नियम दोनों के एक हैं पर इतना ही अन्तर है कि हिन्दी में जिसके लिए हिन्दी शब्द नहीं मिलता वहाँ संस्कृत के शब्द काम में आते हैं और उर्दू में सहज हिन्दी शब्द होने पर भी जहाँ शब्द नहीं मिलते वहाँ तो अवश्य ही अरबी और फारसी के शब्द लिये जाते हैं यही दोनों में अन्तर है।" (कवि वचन सुधा, 18 सितम्बर 1873 ई॰)। इस सच्चाई को ध्यान में रखकर इनमें समानता के तत्व ढूँढने की अपेक्षा सत्ताधारी वर्ग की रूचि अलगाव के तत्व ढूँढने में रही है। उर्दू को मुसलमानों से जोड़कर देखने की प्रवृत्ति इतनी विकसित हुई है कि वोट बैंक के चलते हिन्दी प्रदेश की अधिकाँश राज्य सरकारों ने उर्दू को दूसरी राजभाषा घोषित कर रखा है। यही बात डॉ॰ अमर नाथ को अखरती है। उन्हें ही क्यों जातीय चेतना के हर पक्षधर को यह अलगाव अखरता है। आज यह अलगाव इतना बढ़ गया है कि इसने विवाद का रूप धारण कर लिया है। डॉ॰ रामविलास शर्मा का मानना है कि "हिन्दी उर्दू विवाद को इतना जहरीला बना दिया गया है कि लोग भूल गये हैं कि ये एक ही बोलचाल की भाषा के दो रूप हैं। इनका तमाम साहित्य भला बुरा जो कुछ है–एक ही जाति का साहित्य है।" (डॉ॰ रामविलास शर्मा, भारतीय संस्कृति और हिन्दी प्रदेश)। इसी से प्रेरित होकर डॉ॰ अमरनाथ ने 'हिन्दी जाति का साहित्य' के अन्तर्गत हिन्दी और उर्दू दोनों ही रचनाओं को शामिल करने की जोरदार वकालत की है। उन्होंने गार्सा द तांसी की प्रशंसा की है क्योंकि उनका इतिहास हिन्दवी और हिन्दुस्तानी का इतिहास है। उसमें हिन्दी उर्दू दोनों कवियों का उल्लेख है जबकि ग्रियर्सन और उनको आधार बनाने वाले रामचन्द्र शुक्ल तथा अन्य परवर्ती इतिहास लेखकों के सामने उन्होंने तार्किक सवाल उठाये हैं– "हिन्दी

जाति के साहित्य की कोई भी अवधारणा क्या मीर, सौदा, ग़ालिब, जौक, जफ़र, आतिश, फ़ैज और इक़बाल को छोड़कर बन सकती है। 'मैं हिन्दुस्तानी तुर्क हूँ और हिन्दवी में जवाब देता हूँ' का उद्घोष करने वाले अमीर खुसरो क्या हिन्दी जाति के साहित्यकार नहीं है? होली, दीवाली, महादेव जी के व्याह और कन्हैया जी के जन्म पर कविताएँ लिखने वाले नजीर अकबरावादी क्या हिन्दी के जातीय कवि नहीं हैं?" (हिन्दी जाति-पृ॰सं॰ 95)।

डॉ॰ अमरनाथ की व्यापक दृष्टि में रीतिकालीन कविता पतनशील आश्रयदाता सामन्तों की विकृत रूचियों को तुष्ट करने वाली—शृंगारिक अथवा नायिका भेद की कविता है जबकि उसी काल खंड में बहुसंख्यक जनता की चेतना उर्दू में अभिव्यक्त हुई है। इसी परिप्रेक्ष्य में उन्होंने 'सौदा' 'मीर' तथा 'ग़ालिब' का विशेष उल्लेख किया है जिनकी शायरी साधारण जनता की आवाज बनी है।

'हिन्दी जाति' के लेखक की मुख्य चिन्ता जातीय भाषा और उसकी बोलियों की एकता को लेकर है। बोलियाँ अगर हिन्दी से अलग हुईं तो हिन्दी जाति का अस्तित्व संकट में पड़ जायेगा। हिन्दी भाषी आपस में बँटकर लड़ते रहेंगे और उनका विकास प्रभावित होगा। इसीलिए डॉ॰ अमरनाथ चाहते हैं कि हिन्दी जाति उस साजिश को समझे जो मुट्ठी भर लोगं उसके विरुद्ध रच रहे हैं। उनकी इसी चाहत का परिणाम है—यह पुस्तिका जो, अपने उद्देश्य में काफी सफल है। इससे हिन्दी भाषियों को चेतने और जागने में मदद मिलेगी।

□□